Johann Wolfgang Goethe
Friedrich Schiller

# Der Briefwechsel

Eine Auswahl

*Herausgegeben von*
*Rüdiger Safranski*

Fischer Taschenbuch Verlag

Originalausgabe

Veröffentlicht im Fischer Taschenbuch Verlag,
einem Unternehmen der S. Fischer Verlag GmbH,
Frankfurt am Main, August 2011

© S. Fischer Verlag GmbH, Frankfurt am Main 2011
Satz: Dörlemann Satz, Lemförde
Druck und Bindung: CPI – Clausen & Bosse, Leck
Printed in Germany
ISBN 978-3-596-90351-1

*Unsere Adressen im Internet:*
*www.fischerverlage.de*
*www.fischer-klassik.de*

# Inhalt

# Einleitung

War es wirklich Freundschaft, was Goethe und Schiller vom Sommer 1794 an bis zu Schillers Tod am 9. Mai 1805 miteinander verband?

Bereits die Zeitgenossen haben es bisweilen bezweifelt. Handelt es sich vielleicht nur um ein taktisches Bündnis, geschlossen zu dem Zweck, eine Suprematie auf geistigem Gebiet zu befestigen? Dieser Eindruck mochte sich aufdrängen bei den 1797 gemeinsam verfaßten *Xenien*, diesem Strafgericht gegen die literarischen Sitten und Unsitten der Zeit, das viel Staub aufwirbelte und Ärger sowie gekränkte Eitelkeiten zur Folge hatte. Man nannte Goethe und Schiller schon damals die »Dioskuren« und empörte sich über ihr anmaßendes Auftreten. Die Bannsprüche vom Olymp wurden nicht ohne Widerspruch hingenommen. Man wollte sich nicht schulmeistern lassen. Doch es blieb, sogar bei den Kritikern, Bewunderung im Spiel, wenn auch oft eine verhohlene. Die Autorität der beiden war unbestritten. Man war heimlich sogar stolz auf sie: die macht uns so schnell keiner nach! Schon damals fragte man, wer von den beiden wohl der größere sei, und begann, sie gegeneinander auszuspielen. Dabei tat sich besonders Kotzebue hervor, der erfolgreichste Theaterautor der Zeit. Er plante 1802, um Goethe zu ärgern, eine pompöse Ehrung Schillers in Weimar, im Rahmen einer Feierstunde mit Lorbeerkränzen, einer Gipsbüste und tanzenden Blumenmädchen. Der Bürgermeister von Weimar verhinderte im letzten Augenblick das Spektakel, womöglich hatte Goethe im Hintergrund die Fäden gezogen. Schiller jedenfalls war erleichtert. Es gab einen neuen Anlaß für Satiren und Spötteleien.

Doch gleichwohl behauptete sich auch im Handgemenge der Zeit das Bild der Freundschaft. Später wurde es geradezu zum

Mythos verklärt. Und so stehen die beiden noch heute, gemeinsam den Lorbeerkranz haltend, als Dichterfürsten vor dem Theater in Weimar.

Solche Überlebensgröße mußte immer wieder die Kritiker auf den Plan rufen. Das geschah auch, als Goethe 1829, ein Vierteljahrhundert nach Schillers Tod, den Briefwechsel herausbrachte. Die nachrückende literarische Generation wollte sich von den Idolen der Vätergeneration emanzipieren. Es war die Stunde des Vatermordes. Grabbe erklärte, der Briefwechsel sei wenig mehr als eine »Sammlung billetmäßiger Lappalien«, allenfalls könne man daraus ablesen, wie Schiller seinen Partner Goethe allmählich »überflügelt« habe. Börne urteilt noch schärfer: »Aber daß unsere zwei größten Geister in ihrem Hause, dem Vaterlande des Genies, so nichts sind – nein, weniger als nichts, so wenig – das ist ein Wunder, und jedes Wunder erfreut, und wäre es auch eine Verwandlung des Goldes in Blei.«

Die Chancen stehen nicht schlecht, daß sich heute das Blei wieder in Gold verwandeln könnte, denn tatsächlich ist dieser Briefwechsel das beredte Zeugnis einer erstaunlichen Freundschaft. Man wird in der Geschichte des Geistes lange suchen müssen, um etwas Vergleichbares zu finden – daß zwei schöpferische Menschen höchsten Ranges sich über Gegensätze hinweg verbinden zu wechselseitiger Anregung und gemeinsamem Werk. Sie waren selbst darüber erstaunt und beglückt, daß das Unwahrscheinliche gelang. Schiller schrieb am 5. Januar 1798 an Goethe: *Ich finde augenscheinlich, daß ich über mich selbst hinausgegangen bin, welches die Frucht unseres Umgangs ist.* (S. 226)[1] Goethe antwortet anderntags: *Sie haben mir eine zweite Jugend verschafft und mich wieder zum Dichter gemacht, welches zu sein ich so gut als aufgehört hatte.* (S. 228)

Ungefähr zur selben Zeit formulierte Goethe in einem Brief an Herders Sohn seinen Grundsatz für gelingende Freundschaft. Es wäre besser, schreibt er, wenn man sich mit Freunden *nur von*

---

[1] Die Seitenzahlen in Klammern beziehen sich auf den vorliegenden Band.

*einer Seite verbände, von der sie wirklich mit uns harmonieren, und ihr übriges Wesen weiter nicht in Anspruch nähmen.* So würde die Freundschaft dauerhaft und ersprießlich. Man müsse sich also von dem Wunsch verabschieden, *der Freund solle gleichsam ein anderes Ich sein.*

Diesem Grundsatz sind Goethe und Schiller gefolgt. Sie haben sich nur *von einer Seite* verbunden und waren vorsichtig genug, die Verbindung nicht zu sehr zu belasten. Was sie aber verband, war bedeutend genug, nämlich das für sie Wichtigste: die Arbeit am eigenen Werk, die in der Freundschaft zu einer gemeinsamen Arbeit wurde. Auf der Basis eines wachsenden Vertrauens und tiefen Verständnisses beförderten sie sich wechselseitig, im deutlichen Bewußtsein ihrer sonstigen Verschiedenheiten, die sie produktiv nutzen. Sie halfen sich dabei, die jeweils eigenen Möglichkeiten zu entfalten. Man wollte sich nicht einander angleichen, sondern jeweils das Eigene in Bestform bringen. Schiller definierte diese Freundschaft als ein *auf wechselseitige Perfektibilität gebautes Verhältnis.* Man war nicht ein Herz und eine Seele und strebte auch nicht danach, es zu werden. Im Mittelpunkt stand die gemeinsame Sache der Literatur, aber von dort aus strahlte die Freundschaft auch auf das übrige Leben aus, wie der Briefwechsel zeigt, wo nicht nur die großen geistigen Themen erörtert wurden, sondern man sich auch das Alltägliche mitteilte, Sorgen teilte und Zuspruch gab.

Merkwürdig allerdings verhält es sich mit den Frauen am Rande dieser Männerfreundschaft. Goethe behandelt Schillers Frau Charlotte, geborene von Lengefeld, zuvorkommend, fast zärtlich. Kein Brief ohne einen herzlichen Gruß an sie. Wenn er zu Besuch war im Hause Schillers, brachte er meistens ein kleines Geschenk für die Küche mit, einen Hecht, Erdbeeren, einen Hasen; auch Spielsachen für die Kinder. Einmal sogar eine Spielzeugguillotine. Er suchte Charlotte in ihren Räumen auf. Er kannte sie schließlich länger als Schiller. Sie war die Patentochter der Frau von Stein und soll bei ihm als kleines Mädchen auf dem Schoß gesessen haben. Schiller aber nahm umgekehrt von Chri-

stiane Vulpius, Goethes Lebensgefährtin, kaum Notiz. Kein
Gruß, keine Einladung, auch keinen Dank, wenn er wieder ein-
mal in Goethes Hause zu Gast war und sie ihn versorgt hatte.
Seine Freundschaft mit Goethe ging über sie hinweg, obwohl
Christiane sich hilfsbereit zeigte, wenn sie während Charlottes
Schwangerschaften oder bei Krankheit Schillers Kinder in ihre
Obhut nahm und versorgte.

Bekanntlich empfand die sogenannte bessere Gesellschaft in
Weimar Goethes Lebensgefährtin als nicht standesgemäß. Solcher Standesdünkel lag Schiller fern. Der Grund für sein Verhalten war ein anderer. Er befand sich nämlich in einem Loyalitäts-
konflikt. Charlotte hielt zu ihrer Patentante, die ihre Kränkung
durch Goethes Abwendung nie überwinden konnte. Sie nannte
ihre Nachfolgerin Christiane Vulpius stets nur die »Mätresse«.
Sie ließ kein gutes Haar an ihr und beeinflußte Schillers Charlotte in diesem Sinne. So geriet Schiller zwischen die Fronten.
Sein Verhältnis zu Christiane war verkrampft. Später erst gewann er seine Unbefangenheit zurück. Dann konnte es auch geschehen, daß er bei einem Treffen in Lauchstädt Christiane über
einen See ruderte. Seiner Charlotte gegenüber hat er das allerdings verschwiegen, während Christiane es Goethe sogleich mit
einigem Stolz in einem Brief mitteilte.

Es waren einige Widerstände zu überwinden, ehe es zu der
Freundschaft zwischen Goethe und Schiller kam.

Man war sich zum ersten Mal 1779 begegnet. Der zehn Jahre
ältere Goethe war schon ein berühmter Autor, ein Idol der jungen Generation. Es war ein Festakt an der Hohen Karlsschule in
Stuttgart. Schiller erhielt aus den Händen seines Herzogs einen
Preis. Auf der Bühne standen noch zwei andere Herren auf der
Durchreise, der Weimarer Herzog und sein Minister Goethe. Da
stand nun der bewunderte Mann vor Schiller, diesem noch un-
bekannten Studenten, der sich aber schon als kommender großer Autor fühlte. Sein Schauspiel *Die Räuber* lag noch in der
Schublade. Ähnlich wie Goethe mit seinem *Werther*, so erlebte
Schiller mit seinen *Räubern* wenig später, 1782, einen jähen

Durchbruch zum literarischen Ruhm, und mit seinen nächsten Stücken festigte er diesen Ruhm. Er wurde, nach Goethe, der neue Stern am Literaturhimmel. Goethe verfolgte Schillers Aufstieg zunächst mit Unbehagen. Nicht daß er ihm die Prominenz neidete – Goethe hatte kein Talent zum Neid. Er fühlte sich aber bei dem Autor der *Räuber* zu sehr an seinen eigenen »Sturm und Drang« erinnert, an eine Epoche, die er für sich selbst überwunden zu haben glaubte. Ein *kraftvolles, aber unreifes Talent*, nannte er ihn, *das die ethischen und theatralischen Paradoxe von denen ich mich zu reinigen gestrebt, recht in vollem hinreißenden Strome über das Vaterland ausgegossen hatte.*

Das war 1788 gewesen, nach der Rückkehr aus Italien. Charlotte von Lengefeld, inzwischen Schillers Braut, hatte ihre Beziehungen genutzt, um Schiller endlich mit Goethe zusammenzubringen. Dieses Treffen im Rahmen einer Geselligkeit im Hause der Lengefelds mißriet. Goethe zeigte sich Schiller gegenüber abweisend. Schiller schrieb seinem Freund Körner über diese mißlungene Begegnung am 7. September 1788: *Ich zweifle, ob wir einander sehr nahe rücken werden. Vieles, was mir jetzt noch interessant ist, was ich noch zu wünschen und zu hoffen habe, hat seine Epoche bei ihm durchlebt; er ist mir (an Jahren weniger, als an Lebenserfahrung und Selbstentwicklung) so weit voraus, daß wir unterwegs nie mehr zusammenkommen werden; und sein ganzes Wesen ist schon von Anfang her anders angelegt, als das meinige, seine Welt ist nicht die meinige, unsere Vorstellungsarten scheinen wesentlich verschieden …*

Schiller zwingt sich zur Gelassenheit. Da er aber in Nachbarschaft zum Haus am Frauenplan wohnt, bemerkt er, wie die literarische Welt bei Goethe ein und aus geht. Nur er wird nicht eingeladen. Das kränkt, es wächst der Groll, der endlich aus ihm herausbricht in einem Brief an Körner: *Öfters um Goethe zu sein, würde mich unglücklich machen: er hat auch gegen seine nächsten Freunde kein Moment der Ergießung, er ist an nichts zu fassen; ich glaube in der Tat, er ist ein Egoist in ungewöhnlichem Grade. Er besitzt das Talent, die Menschen zu fesseln … aber sich selbst weiß er immer frei zu behalten. Er macht seine Existenz wohltätig kund, aber nur wie ein Gott, ohne sich selbst zu geben ... Ein solches Wesen sollten die Menschen nicht um sich herum aufkommen lassen. Mir ist er dadurch verhaßt, ob ich gleich seinen Geist von ganzem Herzen liebe und groß von ihm denke. Ich betrachte ihn wie eine stolze Prüde, der man ein Kind machen muß, um sie vor der Welt zu demütigen.*

Bei dieser *sonderbaren Mischung von Haß und Liebe*, die er hier eingesteht, ist die Rollenaufteilung bemerkenswert. Schiller sieht sich als werbenden Mann mit Penetrationsgelüsten, Goethe als Frau. Kaum hat er diese Sätze an Körner geschrieben, sind sie ihm auch schon peinlich. In einem Brief, den er hinterherschickt, heißt es: *Ich muß lachen, wenn ich nachdenke, was ich Dir von und über Goethen geschrieben haben mag. Du wirst mich wohl recht in meiner Schwäche gesehen, und im Herzen über mich gelacht haben, aber mag es immer. Ich will mich gerne von Dir kennen lassen, wie ich bin.* Und wie ist er? Er fühlt sich als ein vom Schicksal Benachteiligter, der gelernt hat zu kämpfen und aus sich das Beste zu machen. Und hat er nicht das Beste daraus gemacht? Und darum empfindet er es als ungerecht, daß er im Vergleich zu Goethe so sehr kämpfen mußte. Goethe hingegen scheint ihm vom Schicksal begünstigt zu sein. Er kann nicht daran denken, ohne daß sich sogleich wieder Zorn und Eifersucht rührt. *Dieser Mensch, dieser Goethe ist mir einmal im Wege, und er erinnert mich so oft, daß das Schicksal mich hart behandelt hat. Wie leicht ward s e i n Genie von seinem Schicksal getragen, und wie muß ich bis auf diese Minute noch kämpfen! ...*

Solche ambivalenten Gefühle machen ihn befangen, unfrei. Die Freiheit aber ist für ihn das Wichtigste. Ohne sie fühlt er sich von seiner schöpferischen Kraft abgeschnitten. Um von seinen ambivalenten Gefühlen nicht belästigt zu werden, meidet er nun seinerseits den Umgang mit Goethe. Als Künstler mißt er sich auch weiterhin an ihm, aber doch so, daß nicht Lähmung, sondern Ansporn die Folge ist. Er beschließt, energisch den eigenen Weg zu verfolgen, ohne ständig zum Konkurrenten hinüberzuschielen. Sein Lebensrezept für die folgenden Jahre formuliert er in einem Brief an Karoline, seine Schwägerin: *Es ist eine Sprache, die alle Menschen verstehen, diese ist, gebrauche deine Kräfte. Wenn jeder mit seiner ganzen Kraft wirkt, so kann er dem andern nicht verborgen bleiben. Dies ist m e in Plan. Wenn einmal meine Lage so ist, daß ich alle meine Kräfte wirken lassen kann, so wird er und andre mich kennen, wie ich seinen G e i s t jetzt kenne.*

Er kann Goethe nicht ignorieren, wie sollte er auch, aber er will nur wie von Ferne zu ihm hinüberblicken, dabei fest die eigenen Ziele im Auge behaltend, und unbeirrt daran arbeiten, das zu werden, was er sein kann. Dann, so hofft er, kann es vielleicht geschehen, daß man sich irgendwie auf einer gemeinsamen Bühne findet. Man trifft am besten, wenn man nicht zielt, absichtliche Absichtslosigkeit also.

Goethe setzte sich Anfang 1789 für eine Berufung Schillers auf eine Professur in Jena ein. Das würde er nicht getan haben, wenn inzwischen sein Bild von Schiller sich nicht zum besseren gewandelt hätte. Schillers Annäherung an die Kunstideale der Antike hatten ihn beeindruckt, besonders gefiel ihm dessen großes Gedicht *Die Götter Griechenlands*. Der dort mit elegischem Pathos gefeierte Polytheismus und die scharfe Wendung gegen einen sinnenfeindlichen Monotheismus hatten ihm dermaßen aus der Seele gesprochen, daß er einigen weiblichen Verehrerinnen stundenlang damit in den Ohren gelegen hatte – wovon Schiller Kunde erhielt, was ihm natürlich sehr schmeichelte. Goethe hatte sich dann auch die späteren Theaterstücke Schillers vorgenommen, besonders den *Don Karlos*, den er seiner dramatischen Effekte wegen schätzte. Den Historiker Schiller aber begann er unverhohlen zu bewundern. Der *Abfall der Niederlande* galt ihm als ein herausragendes Ereignis der Geschichtsschreibung.

Man hätte sich also schon jetzt näherkommen können. Aber da gab es ein neues Ärgernis.

Im Frühjahr 1793 erschien Schillers große Abhandlung *Über*

*Anmut und Würde*. Hier geht es um die unterschiedliche Art, wie der Mensch im Umgang mit seiner Natur die Freiheit nutzen kann, wie er die Natur *veredelt* oder sich von ihr veredeln läßt. Gegen Kant gewendet, der vom Dualismus zwischen sinnlichem Verlangen und moralischer Freiheit nicht losgekommen war, definiert Schiller *Anmut* als Versöhnung von Trieb und Freiheit, Natur und sittlicher Vernunft. Wenn diese Versöhnung gelingt – und für Schiller kann sie gelingen –, wird der Mensch zur *schönen Seele*, die er so definiert: *Eine schöne Seele nennt man es, wenn sich das sittliche Gefühl aller Empfindungen des Menschen endlich bis zu dem Grad versichert hat, daß es dem Affekt die Leitung des Willens ohne Scheu überlassen darf und nie Gefahr läuft, mit den Entscheidungen desselben in Widerspruch zu stehen … Mit einer Leichtigkeit, als wenn bloß der Instinkt aus ihr handelte, übt sie der Menschheit peinlichste Pflichten aus, und das heldenmutigste Opfer, das sie dem Naturtriebe abgewinnt, fällt, wie eine freiwillige Wirkung eben dieses Triebes in die Augen.*

Was Schiller über die *schöne Seele*, über *Anmut*, also über das Zusammenstimmen von Natur und Freiheit schreibt, hätte Goethe, der den Dualismus zwischen Natur und Freiheit stets zurückgewiesen hatte, eigentlich gefallen können – wenn jene Schrift nicht auch für ihn ärgerliche Aspekte enthalten hätte. Im Rückblick schreibt er dazu: *Gewisse harte Stellen sogar konnte ich direkt auf mich deuten, sie zeigten mein Glaubensbekenntnis in einem falschen Lichte.*

Bei den *gewissen Stellen* handelt es sich um jene Passage, in denen Schiller die sogenannten Natur-Genies schildert. Was soll man mehr bewundern, fragt Schiller, die Kraft eines Geistes, der mit einer widerstrebenden Natur ringt, oder das geborene Genie, das seine Werke keinem Widerstande abringen mußte? Für Schiller ist bewundernswerter der Geist, der sich seinen Körper baut. Es sollte, wie auch sonst in der Gesellschaft, das Verdienst mehr zählen als das angeborene Privileg und die Gunst der Natur. Diese Bemerkung konnte Goethe, dieser *Günstling der Natur*, auf sich beziehen, und wenn man an jene frühere Briefäußerung Schillers denkt – *wie leicht wird sein Genie von seinem Schicksal getragen –*, wird Schiller dabei wohl auch tatsächlich an Goethe gedacht haben. Besonders ärgerlich mußte für Goethe die Bemerkung sein, wonach das Naturgenie oft in den mittleren Jahren zu erschlaffen drohe und nicht mehr das halte, was die genialische Jugend versprochen habe. Und dann gab es da noch jene Anspielung auf die Fettleibigkeit, die Goethe, der inzwischen infolge starken Weinkonsums etwas rund geworden war, durchaus auch auf sich beziehen konnte. Es kann geschehen, schreibt Schiller, daß der einst bildende Geist wieder einer *wuchernden* Materie anheimfällt. Ob diese despektierliche Bemerkung wirklich auf Goethe gemünzt war, bleibt ungewiß. Goethe jedenfalls hat sie so verstanden. Und darum lag die Abhandlung *Über Anmut und Würde* einer Annäherung noch im Wege. Doch nur noch für ein Jahr.

Im Sommer 1794 ist es endlich soweit. Es ergibt sich jene Situation, von der Schiller geträumt hat: daß man sich wie selbstverständlich auf einer gemeinsamen Bühne findet.

Schiller ist jetzt ein hochangesehener Publizist in Deutschland, nicht nur ein Dichter, sondern ein weithin wirkender Intellektueller, Philosoph, Ästhetiker, Historiker und Journalist. Und als solcher soll er, im Auftrag des Verlegers Cotta, eine führende Kulturzeitschrift, *Die Horen*, aufbauen. Und da hier alle mitwirken sollen, die im geistigen Leben Deutschlands Rang und Namen haben, muß selbstverständlich auch Goethe zur Mitarbeit eingeladen werden.

Diese Einladung erreichte Goethe in einem Augenblick des persönlichen Umbruchs. Die *Kriegszüge* mit seinem Herzog gegen das revolutionäre Frankreich lagen hinter ihm, die Mißbilligungen der Weimarer Gesellschaft über seine Mesalliance hatte er fürs erste überstanden, aus dem Jägerhaus am Rande der Stadt war er zurück ins Haus am Frauenplan gezogen. Es war wieder die Zeit gekommen für eine seiner *Häutungen*, wie er das nannte.

Er ist beunruhigt darüber, daß ihm nun schon einige Zeit nichts Poetisches mehr gelungen ist: *Es scheint nach und nach diese Ader bei mir ganz auszutrocknen.* Er befürchtet, daß man ihn in der literarischen Welt bereits zu vergessen beginnt. Die achtbändige Werkausgabe, vor der Italienischen Reise mit dem Verleger Göschen vereinbart und 1790 vorerst abgeschlossen, hatte sich als Mißerfolg erwiesen. Kein einziger Raubdruck war erschienen – das untrügliche Kriterium für mangelndes Interesse beim Publikum. Gewiß, man verehrt ihn, aber doch wie einen abgeschiedenen Geist ohne gegenwärtige Wirkung. Immer noch lebt er vom Ruhm seiner Jugendwerke, des *Götz von Berlichingen* und des *Werther.* Die neueren Produktionen finden längst nicht so viel Anklang. *Egmont* war nur ein einziges Mal aufgeführt worden. Als Goethe einmal aus *Iphigenie* vorlas, waren die Zuhörer eingeschlafen. Die beiden Stücke *Die Aufgeregten* und *Der Bürgergeneral,* die Goethe 1792 fürs Weimarer Theater als Satire auf den Revolutionseifer geschrieben hatte, beurteilte er selbst als Werke für den Tag, von denen man weiter kein Aufhebens machen sollte. Er hatte die Stücke schnell verfertigt, als müßte er beweisen, daß er sein Metier noch beherrschte. Hatte er doch 1791 bei der Übernahme der Leitung des Weimarer Theaters erklärt, er wolle von nun an für jede Spielzeit ein oder zwei Stücke aus seiner Feder beisteuern. Die Stücke waren in Weimar lau aufgenommen worden, und kritische Zeitgenossen wunderten sich über diese leichte Kost. Kurz, man glaubte, daß Goethe seine beste Zeit als Schriftsteller hinter sich habe. *Man kann sich keinen isoliertern Menschen denken als ich damals war und lange Zeit blieb*, schreibt Goethe im Rückblick. Auf eine der Klagen des Verlegers Göschen antwortete Goethe: *Da, wie Sie selbst sagen, meine Sachen nicht so kurrent sind als andere an denen ein größer Publikum Geschmack findet, so muß ich denn freilich nach den Umständen zu Werke gehen und sehe leider voraus daß sich der Verlag meiner künftigen Schriften gänzlich zerstreuen wird.*

Goethe begriff, daß sich inzwischen ein neuer Literaturmarkt herausgebildet hatte. Die Belletristik expandierte und war dabei, zur Massenware und zum Verkaufsartikel zu werden. Noch im *Torquato Tasso* läßt Goethe einen Dichter auftreten, der für den Ruhm schreibt, im übrigen aber von seinem Mäzen ausgehalten wird. Der Ruhm ist der Lohn des Dichters. Jetzt aber gilt der Verkaufserfolg, und es stellt sich für den Schriftsteller die Frage, ob er bereit ist, dieses Erfolgskriterium anzuerkennen und sich daran zu orientieren.

Schiller, der Berufsschriftsteller ohne Vermögen, war früher als Goethe in die unangenehme Situation geraten, von seinem Publikum leben zu müssen. Eigentlich eine bittere Einsicht, aus der man das Beste machen musste. Nach dem Erfolg der *Räuber* und der Flucht vor seinem Herzog hatte er sich dem Publikum in die Arme geworfen: *Das Publikum ist mir jetzt alles,* schrieb er, *mein Studium, mein Souverän, mein Vertrauter. Ihm allein gehör ich jetzt an. Vor diesem und keinem andern Tribunal werde ich mich stellen.*

Auch Schiller blieben Enttäuschungen nicht erspart, denn der literarische Geschmack hatte sich mit der Ausweitung des Marktes durchaus nicht verbessert. Ein anspruchsvoller Autor steht vor der schwierigen Entscheidung, ob er sich dem Publikum anpassen oder es zu sich emporheben soll. Der Markt ist eine Macht und wirkt verführerisch auch auf Autoren, die eine hohe Meinung von sich haben. Mit diesem Problem haben es Schiller wie auch Goethe zu tun.

Im *Wilhelm Meister* findet sich die Bemerkung, *daß die Welt sehr leicht zu befriedigen ist, und selbst nur einen leichten, gefälligen, behaglichen Schein begehrt; so wäre es zu verwundern, wenn nicht Bequemlichkeit und Eigenliebe ihn bei dem Mittelmäßigen fest hielten, es wäre seltsam, wenn er nicht lieber für Modewaren Geld und Lob eintauschen, als den rechten Weg wählen sollte, der ihn mehr oder weniger zu einem kümmerlichen Märtyrertum führt.*

Was Goethe selbst betrifft, so ist er entschlossen, den *rechten Weg* zu gehen, aber doch nicht zum *Märtyrer* zu werden. Er hält an seinem künstlerischen Eigensinn fest, aber will auch den Markt benutzen. Er verlangte und bekam von seinen Verlegern Honorare, um die ihn Kollegen beneideten.

Als der Einladungsbrief zu den *Horen* am 13. Juni 1794 bei ihm eintraf, sah er sich vor die Entscheidung gestellt, ob er sich künftig aktiver als zuvor in den aktuellen Literaturbetrieb einmischen soll. Welchen Nutzen hätte er selbst davon? Er überlegte gründlich. Es gibt mehrere Entwürfe für die Antwort. Im Konzept hieß es zuerst: *und ich wünsche mich durch die Tat für das Vertrauen dankbar zu bezeigen,* was nochmals geändert wurde in: *und die ich mit Danke annehme.* Das *Danke* wurde zu *Freuden* korrigiert. Schließlich schreibt er am 24. Juni: *Ich werde mit Freuden und von ganzem Herzen von der Gesellschaft sein.* Goethe vermeidet den gönnerhaften Ton und läßt durchblicken, daß auch für ihn die Mitwirkung von Nutzen sein könnte: *gewiß aber wird eine nähere Verbindung mit so wackern Männern, als die Unternehmer sind, manches, das bei mir ins Stocken geraten ist, wieder in einen lebhaften Gang bringen.* (S. 33)

Am 20. Juli 1794, einem Sonntag, kam Goethe nach Jena, um mit dem inneren Herausgeberkreis Schiller, Fichte und Humboldt zu konferieren. Bei dieser Gelegenheit wollte er zuvor noch einen Vortrag über Botanik in der kürzlich von ihm mitbegründeten Naturforschenden Gesellschaft besuchen. Schiller, der seit seinem Medizinstudium nur geringen Anteil an den Naturwissenschaften nahm und nur selten das Haus verließ, besuchte ebenfalls diese Veranstaltung, gewiß nur aus dem Grunde, um Goethe dort zu treffen. Draußen ist es heiß, im alten Schloß, wo die Versammlung stattfindet, angenehm kühl. Nach dem Vortrag und einer kurzen Aussprache begibt man sich in plaudernden Gruppen hinaus. Im lauen Sommerabend steht man noch eine Weile beisammen und was dann geschieht, erzählt Goethe zwanzig Jahre später unter dem Titel *Glückliches Ereignis: Wir gingen zufällig beide zugleich heraus, ein Gespräch knüpfte sich an, er schien an dem Vorgetragenen Teil zu nehmen, bemerkte*

*aber sehr verständig und einsichtig und mir sehr willkommen,*
*wie eine so zerstückelte Art die Natur zu behandeln, den Laien,*
*der sich gern darauf einließe, keineswegs anmuten könne. Ich er-*
*widerte darauf: daß (…) es doch wohl noch eine andere Weise ge-*
*ben könne die Natur nicht gesondert und vereinzelt vorzuneh-*
*men, sondern sie wirkend und lebendig, aus dem Ganzen in die*
*Teile strebend darzustellen. Er wünschte hierüber aufgeklärt zu*
*sein, verbarg aber seine Zweifel nicht, er konnte nicht eingeste-*
*hen daß ein solches, wie ich behauptete, schon aus der Erfahrung*
*hervorgehe. Wir gelangten zu seinem Hause, das Gespräch*
*lockte mich hinein; da trug ich die Metamorphose der Pflanzen*
*lebhaft vor, und ließ, mit manchen charakteristischen Federstri-*
*chen, eine symbolische Pflanze vor seinen Augen entstehen. Er*
*vernahm und schaute das alles mit großer Teilnahme, mit ent-*
*schiedener Fassungskraft; als ich aber geendet, schüttelte er den*
*Kopf und sagte: das ist keine Erfahrung, das ist eine Idee. Ich*
*stutzte, verdrießlich einigermaßen: denn der Punkt der uns*
*trennte, war dadurch aufs strengste bezeichnet. Die Behauptung*
*aus Anmut und Würde fiel mir wieder ein, der alte Groll wollte*
*sich regen, ich nahm mich aber zusammen und versetzte: das*
*kann mir sehr lieb sein daß ich Ideen habe ohne es zu wissen, und*
*sie sogar mit Augen sehe. Schiller, der viel mehr Lebensklugheit*
*und Lebensart hatte als ich, und mich auch wegen der Horen (…)*
*mehr anzuziehen als abzustoßen gedachte, erwiderte darauf als*
*ein gebildeter Kantianer, und als aus meinem hartnäckigen Rea-*
*lismus mancher Anlaß zu lebhaftem Widerspruch entstand, so*
*ward viel gekämpft und dann Stillstand gemacht (…) Der erste*
*Schritt war jedoch getan, Schillers Anziehungskraft war groß, er*
*hielt alle fest, die sich ihm näherten; (…) seine Gattin, die ich,*
*von ihrer Kindheit auf, zu lieben und zu schätzen gewohnt war,*
*trug das ihrige bei zu dauerndem Verständnis, alle beiderseitigen*
*Freunde waren froh, und so besiegelten wir, durch den größten,*
*vielleicht nie ganz zu schlichtenden Wettkampf zwischen Objekt*
*und Subjekt, einen Bund, der ununterbrochen gedauert, und für*
*uns und andere manches Gute gewirkt hat.*

Schiller, so könnte man sagen, ist am Ziel seiner Wünsche. Endlich kommt er wirklich ins Gespräch mit Goethe, auf Augenhöhe. Seinem Freund Körner berichtet er davon am 1. September 1794: *Ein jeder konnte dem andern etwas geben, was ihm fehlte, und etwas dafür empfangen. Seit dieser Zeit haben diese ausgestreuten Ideen bei Goethe Wurzel gefaßt, und er fühlt jetzt ein Bedürfnis, sich an mich anzuschließen, und den Weg, den er bisher allein und ohne Aufmunterung betrat, in Gemeinschaft mit mir fortzusetzen. Ich freue mich sehr auf einen für mich so fruchtbaren Ideenwechsel.*

Schiller verspricht sich viel von diesem *Ideenwechsel*, und auch Goethe ist voller Erwartungen. Von jener Begegnung nach Weimar zurückgekehrt, schreibt er an Schiller: *Erhalten Sie mir ein freundschaftliches Andenken und sein Sie versichert daß ich mich auf eine öftere Auswechslung der Ideen mit Ihnen recht lebhaft freue.*

Da Schiller weiß, daß Goethe die nächsten Wochen in diplomatischer Mission mit dem Herzog unterwegs ist, läßt er einige Zeit verstreichen und schreibt dann am 23. August jenen berühmten ausführlichen Brief, auf den Goethe mit bewegten Worten antwortet: Es hätte ihm kein angenehmeres Geburtstagsgeschenk gemacht werden können als dieses Schreiben, *in welchem Sie, mit freundschaftlicher Hand, die Summe meiner Existenz ziehen und mich, durch Ihre Teilnahme, zu einem emsigern und lebhafteren Gebrauch meiner Kräfte aufmuntern.* (S. 37)

*Die Summe meiner Existenz* – das ist stark und ein wenig schmeichelnd aufgetragen. Tatsächlich hatte Schiller ein prägnantes geistiges Portrait Goethes entworfen und dabei auch die Unterschiede zwischen ihnen angedeutet. Goethe, schreibt Schiller, geht von sinnlichen Eindrücken aus und läßt sich von der Intuition leiten. Selten entfernt er sich allzuweit von der Empirie. Die Spekulation läßt ihn nicht auf Abwege geraten. Wessen Blick so wie der seine *still und rein auf den Dingen* ruht, dem erschließt sich der Reichtum der erscheinenden Welt. Goethe geht den Weg vom Besonderen zum Allgemeinen, während er, Schiller, umgekehrt vom Allgemeinen, den Ideen und Begriffen, zum Besonderen herabsteigt. Warum sollten sich der Gefühls- und der Begriffsmensch nicht auf der Mitte treffen? Dort wird man voneinander lernen können. Schiller wird Goethe dabei helfen, *Gefühle durch Gesetze zu berichtigen* (S. 36); und Goethe wird Schiller vor den Gefahren der Abstraktion bewahren. Wenn Schiller Goethe als Bewußtseinsspiegel dient, wird er umgekehrt von Goethe das Zutrauen zum Unbewußten erlernen. Es fügen sich zwei Hälften zu einem Kreis. So jedenfalls hat Goethe das wechselseitige Verhältnis gedeutet: *Selten ist es aber*, schreibt er in einer im Nachlaß aufgefundenen Notiz über die Freundschaft mit Schiller, *daß Personen gleichsam die Hälften von einander ausmachen, sich nicht abstoßen, sondern sich anschließen und einander ergänzen.*

Goethe hat das Bild, das Schiller von ihm entwarf, bestätigt – war es doch schmeichelhaft genug. Freilich ironisierte er es ein wenig. Über seine Unbewußtheit, die Schiller an ihm rühmte, bemerkte er: *Wie groß der Vorteil Ihrer Teilnehmung für mich sein wird werden Sie bald selbst sehen, wenn Sie, bei näherer Bekanntschaft, eine Art Dunkelheit und Zaudern bei mir entdecken werden.* (S. 38) Goethe wird Schillers Helligkeit mit dem Vorbehalt nutzen, sich dort wo es nötig ist seine *Dunkelheit* zu bewahren; er braucht sie, wie eine Pflanze, die ihre Wurzeln in die dunkle Erde senkt.

Nun wollte auch Goethe Schiller besser verstehen. Aber anders als Schiller unternimmt Goethe selbst nicht den Versuch einer Deutung. Er bittet den Bewußtseinsvirtuosen Schiller, sich doch einmal selbst zu analysieren. Er dürfe *nunmehr Anspruch machen*, schreibt er, *durch Sie Selbst mit dem Gange Ihres Geistes (…) bekannt zu werden.* (S. 38) Gewiß hätte Schiller es vorgezogen, sich auch einmal im Urteil Goethes gespiegelt zu sehen. Aber darauf muß er noch warten. Und so skizziert er in seiner Antwort vom 31. August 1794 sein geistiges Profil. Wieder sind es Sätze von beispielloser Prägnanz, die jeden Kritiker neidisch machen müssen. *Weil mein Gedankenkreis kleiner ist,* schreibt er, *so durchlaufe ich ihn eben darum schneller und öfter, und kann eben darum meine kleine Barschaft besser nutzen, und eine Mannigfaltigkeit, die dem Inhalte fehlt, durch die Form erzeugen. Sie bestreben sich, Ihre große Ideenwelt zu simplifizieren, ich suche Varietät für meine kleinen Besitzungen. Sie haben ein Königreich zu regieren, ich nur eine etwas zahlreiche Familie von Begriffen, die ich herzlich gern zu einer kleinen Welt erweitern möchte.* (S. 40)

Das bleibt von nun an ein Topos zwischen den beiden; der eine ist der König der Empirie, der andere ein Meister des Gedankens; der eine ist in der Welt, der andere sitzt in der Stube und brütet eine Welt aus.

Von ihren verschiedenen Ausgangspunkten aus stacheln sie sich wechselseitig an und bringen das, was in ihnen liegt, zur besten Form.

Am 4. September lädt Goethe Schiller nach Weimar ein. Es sei eine gute Gelegenheit, die neubegründete Freundschaft zu genießen, denn der Hof gehe für einige Zeit nach Eisenach, man habe Ruhe und Zeit füreinander. *Mit Freuden* nimmt Schiller die Einladung an, konfrontiert aber Goethe sogleich mit Komplikationen, die sich aus seiner Krankheit ergeben. Er wird sich einer gewöhnlichen Hausordnung nicht einfügen können, *denn leider nötigen mich meine Krämpfe gewöhnlich, den ganzen Morgen dem Schlaf zu widmen, weil sie mir des Nachts keine Ruhe lassen ... Ich bitte bloß um die leidige Freiheit, bei Ihnen krank sein zu dürfen.* (S. 43)

Am 14. September kommt Schiller in Weimar an, krank, aber voller Pläne. Er will mit Goethe über seinen *Wallenstein* konferieren, ihm die ersten Stücke seiner neuen Ästhetik *(Briefe über die ästhetische Erziehung des Menschen)* vortragen, die ersten Hefte der *Horen* planen. Auch Goethe hat sich gut vorbereitet. Er wird seinem Gast einiges aus seiner Naturkunde vortragen, die Optik und die Anatomie betreffend, mit dem Hintergedanken, die *Horen* als Plattform dafür zu gewinnen. Er liest Schiller die bis dahin noch unveröffentlichten *Römischen Elegien* vor, die, so berichtet Schiller seiner Frau, *zwar schlüpfrig und nicht sehr dezent sind, aber zu den besten Sachen gehören, die er gemacht hat*. Goethe verspricht sie ihm für die *Horen*. Goethe behält auch sein Weimarer Theater im Auge. Könnte man nicht wieder einmal Schillers frühe Stücke aufführen? *Fiesko* und *Kabale und Liebe* bedürften doch nur geringer Retuschen, um auf der Weimarer Bühne mit Erfolg erscheinen zu können. Man spricht über die möglichen Änderungen. Vielleicht hat Schiller auch Lust, den *Egmont* zu überarbeiten, um ihn bühnenwirksamer zu machen? So sehr vertiefen sich die beiden in ihre Gespräche, daß ihnen die Stunden dahinfliegen. *Vor einigen Tagen*, schreibt Schiller an seine Frau, *waren wir von halb 12 wo ich angezogen war bis Nachts um 11 Uhr ununterbrochen beisammen.*

Eine Suite von drei Zimmern an der Frontseite das Hauses am Frauenplan stand Schiller zur Verfügung. In den hinteren Räumen wirtschaftete Christiane. In gesellschaftlicher Hinsicht waren es zwei stille Wochen. Schiller wünschte, Goethe für sich zu haben, und dieser hielt sich daran. Die Herders kamen vorbei, auch Wieland, aber sonst gab es wenig Besuch. Goethe war das auch recht, denn Schiller war ihm fürs erste genug Unterhaltung und Anregung. An schönen Tagen überredete Goethe seinen Gast zu Spaziergängen. Dann konnte man die beiden sehen, den schlanken Hochgewachsenen und den kleineren Korpulenten; der eine gestikulierend, der andere die Arme ruhig auf dem Rükken gekreuzt. Bisweilen blieben sie stehen, der eine zeigte auf einen Baum oder eine Blume, der andere trat beflissen näher. Goethe grüßte höflich, wenn jemand vorbeikam. Er hatte überhaupt stets alles im Auge, was sich begab; Schiller aber ließ sich nicht stören. *Nichts geniert ihn*, sagte Goethe später zu Eckermann, *nichts engt ihn ein, nichts zieht den Flug seiner Gedanken herab; was in ihm von großen Ansichten lebt, geht immer frei heraus ohne Rücksicht und ohne Bedenken.*

An diesen ersten Besuch Schillers bei Goethe werden sich die beiden später gerne erinnern. Damals ist der Grund gelegt worden für das Ritual ihres Umgangs und ihrer Gespräche.

Schiller schrieb, als er nach Jena zurückgekehrt war: *Es wird mir Zeit kosten, alle die Ideen zu entwirren, die Sie in mir aufgeregt haben, aber keine einzige, hoffe ich, soll verloren sein.* Und Goethe antwortete: *Wir wissen nun, mein wertester, aus unsrer vierzehntägigen Konferenz: daß wir in Prinzipien einig sind und daß die Kreise unsers Empfindens, Denkens und Wirkens teils koinzidieren, teils sich berühren, daraus wird sich für beide gar mancherlei Gutes ergeben.* (S. 45)

Was sich daraus ergibt, läßt sich mit der hier vorgelegten Auswahl des Briefwechsels im einzelnen ganz gut nachvollziehen: Wie zunächst noch die Rollenaufteilung funktioniert, hier der *Horen*-Herausgeber Schiller, dort der mitwirkende Goethe. Goethe läßt sich gerne anregen, liefert seine Geschichten und Rahmengespräche zu den *Unterhaltungen deutscher Ausgewanderten*. Schiller zeigt sich ein wenig ratlos, weil ihm unklar ist, worauf das Ganze hinaussoll. Er bevorzugt die *Römischen Elegien*, auch wegen der freizügigen erotischen Thematik. Goethe ist vorsichtig, manches ist ihm doch zu kühn. Einiges hält er zurück, zu Schillers Bedauern. Der möchte eine kleine Sensation, ein begrenztes Ärgernis, da ist er ganz Zeitschriftenmacher. Doch auch die bereinigten *Elegien* erregen gehöriges Aufsehen. Der Absatz der *Horen* läuft deshalb gut. Schiller muß sich jedoch Kritik von seiten des Herzogs gefallen lassen, dem das alles zu weit geht. Der Herzog liebt erotische Frivolitäten, nicht aber vor großem Publikum. Man hätte, erklärt er, Goethe hindern sollen. Die beiden Freunde jedoch sind sich einig, daß es gut war, die Sache herauszubringen.

Der Ton der Briefe wird vertraulich, diplomatische Vorsicht verschwindet. Schiller läßt in einer Folge von Fortsetzungen seine *Briefe über die ästhetische Erziehung des Menschen* erscheinen. Goethe schreibt: *Ich schlurfte es* (das Manuskript) *auf Einen Zug hinunter.* (S. 46) Er habe von ästhetischen Schriften noch nie so viel Belehrung empfangen, schreibt er. Der zentrale Satz dieser

Abhandlung, der Mensch *ist nur da ganz Mensch, wo er spielt,* ist ihm aus dem Herzen gesprochen, wird er selbst doch später Riemer gegenüber erklären: *Ich will alles, was ich kann, spielend treiben …*

Schiller hatte sich einen Vorabdruck des Romans *Wilhelm Meisters Lehrjahre* gewünscht. Goethe ist aber vertraglich an einen anderen Verleger gebunden. Schiller kann seine Enttäuschung nicht verhehlen, und er fühlt sich um so mehr geschmeichelt, als Goethe ihn bittet, die Manuskripte des entstehenden Romans vor dem Druck zu lesen, mit Kritik und Verbesserungsvorschlägen. Einen solchen Einblick in seine Werkstatt hatte Goethe bis dahin noch keinem angeboten, und er wird es später auch nicht mehr tun. So kommt es im Sommer 1796 zu einer Serie ausführlicher Briefe Schillers über den *Wilhelm Meister,* die zusammen einen eindrucksvollen Essay über den Roman ergeben, wahrscheinlich das Klügste, was darüber überhaupt je geschrieben wurde. *Fahren Sie fort mich mit meinem eigenen Werke bekannt zu machen,* schrieb Goethe am 7. Juli 1796 (S. 131).

Auf dem Höhepunkt des Briefwechsels über den Roman findet sich jener berühmte Satz, den Goethe zehn Jahre später, nach dem Tod Schillers, in die *Wahlverwandtschaften* aufnehmen wird, allerdings leicht abgewandelt.

*Wie lebhaft,* schreibt Schiller am 2. Juli 1796, *habe ich bei dieser Gelegenheit erfahren, daß das Vortreffliche eine Macht ist, daß es auf selbstsüchtige Gemüter auch nur als eine Macht wirken kann, daß es, dem Vortrefflichen gegenüber keine Freiheit gibt als die Liebe.* (S. 116)

Sieben Jahre zuvor hatte Schiller Körner gegenüber seinen Haß auf Goethe eingestanden. Etwas von diesem Gefühl muß noch im Untergrund rumoren, als Ressentiment oder Neid, denn sonst verlöre die schöne Formel ja ihren Sinn. Denn man muß sich fragen: Welche Freiheit angesichts des Vortrefflichen soll denn bewahrt werden? Doch wohl die Freiheit im Sinne der Überwindung der lähmenden Gefühle von Neid und Mißgunst. Wenn man vermeiden will, von solchen Gefühlen gefesselt zu

werden, bleibt einem nichts anderes übrig, als das Vortreffliche –
zu lieben. Insofern schafft Liebe zum Vortrefflichen die Freiheit
angesichts des Vortrefflichen.

Goethe zitiert diese Formel in den *Wahlverwandtschaften*,
aber, wie gesagt, leicht abgewandelt. Dort, in *Ottiliens Tage-
buch*, lautet sie: *Gegen große Vorzüge eines Andern gibt es kein
Rettungsmittel als die Liebe*. Bei Schiller heißt es: *keine Freiheit*,
bei Goethe: *kein Rettungsmittel*.

Auf den ersten Blick ist der Bedeutungsunterschied nicht sehr
groß. Beide Male geht es darum, angesichts des Vortrefflichen
nicht in eine Mißstimmung zu geraten. Aber für Schiller kommt
alles darauf an, sich seine Freiheit zu bewahren, und deshalb entscheidet er sich dafür, das Vortreffliche zu lieben. Es ist wirklich
eine Entscheidung, und deshalb handelt es sich um eine Liebe,
die aus der Freiheit kommt. Auf Schillers Verhältnis zu Goethe
bezogen bedeutet das: Er hat sich, um sich aus den Verkrampfungen des Ressentiments zu lösen, dafür entschieden, Goethe
und seine vortrefflichen Werke – zu lieben. Das ist fast schon
eine Strategie.

Goethe indes macht von der Freiheit nicht so viel Aufhebens.
Er muß sie sich nicht, wie Schiller, immer wieder erkämpfen. Sie
ist auch nicht etwas, das er immer im Auge behalten muß. Für
ihn ist etwas anderes wichtig, nämlich die Übereinstimmung mit
seiner Natur. Diese muß er bewahren. Liebe aber ist für ihn Natur. Sie löst alle Verkrampfungen. Ihrer Führung kann man sich
überlassen, wenn man durch sonstige Komplikationen, beispiels-
weise durch die *Vorzüge eines Anderen,* verwirrt ist. Darum ist
sie ein *Rettungsmittel.*

Der eine verteidigt also mit der Liebe seine Freiheit, der andere bewahrt durch Liebe die Übereinstimmung mit seiner Natur. Nach Schillers Tod hat Goethe diese Differenz pointiert so
formuliert: *Er predigte das Evangelium der Freiheit, ich wollte
die Rechte der Natur nicht verkürzt wissen.*

Gegen Ende der Erörterungen um *Wilhelm Meister* rückt
Schiller dann doch noch mit einer Kritik heraus, die tief blicken

26

läßt. Er bemängelt nämlich, daß Wilhelm Meister eigentlich nicht genügend getan habe für seinen Erfolg. Er sei doch eigentlich eine schwache Natur, der auf die Leitung des aus dem Hintergrund wirkenden Tugendbundes angewiesen sei. Ist Wilhelm Meister nicht auch ein Günstling der Natur, der nicht kämpfen muß, der zu seinem Glück getragen wird, der nicht weiß, was Freiheit ist? Der Vorbehalt gegen die Figur Wilhelm Meister erinnert daran, was Schiller am 9. März 1789 an Körner grimmig über Goethe geschrieben hatte: *Wie leicht ward sein Genie von seinem Schicksal getragen, und wie muß ich bis auf diese Minute noch kämpfen.* Vor diesem Hintergrund wird alles klar: Einst war diese Kritik auf Goethe selbst gemünzt, jetzt bekommt *Wilhelm Meister* ersatzweise die Prügel ab.

Zu einem weiteren Höhepunkt des Austausches kommt es während der Ausarbeitung der *Xenien*; dann im sogenannten »Balladensommer« 1797, als die beiden um die Wette ihre Balladen dichteten; im Jahr 1799, als Schiller unter tätiger Mithilfe Goethes seinen *Wallenstein* schrieb und Goethe ihn auf die Bühne in Weimar brachte. Bemerkenswert sind auch die Erörterungen über Epos und Drama, woraus sich die Dramaturgie des klassischen Zeitalters ergab. Auch die Romantik wurde zum Thema der Auseinandersetzung. Schiller war nicht gut zu sprechen auf die aufstrebende jüngere Generation der Romantiker. Er fühlte sich abgestoßen von Willkür und intellektuellem Obskurantismus; Goethe, den der romantische Kreis, vor allem die Gebrüder Schlegel, zu ihrem Abgott gemacht hatte, versuchte zu vermitteln. Es war für alle Beteiligten eine heikle Angelegenheit.

Nach Schillers Umsiedlung von Jena nach Weimar Ende 1799 werden die Briefe kürzer und seltener. Man lebt in unmittelbarer Nachbarschaft, teilt auch das alltägliche Leben. Vieles wird nun mündlich erledigt.

Ein Jahr vor Schillers Tod im Sommer 1804 ergab sich die Situation, daß sich Goethe noch einmal für Schillers Verbleiben in Weimar einsetzen mußte. Der Freund hatte vom Königshaus in Berlin ein lukratives Angebot erhalten. Auf Fürsprache Goethes hin erhöhte der Herzog Schillers Pension. Und so blieb Schiller. Am 9. Mai 1805 starb er, bis zuletzt mit den Schriften des Freundes beschäftigt. Noch auf dem Sterbelager studierte er Goethes Anmerkungen zu *Rameaus Neffe* von Diderot. Er hatte Goethe zu dieser Arbeit angeregt.

Zwei Wochen nach Schillers Tod schrieb Goethe an Zelter: *Ich dachte mich selbst zu verlieren, und verliere nun einen Freund und in demselben die Hälfte meines Daseins.*

Rüdiger Safranski

Johann Wolfgang Goethe & Friedrich Schiller:

Der Briefwechsel
Eine Auswahl

Briefe aus dem Jahr 1794

*Schiller*

⟨Jena, 13. Juni 1794⟩

Hochwohlgeborner Herr,
hochzuverehrender Herr Geheimer Rat.

Beiliegendes Blatt[1] enthält den Wunsch einer, Sie unbegrenzt hochschätzenden, Gesellschaft, die Zeitschrift von der die Rede ist, mit Ihren Beiträgen zu beehren, über deren Rang und Wert nur Eine Stimme unter uns sein kann. Der Entschluß Euer Hochwohlgeboren, diese Unternehmung durch Ihren Beitritt zu unterstützen, wird für den glücklichen Erfolg derselben entscheidend sein, und mit größter Bereitwilligkeit unterwerfen wir uns allen Bedingungen unter welchen Sie uns denselben zusagen wollen.

Hier in Jena haben sich die H. H. Fichte, Woltmann und von Humboldt zur Herausgabe dieser Zeitschrift mit mir vereinigt, und da, einer notwendigen Einrichtung gemäß, über alle einlaufenden Mskrpte die Urteile eines engern Ausschußes eingeholt werden sollen, so würden Ew. Hochwohlgeboren uns unendlich verpflichten, wenn Sie erlauben wollten, daß Ihnen zu Zeiten eins der eingesandten Mskrpte dürfte zur Beurteilung vorgelegt werden. Je größer und näher der Anteil ist, dessen Sie unsre Unternehmung würdigen, desto mehr wird der Wert derselben bei demjenigen Publikum steigen, dessen Beifall uns der wichtigste ist. Hochachtungsvoll verharre ich

Euer Hochwohlgeboren
gehorsamster Diener und aufrichtigster
Verehrer

Jena. 13. Jun. 94.                              F. Schiller.

1  *Die Horen. Einladung zur Mitarbeit*

*Goethe*

<Weimar, 24. Juni 1794>

Ew. Wohlgeb.

eröffnen mir eine doppelt angenehme Aussicht, sowohl auf die Zeitschrift welche Sie herauszugeben gedenken, als auf die Teilnahme zu der Sie mich einladen. Ich werde mit Freuden und von ganzem Herzen von der Gesellschaft sein.

Sollte unter meinen ungedruckten Sachen sich etwas finden das zu einer solchen Sammlung zweckmäßig wäre, so teile ich es gerne mit; gewiß aber wird eine nähere Verbindung mit so wakkern Männern, als die Unternehmer sind, manches, das bei mir ins Stocken geraten ist, wieder in einen lebhaften Gang bringen.

Schon eine sehr interessante Unterhaltung wird es werden sich über die Grundsätze zu vereinigen nach welchen man die eingesendeten Schriften zu prüfen hat, wie über Gehalt und Form zu wachen um diese Zeitschrift vor andern auszuzeichnen und sie bei ihren Vorzügen wenigstens eine Reihe von Jahren zu erhalten.

Ich hoffe bald mündlich hierüber zu sprechen und empfehle mich Ihnen und Ihren geschätzten Mitarbeitern aufs beste.

W. d. 24 Jun. 1794.                                    Goethe


*Schiller*

Jena den 23. Aug. 94.

Man brachte mir gestern die angenehme Nachricht, daß Sie von Ihrer Reise wieder zurückgekommen seien. Wir haben also wieder Hoffnung, Sie vielleicht bald einmal bei uns zu sehen, welches ich an meinem Teil herzlich wünsche. Die neulichen Unterhaltungen mit Ihnen haben meine ganze Ideen-Masse in Bewegung gebracht, denn sie betrafen einen Gegenstand, der mich seit etlichen Jahren lebhaft beschäftigt. Über so manches, worüber ich mit mir selbst nicht recht einig werden konnte, hat die Anschauung Ihres Geistes (denn so muß ich den TotalEindruck Ihrer Ideen auf mich nennen) ein unerwartetes Licht in mir angesteckt. Mir fehlte das Objekt, der Körper, zu mehreren spekulativischen Ideen, und Sie brachten mich auf die Spur davon. Ihr beobachtender Blick, der so still und rein auf den Dingen ruht, setzt Sie nie in Gefahr, auf den Abweg zu geraten, in den sowohl die Spekulation als die willkürliche und bloß sich selbst gehorchende Einbildungskraft sich so leicht verirrt. In Ihrer richtigen Intuition liegt alles und weit vollständiger, was die Analysis mühsam sucht, und nur weil es als ein Ganzes in Ihnen liegt, ist Ihnen Ihr eigener Reichtum verborgen; denn leider wissen wir nur das, was wir scheiden. Geister Ihrer Art wissen daher selten, wie weit sie gedrungen sind, und wie wenig Ursache sie haben, von der Philosophie zu borgen, die nur von Ihnen lernen kann. Diese kann bloß zergliedern, was ihr gegeben wird, aber das Geben selbst ist nicht die Sache des Analytikers sondern des Genies, welches unter dem dunkeln aber sichern Einfluß reiner Vernunft nach objektiven Gesetzen verbindet.

Lange schon habe ich, obgleich aus ziemlicher Ferne, dem Gang Ihres Geistes zugesehen, und den Weg, den Sie Sich vorgezeichnet haben, mit immer erneuerter Bewunderung bemerkt. Sie suchen das Notwendige der Natur, aber Sie suchen es auf dem schweresten Wege, vor welchem jede schwächere Kraft sich wohl hüten wird. Sie nehmen die ganze Natur zusammen, um über das Einzelne Licht zu bekommen, in der Allheit ihrer Erscheinungsarten suchen Sie den Erklärungsgrund für das Individuum auf. Von der einfachen Organisation steigen Sie, Schritt vor Schritt, zu den mehr verwickelten hinauf, um endlich die verwickeltste von allen, den Menschen, genetisch aus den Materialien des ganzen Naturgebäudes zu erbauen. Dadurch, daß Sie ihn der Natur gleichsam nacherschaffen, suchen Sie in seine verborgene Technik einzudringen. Eine große und wahrhaft heldenmäßige Idee, die zur Genüge zeigt, wie sehr Ihr Geist das reiche Ganze seiner Vorstellungen in einer schönen Einheit zusammenhält. Sie können niemals gehofft haben, daß Ihr Leben zu einem solchen Ziele zureichen werde, aber einen solchen Weg auch nur einzuschlagen, ist mehr wert, als jeden andern zu endigen – und Sie haben gewählt, wie Achill in der Ilias zwischen Phtia und der Unsterblichkeit. Wären Sie als ein Grieche, ja nur als ein Italiener geboren worden, und hätte schon von der Wiege an eine auserlesene Natur und eine idealisierende Kunst Sie umgeben, so wäre Ihr Weg unendlich verkürzt, vielleicht ganz überflüssig gemacht worden. Schon in die erste Anschauung der Dinge hätten Sie dann die Form des Notwendigen aufgenommen, und mit Ihren ersten Erfahrungen hätte sich der große Styl in Ihnen entwickelt. Nun da Sie ein Deutscher geboren sind, da Ihr griechischer Geist in diese nordische Schöpfung geworfen wurde, so blieb Ihnen keine andere Wahl, als entweder selbst zum nordischen Künstler zu werden, oder Ihrer Imagination das, was ihr die Wirklichkeit vorenthielt, durch Nachhülfe der Denkkraft zu ersetzen, und so gleichsam von innen heraus und auf einem rationalen Wege ein Griechenland zu gebären. In derjenigen LebensEpoche, wo die Seele sich aus der äußern Welt ihre innere bildet, von mangelhaften Gestalten umringt, hatten Sie schon eine wilde und nordische Natur in sich aufgenommen, als Ihr siegendes, seinem Material überlegenes Genie diesen Mangel von innen entdeckte, und von außen her durch die Bekanntschaft mit der Griechischen Natur davon vergewissert wurde. Jetzt mußten Sie die alte, Ihrer Einbildungskraft schon aufgedrungene schlechtere Natur nach dem besseren Muster, das Ihr bildender Geist sich erschuf, korrigieren, und das kann nun freilich nicht anders als nach leitenden Begriffen von Statten gehen. Aber diese logische Richtung, welche der Geist bei der Reflexion zu nehmen genötiget ist, verträgt sich nicht wohl mit der ästhetischen, durch welche allein er bildet. Sie hatten also eine Arbeit mehr, denn so wie Sie von der Anschauung zur Abstraktion übergingen, so mußten Sie nun rückwärts Begriffe wieder in Intuitionen umsetzen, und

Gedanken in Gefühle verwandeln, weil nur durch diese das Genie hervorbringen kann.

So ungefähr beurteile ich den Gang Ihres Geistes, und ob ich recht habe, werden Sie Selbst am besten wissen. Was Sie aber schwerlich wissen können (weil das Genie sich immer selbst das größte Geheimnis ist) ist die schöne Übereinstimmung Ihres philosophischen Instinktes mit den reinsten Resultaten der spekulierenden Vernunft. Beim ersten Anblicke zwar scheint es, als könnte es keine größern Opposita geben, als den spekulativen Geist, der von der Einheit, und den intuitiven, der von der Mannichfaltigkeit ausgeht. Sucht aber der erste mit keuschem und treuem Sinn die Erfahrung, und sucht der letzte mit selbsttätiger freier Denkkraft das Gesetz, so kann es gar nicht fehlen, daß nicht beide einander auf halbem Wege begegnen werden. Zwar hat der intuitive Geist nur mit Individuen, und der spekulative nur mit Gattungen zu tun. Ist aber der intuitive genialisch und sucht er in dem empirischen den Charakter der Notwendigkeit auf, so wird er zwar immer Individuen aber mit dem Charakter der Gattung erzeugen; und ist der spekulative Geist genialisch, und verliert er, indem er sich darüber erhebt, die Erfahrung nicht, so wird er zwar immer nur Gattungen aber mit der Möglichkeit des Lebens und mit gegründeter Beziehung auf wirkliche Objekte erzeugen.

Aber ich bemerke, daß ich anstatt eines Briefes eine Abhandlung zu schreiben im Begriff bin – verzeihen Sie es dem lebhaften Interesse, womit dieser Gegenstand mich erfüllt hat; und sollten Sie Ihr Bild in diesem Spiegel nicht erkennen, so bitte ich sehr, fliehen Sie ihn darum nicht.

Die kleine Schrift von Moritz, die H. von Humboldt sich noch auf einige Tage ausbittet, habe ich mit großem Interesse gelesen, und danke derselben einige sehr wichtige Belehrungen. Es ist eine wahre Freude sich von einem instinktartigen Verfahren, welches auch gar leicht irre führen kann, eine deutliche Rechenschaft zu geben, und so Gefühle durch Gesetze zu berichten. Wenn man die Moritzische Ideen verfolgt, so sieht man nach und nach in die Anarchie der Sprache eine gar schöne Ordnung kommen, und entdeckt sich bei dieser Gelegenheit gleich der Mangel und die Grenze unserer Sprache sehr, so erfährt man doch auch ihre Stärke, und weiß nun, wie und wozu man sie zu brauchen hat.

Das Produkt von Diderot, besonders der erste Teil, ist sehr unterhaltend, und für einen solchen Gegenstand auch mit einer recht erbaulichen Dezenz behandelt. Auch diese Schrift bitte ich noch einige Tage hier behalten zu dürfen.

Es wäre nun doch gut, wenn man das neue Journal bald in Gang bringen könnte, und da es Ihnen vielleicht gefällt, gleich das erste Stück desselben zu eröffnen, so nehme ich mir die Freiheit, bei Ihnen anzufragen, ob Sie Ihren Roman nicht nach und nach darin erscheinen lassen wollen? Ob und wiebald Sie ihn aber auch für unser Journal bestimmen, so würden Sie mir durch Mitteilung desselben eine sehr große Gunst erzeigen. Meine Freunde, so wie meine Frau empfehlen sich Ihrem gütigen Andenken, und ich verharre hochachtungsvoll

Ihr

gehorsamster D⟨iene⟩r

FSchiller.

*Goethe*

⟨Ettersburg, 27. August 1794⟩

Zu meinem Geburtstage, der mir diese Woche erscheint, hätte mir kein angenehmer Geschenk werden können als Ihr Brief, in welchem Sie, mit freundschaftlicher Hand, die Summe meiner Existenz ziehen und mich, durch Ihre Teilnahme, zu einem emsigern und lebhafteren Gebrauch meiner Kräfte aufmuntern.

Reiner Genuß und wahrer Nutzen kann nur wechselseitig sein und ich freue mich Ihnen gelegentlich zu entwickeln: was mir Ihre Unterhaltung gewährt hat, wie ich von jenen Tagen an auch eine Epoche rechne und wie zufrieden ich bin, ohne sonderliche Aufmunterung, auf meinem Wege fortgegangen zu sein, da es nun scheint als wenn wir, nach einem so unvermuteten Begegnen, mit einander fortwandern müßten. Ich habe den redlichen und so seltenen Ernst der in allem erscheint was Sie geschrieben und getan haben immer zu schätzen gewußt und ich darf nunmehr Anspruch machen durch Sie Selbst mit dem Gange Ihres Geistes, besonders in den letzten Jahren, bekannt zu werden.  Haben wir uns wechselseitig die Punkte klar gemacht wohin wir gegenwärtig gelangt sind; so werden wir desto ununterbrochner gemeinschaftlich arbeiten können.

Alles was an und in mir ist werde ich mit Freuden mitteilen. Denn da ich sehr lebhaft fühle daß mein Unternehmen das Maß der menschlichen Kräfte und ihre⟨r⟩ irdischen Dauer weit übersteigt, so möchte ich manches bei Ihnen deponieren und dadurch nicht allein erhalten, sondern auch beleben.

Wie groß der Vorteil Ihrer Teilnehmung für mich sein wird werden Sie bald selbst sehen, wenn Sie, bei näherer Bekanntschaft, eine Art Dunkelheit und Zaudern bei mir entdecken werden, über die ich nicht Herr werden kann, wenn ich mich ihrer gleich sehr deutlich bewußt bin. Doch dergleichen Phänomene finden sich mehr in unsrer Natur, von der wir uns denn doch gerne regieren lassen, wenn sie nur nicht gar zu tyrannisch ist.

Ich hoffe bald einige Zeit bei Ihnen zuzubringen und dann wollen wir manches durchsprechen.

Leider habe ich meinen Roman, wenige Wochen vor Ihrer Einladung, an *Unger* gegeben und die ersten gedruckten Bogen sind schon in meinen Händen. Mehr als einmal habe ich diese Zeit gedacht daß er für die Zeitschrift recht schicklich gewesen wäre; es ist das einzige was ich noch habe das Masse macht und das eine Art von problematischer Komposition ist, wie sie die guten Deutschen lieben.

Das erste Buch schicke ich, sobald die Aushängebogen beisammen sind. Die Schrift ist schon solange geschrieben daß ich im eigentlichsten Sinne jetzt nur der Herausgeber bin.

Wäre sonst unter meinen Ideen etwas das zu jenem Zweck

aufgestellt werden könnte; so würden wir uns leicht über die schicklichste Form vereinigen und die Ausführung sollte uns nicht aufhalten.

Leben Sie recht wohl und gedenken mein in Ihrem Kreise.

Ettersburg d. 27 Aug 1794.

Goethe


*Schiller*


Jena den 31. Aug. 94.

Bei meiner Zurückkunft aus Weißenfels, wo ich mit meinem Freunde Körner aus Dresden eine Zusammenkunft gehabt, erhielt ich Ihren vorletzten Brief, dessen Inhalt mir doppelt erfreulich war. Denn ich ersehe daraus, daß ich in meiner Ansicht Ihres Wesens Ihrem eigenen Gefühl begegnete, und daß Ihnen die Aufrichtigkeit, mit der ich mein Herz darin sprechen ließ, nicht mißfiel. Unsre späte, aber mir manche schöne Hoffnung erweckende, Bekanntschaft, ist mir abermals ein Beweis, wie viel besser man oft tut, den Zufall machen zu lassen, als ihm durch zu viele Geschäftigkeit vorzugreifen. Wie lebhaft auch immer mein Verlangen war, in ein näheres Verhältnis zu Ihnen zu treten, als zwischen dem Geist des Schriftstellers und seinem aufmerksamsten Leser möglich ist, so begreife ich doch nunmehr vollkommen, daß die so sehr verschiedenen Bahnen, auf denen Sie und ich wandelten, uns nicht wohl früher, als gerade jetzt, mit Nutzen zusammenführen konnten. Nun kann ich aber hoffen, daß wir, soviel von dem Wege noch übrig sein mag, in Gemeinschaft durchwandeln werden, und mit um so größerm Gewinn, da die letzten Gefährten auf einer langen Reise sich immer am meisten zu sagen haben.

Erwarten Sie bei mir keinen großen materialen Reichtum von Ideen; dies ist es, was ich bei Ihnen finden werde. Mein Bedürfnis und Streben ist, aus Wenigem Viel zu machen, und wenn Sie meine Armut an allem was man erworbene Erkenntnis nennt, einmal näher kennen sollten, so finden Sie vielleicht, daß es mir in manchen Stücken damit mag gelungen sein. Weil mein Gedankenkreis kleiner ist, so durchlaufe ich ihn eben darum schneller und öfter, und kann eben darum meine kleine Barschaft besser nutzen, und eine Mannichfaltigkeit, die dem Inhalte fehlt, durch die Form erzeugen. Sie bestreben Sich, Ihre große Ideenwelt zu simplifizieren, ich suche Varietät für meine kleine Besitzungen. Sie haben ein Königreich zu regieren, ich nur eine etwas zahlreiche Familie von Begriffen, die ich herzlich gern zu einer kleinen Welt erweitern möchte.

Ihr Geist wirkt in einem außerordentlichen Grade intuitiv, und alle Ihre denkenden Kräfte scheinen auf die Imagination, als ihre gemeinschaftliche Repräsentantin gleichsam kompromittiert zu haben. Im Grund ist dies das höchste, was der Mensch aus sich machen kann, sobald es ihm gelingt, seine Anschauung zu generalisieren und seine Empfindung gesetzgebend zu machen. Darnach streben Sie, und in wie hohem Grade haben Sie es schon erreicht! *Mein* Verstand wirkt eigentlich mehr symbolisierend, und so schwebe ich als eine ZwitterArt, zwischen dem Begriff und der Anschauung, zwischen der Regel und der Empfindung, zwischen dem technischen Kopf und dem Genie. Dies ist es, was mir, besonders in frühern Jahren, sowohl auf dem Felde der Spekulation als der Dichtkunst ein ziemlich linkisches Ansehen gegeben; denn gewöhnlich übereilte mich der Poet, wo ich philosophieren sollte, und der philosophische Geist, wo ich dichten wollte. Noch jetzt begegnet es mir häufig genug, daß die Einbildungskraft meine Abstraktionen, und der kalte Verstand meine Dichtung stört. Kann ich dieser beiden Kräfte in so weit Meister werden, daß ich einer jeden durch meine Freiheit ihre Grenzen bestimmen kann, so erwartet mich noch ein schönes Los; leider aber, nachdem ich meine moralischen Kräfte recht zu kennen und zu gebrauchen angefangen, droht eine Krankheit, meine physischen zu untergraben. Eine große und allgemeine Geistesrevolution werde ich schwerlich Zeit haben, in mir zu vollenden aber ich werde tun was ich kann, und wenn endlich das Gebäude zusammenfällt, so habe ich doch vielleicht das Erhaltungswerte aus dem Brande geflüchtet.

Sie wollten, daß ich von mir selbst reden sollte, und ich machte von dieser Erlaubnis Gebrauch. Mit Vertrauen lege ich Ihnen diese Geständnisse hin, und ich darf hoffen, daß Sie sie mit Liebe aufnehmen.

Ich enthalte mich heute ins Detail Ihres Aufsatzes zu gehen, der unsre Unterhaltungen über diesen Gegenstand gleich auf die fruchtbarste Spur einleitet. Meine eigenen, auf einem verschiedenen Wege angestellten Recherchen haben mich auf ein ziemlich damit übereinstimmendes Resultat geführt, und in beifolgenden Papieren finden Sie vielleicht Ideen, die den Ihrigen begegnen. Sie sind vor anderthalb Jahren hingeworfen worden, und sowohl in dieser Rücksicht, als ihrer lokalen Veranlassung wegen (denn sie waren für einen nachsichtigen Freund bestimmt) kann ihre rohe Gestalt auf Entschuldigung Anspruch machen. Seitdem haben sie allerdings ein besseres Fundament, und eine größere Bestimmtheit in mir erhalten, die sie den Ihrigen ungleich näher bringen dürfte.

Daß Wilh⟨elm⟩ Meister für unser Journal verloren sein soll, kann ich nicht genug beklagen. Indessen hoffe ich von Ihrem fruchtbaren Geiste und Ihrem freundschaftlichen Eifer für unsre Unternehmung einen Ersatz dieses Verlustes, wobei die Freunde Ihres Genius alsdann doppelt gewinnen. In dem Stück der Thalia, die ich hier beilege, finden Sie einige Ideen von Körner über Deklamation, die Ihnen nicht mißfallen werden. Alles bei uns empfiehlt sich Ihrem freundschaftlichen Andenken und ich bin mit der herzlichsten Verehrung

der Ihrige

Schiller.

*Goethe*

<Weimar, 4. September 1794>
Die mir übersendeten Manuskripte sowohl, als das Bruchstück der Entwicklung des Erhabnen habe mit viel Vergnügen gelesen und mich daraus aufs neue überzeugt daß uns nicht allein dieselben Gegenstände interessieren, sondern daß wir auch in der Art sie anzusehen meistens übereinkommen. Über alle Hauptpunkte, sehe ich, sind wir einig und was die Abweichung der Standpunkte, der Verbindungsart, des Ausdrucks betrifft, so zeugen diese von dem Reichtum des Objekts und der ihm korrespondierenden Mannigfaltigkeit der Subjekte. Ich würde Sie nun ersuchen: mir nach und nach alles, was Sie über diese Materie schon geschrieben und drucken lassen, mitzuteilen; damit man ohne Zeitverlust das vergangene nachholte.

Dabei hätte ich Ihnen einen Vorschlag zu tun: Nächste Woche geht der Hof nach Eisenach, und ich werde vierzehn Tage so allein und unabhängig sein, als ich sobald nicht wieder vor mir sehe. Wollten Sie mich nicht in dieser Zeit besuchen? bei mir wohnen und bleiben? Sie würden jede Art von Arbeit ruhig vornehmen können. Wir besprächen uns in bequemen Stunden, sähen Freunde die uns am ähnlichsten gesinnt wären und würden nicht ohne Nutzen scheiden. Sie sollten ganz nach Ihrer Art und Weise leben und Sich wie zu Hause möglichst einrichten. Dadurch würde ich in den Stand gesetzt Ihnen von meinen Sammlungen das wichtigste zu zeigen und mehrere Fäden würden sich zwischen uns anknüpfen. Vom vierzehnten an würden Sie mich zu Ihrer Aufnahme bereit und ledig finden. Bis dahin verspare ich so manches das ich zu sagen habe und wünsche indessen recht wohl zu leben.

Haben Sie wohl *Charis* von Ramdohr gesehen? Ich habe mit allen natürlichen und künstlichen Organen meines Individuums das Buch anzufassen gesucht, aber noch keine Seite daran gefunden von der ich mir den Inhalt zueignen könnte.

42

Leben Sie recht wohl und grüßen die Ihrigen.
W. d. 4 Sept 1794

Goethe


*Schiller*


Jena den 7. Sept. 94.
Mit Freuden nehme ich Ihre gütige Einladung nach W⟨eimar⟩
an, doch mit der ernstlichen Bitte, daß Sie in keinem einzigen
Stück Ihrer häuslichen Ordnung auf mich rechnen mögen, denn
leider nötigen mich meine Krämpfe gewöhnlich, den ganzen
Morgen dem Schlaf zu widmen, weil sie mir des Nachts keine
Ruhe lassen, und überhaupt wird es mir nie so gut, auch den Tag
über auf eine *bestimmte* Stunde sicher zählen zu dürfen. Sie werden mir also erlauben, mich in Ihrem Hause als einen völlig
Fremden zu betrachten, auf den nicht geachtet wird, und dadurch, daß ich mich ganz isoliere, der Verlegenheit zu entgehen,
jemand andres von meinem Befinden abhängen zu lassen. Die
Ordnung, die jedem andern Menschen wohl macht, ist mein ge-
fährlichster Feind, denn ich darf nur in einer bestimmten Zeit etwas bestimmtes vornehmen *müssen*, so bin ich sicher, daß es mir
nicht möglich sein wird.

Entschuldigen Sie diese Präliminarien, die ich notwendiger
weise vorher gehen lassen mußte, um meine Existenz bei Ihnen
auch nur möglich zu machen. Ich bitte bloß um die leidige Freiheit, bei Ihnen krank sein zu dürfen.

Schon ging ich damit um, ihnen einen Aufenthalt in meinem
Hause anzubieten, als ich Ihre Einladung erhielt. Meine Frau ist
mit dem Kinde auf 3 Wochen nach Rudolstadt, um den Blattern
auszuweichen, die H. v. Humboldt seinem Kleinen inokulieren
ließ. Ich bin ganz allein und könnte Ihnen eine bequeme Wohnung einräumen. Außer Humbold sehe ich selten jemand, und
seit langer Zeit kommt keine Metaphysik über meine Schwelle.

Mit Ramdohrs Charis ist es mir sonderbar ergangen. Beim ersten Durchblättern hat mir vor seiner närrischen Schreibart und vor seiner horribeln Philosophie gegraut, und ich schickte ihn über Hals und Kopf dem Buchhändler wieder. Als ich nachher in einer gelehrten Zeitung einige Stellen aus seiner Schrift über die niederländische Schule angeführt fand, gewann ich ein besseres Vertrauen zu ihm, und nahm seine Charis wieder vor, welche mir nicht ganz unnütz gewesen ist. Was er im Allgemeinen über die Empfindungen, den Geschmack und die Schönheit sagt, ist freilich höchst unbefriedigend, und, um nicht etwas schlimmeres zu sagen, eine wahre Reichsfreiherrliche Philosophie; aber den empirischen Teil seines Buchs, wo er von dem Charakteristischen der verschiedenen Künste redet und einer jeden ihre Sphäre und ihre Grenzen bestimmt, habe ich sehr brauchbar gefunden. Man sieht, daß er hier in seiner Sphäre ist, und durch einen langen Aufenthalt unter Kunstwerken sich eine, gewiß nicht gemeine, Fertigkeit des Geschmacks erworben hat. Hier in diesem Teile spricht der unterrichtete Mann, der, wo nicht eine entscheidende doch eine mitzählende Stimme hat. Aber es kann wohl sein, daß er den Wert, den er hier für mich notwendig haben mußte, für Sie völlig verliert, weil die Erfahrungen, auf die er sich stützt, Ihnen etwas bekanntes sind, und Sie also schlechterdings nichts neues bei ihm vorfinden konnten. Gerade das, was Sie eigentlich suchten, ist ihm im höchsten Grade verunglückt, und was ihm geglückt ist, brauchen Sie nicht. Es sollte mich wundern, wenn ihn die Kantianer ruhig abziehen ließen, und die Gegner dieser Philosophie nicht ihre Partei durch ihn zu verstärken suchten.

Da Sie doch einmal jenes Bruchstück von mir über das Erhabene gelesen haben, so lege ich hier den Anfang bei, wo Sie vielleicht einige Ideen finden, die über den ästhetischen Ausdruck der Leidenschaft etwas bestimmen können. Einige frühere Aufsätze von mir über ästhetische Gegenstände befriedigen mich nicht genug, um sie Ihnen vorzulegen, und einige spätere, die noch ungedruckt sind, werde ich mitbringen. Vielleicht interessiert Sie eine Rezension von mir über Matthisons Gedichte in der A⟨llgemeinen⟩ L⟨iteratur⟩ Z⟨eitung⟩ die in dieser Woche wird ausgegeben werden. Bei der Anarchie, welche noch immer in der poetischen Kritik herrscht und bei dem gänzlichen Mangel objektiver Geschmacksgesetze befindet sich der Kunstrichter immer in großer Verlegenheit, wenn er seine Behauptung durch Gründe unterstützen will; denn kein Gesetzbuch ist da, worauf er sich berufen könnte. Will er ehrlich sein, so muß er entweder gar schweigen, oder er muß (was man auch nicht immer gerne hat) zugleich der Gesetzgeber und der Richter sein. Ich habe in jener Rezension die letzte Partei ergriffen, und mit welchem Rechte oder Glück, das möchte ich am liebsten von Ihnen hören.

Ich erhalte so eben die Rezension und lege sie bei.

Fr. Schiller.


*Goethe*

⟨Weimar, 1. Oktober 1794⟩
Wir wissen nun, mein wertester, aus unsrer vierzehntägigen Konferenz: daß wir in Prinzipien einig sind und daß die Kreise unsers Empfindens, Denkens und Wirkens teils koinzidieren, teils sich berühren, daraus wird sich für beide gar mancherlei Gutes ergeben. Für die Horen habe fortgefahren zu denken und angefangen zu arbeiten, besonders sinne ich auf Vehikel und Masken wodurch und unter welchen wir dem Publico manches zuschieben können. Gegen die Aufnahme des H. Zahns habe nichts zu erinnern, gebe aber, da ich wünschte daß Sie alle Expeditionen allein unterschrieben, meine Beistimmung auf einem besondern Blatt zu den Akten.

Leben Sie recht wohl und vergessen nicht ganz meines diätetischen Rates. Ich hoffe bald etwas schicken zu können und erwarte Ihre Anregung über diese oder jene Gegenstände zu schreiben. W. d. 1 Oktbr. 1794

G.

v⟨erte⟩

H. Arens wird Ihr Brief nicht verfehlen wenn Sie nur *Baumei-ster* auf die Adresse setzen, er ist in Hamb⟨urg⟩ bekannt genug.

Hirt und Albrecht vergesse ich nicht. Danken Sie H. v. Humbolt für die Rezension des Woldemars, ich habe sie so eben mit dem größten Anteil gelesen.

⟨*Beilage:*⟩

Daß die Herausgeber der Horen H Zahn aus Tübingen in ihre Sozietät aufnehmen und demselben ein konsultatives Votum, in den Angelegenheiten welche diese Monatschrift betreffen, bewilligen, finde ich den Umständen ganz angemessen. Es versteht sich daß dieses Verhältnis nur solange dauern kann als H. Cotta Verleger ist.  W. d. 1 Oktbr 1794

Goethe

*Goethe*

⟨Weimar, 26. Oktober 1794⟩

Das mir übersandte Manuskript[2] habe sogleich mit großem Vergnügen gelesen, ich schlurfte es auf Einen Zug hinunter. Wie uns ein köstlicher, unsrer Natur analoger Trank willig hinunter schleicht und auf der Zunge schon durch gute Stimmung des Nervensystems seine heilsame Wirkung zeigt, so waren mir diese Briefe angenehm und wohltätig, und wie sollte es anders sein?  da ich das was ich für recht seit langer Zeit erkannte, was ich teils lebte, teils zu leben wünschte auf eine so zusammenhängende und edle Weise vorgetragen fand.  Auch Meyer hat seine große Freude daran, und sein reiner, unbestechlicher Blick war mir eine gute Gewähr.  In diesem behaglichen Zustande hätte mich Herders beiliegendes Billet beinahe gestört, der uns, die wir an dieser Vorstellungs Art Freude haben, einer Einseitigkeit

2  *Über die ästhetische Erziehung des Menschen*

46

beschuldigen möchte. Da man aber im Reiche der Erscheinungen es überhaupt nicht so genau nehmen darf und es immer schon tröstlich genug ist mit einer Anzahl geprüfter Menschen, eher zum Nutzen als Schaden seiner selbst und seiner Zeitgenossen, zu irren, so wollen wir getrost und unverruckt so fort leben und wirken und uns in unserm Sein und Wollen ein Ganzes denken, um unser Stückwerk nur einigermaßen vollständig zu machen. Die Briefe behalte ich noch einige Tage, um sie nochmals mit Meyern zu genießen.

Hier folgen die Elegien[3] Ich wünschte daß Sie sie nicht aus Händen gäben, sondern sie denen, die noch über ihre Admissibilität zu urteilen haben vorläsen. Alsdann erbitte ich mir sie zurück, um vielleicht noch einiges zu retuschieren. Finden Sie etwas zu erinnern; so bitte ich es anzuzeigen.

Die Epistel wird abgeschrieben und folgt mit einigen Kleinigkeiten bald, dann muß ich eine Pause machen, denn das dritte Buch des Romans fordert meine Aufmerksamkeit. Noch habe ich die Aushängebogen des ersten nicht, sobald sie anlangen sind sie bei Ihnen.

Wegen des Almanachs werde ich Ihnen den Vorschlag tun: ein Büchelchen Epigrammen[4] ein oder anzurücken. Getrennt bedeuten sie nichts, wir würden aber wohl aus einigen Hunderten, die mitunter nicht producibel sind, doch eine Anzahl auswählen können die sich auf einander beziehen und ein Ganzes bilden. Das nächstemal daß wir zusammenkommen, sollen Sie die leichtfertige Brut im Neste beisammen sehen.

Leben Sie recht wohl und lassen mich unter den Ihrigen gegenwärtig sein.

W. d. 26ten Oktbr 94

Goethe

---

3 *Römische Elegien*
4 *Venezianische Epigramme*

Schreiben Sie mir doch was Sie noch etwa zu den Horen von mir wünschen und *wann* Sie es brauchten. Die zweite Epistel wird in der ersten Stunde guten Humors auch fertig.

*Schiller*

Jena den 28. 8br.⟨Oktober⟩ 94.
Daß Sie mit meinen Ideen einstimmig und mit der Ausführung derselben zufrieden sind, erfreut mich nicht wenig, und dient mir auf dem Wege, den ich betreten habe, zu einer sehr nötigen Ermunterung. Zwar sollten Dinge, die sich im Felde der bloßen Vernunft ausmachen lassen, oder sich doch dafür ausgeben, fest genug auf innern und objektiven Gründen ruhen, und das Kriterium der Wahrheit in sich selber tragen; aber eine solche philosophie gibt es noch nicht, und die meinige ist noch weit davon entfernt. Endlich beruht doch die Hauptsache auf dem Zeugnisse der Empfindung, und bedarf also einer subjektiven Sanktion, die nur die Beistimmung unbefangener Gemüter ihr verschaffen kann. Meyers Stimme ist mir hier bedeutend und schätzbar, und tröstet mich über den Widerspruch Herders, der mir meinen Kantischen Glauben, wie es scheint nicht verzeihen kann. Ich erwarte auch von den Gegnern der neuen Philosophie die Duldung nicht, die man einem jeden andern System, von dem man sich nicht besser überzeugt hätte, sonst widerfahren lassen möchte; denn die Kantische Philosophie übt in den Hauptpunkten selbst keine Duldung aus, und trägt einen viel zu rigoristischen Charakter, als daß eine Akkomodation mit ihr möglich wäre. Aber dies macht ihr in meinen Augen Ehre, denn es beweist, wie wenig sie die Willkür vertragen kann. Eine solche Philosophie will daher auch nicht mit bloßem Kopfschütteln abgefertigt sein. Im offenen, hellen und zugänglichen Feld der Untersuchung erbaut sie ihr System, sucht nie den Schatten und reserviert dem Privatgefühl nichts; aber so, wie sie ihre Nachbarn behandelt, will sie wieder behandelt sein, und es ist ihr zu ver-

zeihen, wenn sie nichts als Beweisgründe achtet. Es erschreckt mich gar nicht, zu denken, daß das Gesetz der Veränderung, vor welchem kein menschliches und kein göttliches Werk Gnade findet, auch die Form dieser Philosophie, so wie jede andere, zerstören wird, aber die Fundamente derselben werden dies Schicksal nicht zu fürchten haben, denn so alt das MenschenGeschlecht ist, und solange es eine Vernunft gibt, hat man sie stillschweigend anerkannt, und im Ganzen darnach gehandelt.

Mit der Philosophie unsers Freundes Fichte dürfte es nicht diese Bewandtnis haben. Schon regen sich starke Gegner in seiner eignen Gemeinde, die es nächstens laut sagen werden, daß alles auf einen subjektiven Spinozismus hinausläuft. Er hat einen seiner alten Akademischen Freunde, einen gewissen Weisshuhn, veranlaßt hieher zu ziehen, wahrscheinlich in der Meinung, sein eigenes Reich durch ihn auszubreiten. Dieser aber, nach allem was ich von ihm höre ein trefflicher philosophischer Kopf, glaubt schon ein Loch in sein System gemacht zu haben, und wird gegen ihn schreiben. Nach den mündlichen Äußerungen Fichtes, denn in seinem Buch war noch nicht davon die Rede, ist das Ich auch durch seine Vorstellungen erschaffend, und alle Realität ist nur in dem Ich. Die Welt ist ihm nur ein Ball, den das Ich geworfen hat, und den es bei der Reflexion wieder fängt!! Sonach hätte er seine Gottheit wirklich deklariert, wie wir neulich erwarteten.

Für die Elegien danken wir Ihnen alle sehr. Es herrscht darin eine Wärme, eine Zartheit und ein echter körnigter Dichtergeist, der einem herrlich wohl tut unter den Geburten der jetzigen Dichterwelt. Es ist eine wahre GeisterErscheinung des guten poetischen Genius. Einige kleine Züge habe ich ungern darin vermißt, doch begreife ich, daß sie aufgeopfert werden mußten. Über einige Stellen bin ich im Zweifel, den ich bei der Zurücksendung bemerken will.

Da Sie mich auffordern, Ihnen zu sagen, was ich für die ersten Stücke noch von Ihrer Hand wünsche, so erinnere ich Sie an Ihre Idee, die Geschichte des ehrlichen Prokurators aus dem Boccaz zubearbeiten. Wie ich schon an sich selbst der Darstellung vor der Untersuchung den Vorzug gebe, so bin ich hier um so mehr der Meinung, weil in den 3 ersten Stücken der Horen schon etwas zuviel philosophiert werden dürfte, und an poetischen Aufsätzen Mangel ist. Wäre dieser Umstand nicht, so würde ich Sie an den Aufsatz über Landschaftmalerei erinnern. Nach den jetzigen Arrangements würde zu Anfang des Januars das dritte Stück der Horen abgeschickt werden müssen. Rechne ich nun daß in dem Ersten Stück Ihre Elegien und die erste Epistel, in dem Zweiten die zweite Epistel und was Sie etwa diese Woche noch schicken, und in dem dritten wieder eine Epistel und die Geschichte aus dem Boccaz von Ihnen erscheint, so ist jedem dieser 3 Stücke sein Wert schon gewiß.

Ihr gütiges Anerbieten, die Epigramme betreffend, ist das vorteilhafteste für den Almanach. Auf welche Art man es anzufangen hat, um sie nicht zu trennen, darüber wird sich noch sprechen lassen. Vielleicht ginge es doch an, mehrere Lieferungen daraus zu machen, davon jede doch unabhängig von der andern bestehen könnte.

Daß Prof. Meyer[5] wieder in Weimar ist, erfreut mich zu hören, und ich bitte Sie, uns recht bald miteinander in Bekanntschaft zu bringen. Vielleicht entschließt er sich zu einer kleinen Exkursion hieher, und damit diese auch für den *Künstler* nicht ganz zwecklos sei, so habe ich ihm eine Büste von einem deutschen Bildhauer aufzuweisen, die, wie ich sagen zu können glaube, das Auge des echten Kunstrichters nicht zu fürchten hat. Vielleicht entschließt sich H. Meyer, gleich diesen Winter etwas für die Horen aufzusetzen.

An die Maltheser gehe ich gewiß, sobald ich meine Briefe von denen Sie nur den 3ten Teil gelesen und noch einen kleinen Versuch über das Naive vollendet haben werde; dies dürfte aber den Rest dieses Jahrs noch hinwegnehmen. Für den Geburtstag der Herzogin kann ich also dieses Stück nicht versprechen, aber mit

5  J. H. Meyer. Kunstsachverständiger. Lebte in Goethes Haus.

Ende des Winters denke ich wohl damit fertig zu sein. Ich spreche hier wie ein gesunder und rüstiger Mensch, der über seine Zeit zu gebieten hat; aber bei der Ausführung wird mich das NichtIch schon erinnern.

Erhalten Sie uns Ihr gütiges Andenken. Sie leben in dem unsrigen.

Schiller.

*Goethe*

⟨Weimar, 28. Oktober 1794⟩
Hierbei folgen Ihre Briefe mit Dank zurück. Hatte ich das erstemal sie bloß als Betrachtender Mensch gelesen und dabei *viel*, ich darf fast sagen *völlige*, Übereinstimmung mit meiner Denkensweise gefunden, so las ich sie das zweitemal im praktischen Sinne und beobachtete genau: ob ich etwas fände das mich als handelnden Menschen von seinem Wege ableiten könnte; aber auch da fand ich mich nur gestärkt und gefördert und wir wollen uns also mit freiem Zutrauen dieser Harmonie erfreuen.

Meine erste Epistel liegt bei, mit einigen Kleinigkeiten. Die zweite mache ich fertig, die Erzählung soll zu Ende des Jahrs bereit sein und hoffentlich eine dritte Epistel.

Beiliegender Brief von Maimon nebst dem Aufsatze wird Sie interessieren. Geben Sie ihn nicht aus der Hand. Vielleicht besuche ich Sie bald mit Meyer. Leben Sie recht wohl.
W. d. 28 Oktbr 94

Goethe

*Schiller*

Jena den 29. Nov. 94.

Sie haben mich mit der unerwartet schnellen Lieferung des Eingangs zu Ihren Erzählungen[6] sehr angenehm überrascht, und ich bin Ihnen doppelt dankbar dafür. Nach meinem Urteil ist das Ganze sehr zweckmäßig eingeleitet, und besonders finde ich den strittigen Punkt sehr glücklich ins Reine gebracht. Nur ist es Schade, daß der Leser zu wenig auf einmal zu übersehen bekommt, und daher nicht so im Stande ist, die notwendigen Beziehungen des Gesagten auf das Ganze gehörig zu beurteilen. Es wäre daher zu wünschen gewesen, daß gleich die erste Erzählung hätte können mitgegeben werden. Aber ich möchte nicht gerne in meinen Wünschen unbescheiden sein, und Sie veranlassen, Ihre Teilnahme an den Horen als ein Onus zu betrachten. Ich unterdrücke also diesen Wunsch, und versichere Ihnen bloß, daß wenn Sie ihn, ohne Sich zu belästigen, realisieren können, Sie mir ein großes Geschenk machen würden.

[…]

Weil ich mich in meiner Annonce an das Publikum auf unsere Keuschheit in politischen Urteilen berufen werde, so gebe ich Ihnen zu bedenken, ob an dem, was Sie dem Geh.rat in den Mund legen, eine Partei des Publikums, und nicht die am wenigsten zahlreiche, nicht vielleicht Anstoß nehmen dürfte? Ob gleich hier nicht der Autor sondern ein Interlocutor spricht, so ist das Gewicht doch auf seiner Seite, und wir haben uns mehr vor dem was *scheint* als was *ist* in Acht zu nehmen. Diese Anmerkung kommt von dem Redakteur. Als bloßer Leser würde ich ein Vorwort für den Geh.rat einlegen, daß Sie ihn doch durch den hitzigen Karl, wenn er sein Unrecht eingesehen, möchten zurückholen und in unserer Gesellschaft bleiben lassen. Auch würde ich mich des Alten Geistlichen gegen seine unbarmherzige Gegnerin annehmen, die es ihm fast zu arg macht.

6 *Unterhaltungen deutscher Ausgewanderten*

[...]
Alles bei uns empfiehlt sich Ihrem freundschaftlichen Andenken.

Ganz der Ihrige

Schiller.

*Goethe*

⟨Weimar, 2. Dezember 1794⟩

Mir ist sehr erfreulich daß Sie mit meinem Prologus im Ganzen
und im Hauptpunkte nicht unzufrieden sind; mehr als diesen
kann ich aber fürs erste Stück nicht liefern. Ich will ihn noch einmal durchgehen, dem Geh.Rat und Louisen Sordinen auflegen
und Carlen vielleicht noch ein Forte geben, so wirds ja wohl ins
gleiche kommen. Ihr historischer Aufsatz wird dem Stücke gewiß wohltun es gewinnt an erwünschter Mannigfaltigkeit. Ins
zweite Stück hoffe ich die Erzählung zu bringen, überhaupt gedenke ich aber wie die Erzählerin in der tausend und Einen
Nacht zu verfahren. Ich freue mich Ihre Anmerkungen sogleich
zu nutzen und dadurch neues Leben in diese Komposition zu
bringen. Die gleiche Wohltat hoffe ich für den Roman. Lassen
Sie mich nur nicht lange auf die Fortsetzung Ihrer Briefe warten.

Von Faust kann ich jetzt nichts mitteilen, ich wage nicht das
Paket aufzuschnüren das ihn gefangen hält. Ich könnte nicht ab-
schreiben ohne auszuarbeiten und dazu fühle ich mir keinen
Mut. Kann mich künftig etwas dazu vermögen; so ist es gewiß
Ihre Teilnahme.

Daß H. v. Humbold mit unsern homerischen Unterhaltungen
zufrieden ist, beruhigt mich sehr, denn ich habe mich nicht ohne
Sorge dazu entschlossen. Ein gemeinsamer Genuß hat so große
Reize und doch wird er so oft durch die Verschiedenheit der
Teilnehmer gestört. Bis jetzt hat noch immer ein guter Genius
über unsere Stunden gewacht. Es wäre recht schön wenn wir
auch einmal einige Bücher zusammen genössen

Leben Sie recht wohl und lassen mich nicht ferne von Sich und den Ihrigen sein.

W. d. 2 Dez 1794

Goethe

*Goethe*

⟨Weimar, 6. Dezember 1794⟩
Endlich kommt das erste Buch von Wilhelm Schüler, der, ich weiß nicht wie, den Namen Meister erwischt hat. Leider werden Sie die Beiden ersten Bücher nur sehen wenn das Erz ihnen schon die bleibende Form gegeben, demohngeachtet sagen Sie mir Ihr⟨e⟩ offne Meinung, sagen Sie mir was man wünscht und erwartet. Die folgenden werden Sie noch im biegsamen Manuskript sehen und mir Ihren freundschaftlichen Rat nicht versagen.

An den Unterhaltungen will ich sachte fortarbeiten, vorallem andern aber die zweite Epistel endigen. Ich hoffe es soll alles gut und leicht gehen wenn wir nur erst im Gange sind.

Cotta mag recht haben daß er *Namen* verlangt er kennt das Publikum das mehr auf den Stempel als den Gehalt sieht. Ich will daher den übrigen Mitarbeitern die Entscheidung wegen ihrer Beiträge völlig überlassen haben, nur was die meinigen betrifft muß ich bitten daß sie *sämtlich* anonym erscheinen, dadurch wird mir ganz allein möglich mit Freiheit und Laune, bei meinen übrigen Verhältnissen, an Ihrem Journale teilnehmen zu können.

Wollten Sie, wenn Sie Druckfehler oder sonst etwas im Romane bemerken, die Güte haben die Stelle mit Bleistift anzustreichen?

Ich freue mich bald wieder etwas von Ihnen zu lesen und besonders Sie vielleicht nach dem neuen Jahre auf einige Zeit zu sehen.

Meyer grüßt vielmals und ich empfehle mich Ihrem Andenken. W. d. 6 Dez. 1794

G.

Jena den 9. Dez. 94.

Mit wahrer Herzenslust habe ich das erste Buch W⟨ilhelm⟩ Meisters durchlesen und verschlungen, und ich danke demselben einen Genuß, wie ich lange nicht, und nie als durch Sie gehabt habe. Es könnte mich ordentlich verdrüßen, wenn ich das Mißtrauen, mit dem Sie von diesem trefflichen Produkt Ihres Genius sprechen, einer andern Ursache zuschreiben müßte, als der Größe der Foderungen, die Ihr Geist jederzeit an sich selbst machen muß. Denn ich finde auch nicht Etwas darin, was nicht in der schönsten Harmonie mit dem lieblichen Ganzen stünde. Erwarten Sie heute kein nähers Detail meines Urteils. Die Horen und deren Ankündigung, nebst dem Posttag, zerstreuen mich zu sehr, als daß ich mein Gemüt zu einem solchen Zweck gehörig sammeln könnte. Wenn ich die Bogen noch einige Zeit hier behalten darf, so will ich mir mehr Zeit dazu nehmen und versuchen, ob ich etwas von dem fernem Gang der Geschichte und der Entwicklung der Charaktere divinieren kann. H. v. Humb⟨oldt⟩ hat sich auch recht daran gelabt, und findet, wie ich, Ihren Geist in seiner ganzen Männlichen Jugend, stillen Kraft und schöpferischen Fülle. Gewiß wird diese Wirkung allgemein sein. Alles hält sich darin so einfach und schön in sich selbst zusammen, und mit wenigem ist soviel ausgerichtet. Ich gestehe, ich fürchtete mich anfangs, daß wegen der langen ZwischenZeit, die zwischen dem ersten Wurfe und der letzten Hand verstrichen sein muß, eine kleine Ungleichheit, wenn auch nur des Alters, sichtbar sein möchte. Aber davon ist auch nicht eine Spur zu sehen. Die kühnen poetischen Stellen, die aus der stillen Flut des Ganzen wie einzelne Blitze vorschlagen, machen eine treffliche Wirkung, erheben und füllen das Gemüt. Über die schöne Charakteristik will ich heute noch nichts sagen. Eben so wenig von der lebendigen, und bis zum Greifen treffenden Natur, die in allen Schilderungen herrscht, und die Ihnen überhaupt in keinem Produkte versagen kann. Von der Treue des Gemäldes einer *Theatralischen Wirtschaft* und *Liebschaft* kann ich mit vieler Kompetenz urteilen, indem ich mit beidem besser bekannt bin, als ich zu wünschen Ursache habe. Die apologie des Handels ist herrlich und in einem großen Sinn. Aber daß Sie neben dieser die Neigung des Haupthelden noch mit einem gewissen Ruhm behaupten konnten, ist gewiß keiner der geringsten Siege, welche die Form über die Materie errang. Doch ich sollte mich gar nicht in das Innere einlassen, weil ich es in diesem Augenblicke nicht weiter durchführen kann.

Auf Ihren und unser aller Namen habe ich bei Cotta Arrest gelegt, und er mag sich, wenn auch murrend, darein ergeben. Das Avertissement habe ich heute zu meiner großen Erleichterung geendigt, und es wird dem Intelligenzblatt der Lit⟨eratur⟩ Zeitung beigeschlossen werden. Ihr Versprechen, nach Weihnachten auf eine Zeitlang hieher zu kommen, ist mir sehr tröstlich, und läßt mich mit etwas heitererm Gemüt in diesen traurigen Winter blicken, der nie mein Freund gewesen ist.

Von der Geschichte, Mlle Clairon betreffend, habe ich nichts in Erfahrung bringen können. Doch erwarte ich noch einige Nachrichten darüber. Meiner Frau ist es noch erinnerlich davon gehört zu haben, daß in Bayreuth bei Öffnung eines alten Gebäudes die alte Markgrafen sich hätten sehen lassen und geweissagt hätten. Hufeland der Jurist, der sonst wie jener gute Freund de rebus omnibus et de quibusdam aliis zu sprechen weiß, wußte mir nichts davon zu sagen.

Alles empfiehlt sich Ihnen aufs beste und freut sich über Ihre versprochene Hieherkunft sehr.

Schiller.

*Goethe*

⟨Weimar, 10. Dezember 1794⟩

Sie haben mir durch das gute Zeugnis das Sie dem ersten Buche meines Romans geben sehr wohlgetan. Nach den sonderbaren

Schicksalen welche diese Produktion von innen und außen gehabt hat wäre es kein Wunder wenn ich ganz und gar konfus darüber würde. Ich habe mich zuletzt bloß an meine Idee gehalten und will mich freuen wenn sie mich aus diesem Labyrinthe herausleitet.

Behalten Sie das erste Buch solange Sie wollen, indes kommt das zweite und das dritte lesen Sie im Manuskripte, so finden Sie mehr Standpunkte zum Urteil. Ich wünsche daß Ihr Genuß sich mit den folgenden Büchern nicht mindere sondern mehre. Da ich nebst der Ihrigen auch H. v. Humbolds Stimme habe, werde ich desto fleißiger und unverdrossner fortarbeiten.

[...]

G

Briefe aus dem Jahr 1795

*Goethe*

⟨Weimar, 3. Januar 1795⟩

Viel Glück zum neuen Jahre. Lassen Sie uns dieses zubringen, wie wir das vorige geendigt haben, mit wechselseitiger Teilnahme an dem was wir lieben und treiben. Wenn sich die gleichgesinnten nicht anfassen was soll aus der Gesellschaft und der Geselligkeit werden. Ich freue mich in der Hoffnung daß Einwirkung und Vertrauen sich zwischen uns immer vermehren werden.

Hier der erste Band des Romans. Das zweite Exemplar für Humboldts. Möge das zweite Buch Ihnen wie das erste Freude machen. Das dritte bringe ich im Manuskript mit.

Die Gespenstergeschichten denke ich zur rechten Zeit zu liefern.

Auf Ihre Arbeit bin ich voller Verlangen. Meyer grüßt. Wir kommen wahrscheinl⟨ich⟩ Sonntags d. 11ten. In der Zwischenzeit hören Sie noch von mir. Leben Sie recht wohl.

W. d. 3 Jan 1795                                                            G


*Schiller*

Jena den 7. Jenn⟨er⟩ 95.

Für das überschickte Exemplar des Romans empfangen Sie meinen besten Dank. Ich kann das Gefühl, das mich beim Lesen dieser Schrift, und zwar in zunehmendem Grade je weiter ich darin komme, durchdringt und besitzt, nicht besser als durch eine süße und innige Behaglichkeit, durch ein Gefühl geistiger und leiblicher Gesundheit ausdrücken, und ich wollte dafür bürgen, daß es dasselbe bei allen Lesern im Ganzen sein muß.

Ich erkläre mir dieses Wohlsein von der durchgängig darin herrschenden ruhigen Klarheit, Glätte und Durchsichtigkeit, die auch nicht das geringste zurückläßt, was das Gemüt unbefriedigt und unruhig läßt, und die Bewegung desselben nicht weiter treibt, als nötig ist, um ein fröhliches Leben in dem Menschen anzufachen und zu erhalten. Über das einzelne sage ich Ihnen nichts, bis ich das dritte Buch gelesen habe, dem ich mit Sehnsucht entgegen sehe.

Ich kann Ihnen nicht ausdrücken, wie peinlich mir das Gefühl oft ist, von einem Produkt dieser Art in das philosophische Wesen hinein zu sehen. Dort ist alles so heiter, so lebendig, so harmonisch aufgelöst und so menschlich wahr, hier alles so strenge, so rigid und abstrakt, und so höchst unnatürlich, weil alle Natur nur Synthesis und alle Philosophie Antithesis ist. Zwar darf ich mir das Zeugnis geben, in meinen Spekulationen der Natur so treu geblieben zu sein, als sich mit dem Begriff der Analysis verträgt; ja vielleicht bin ich ihr treuer geblieben, als unsre Kantianer für erlaubt und für möglich hielten. Aber dennoch fühle ich nicht weniger lebhaft den unendlichen Abstand zwischen dem Leben und dem Raisonnement – und kann mich nicht enthalten in einem solchen melancholischen Augenblick für einen Mangel in meiner Natur auszulegen, was ich in einer heitern Stunde bloß für eine natürliche Eigenschaft der Sache ansehen muß. Soviel ist indes gewiß, der Dichter ist der einzige wahre *Mensch*, und der beste Philosoph ist nur eine Karikatur gegen ihn.

Daß ich voll Erwartung bin zu wissen, was Sie zu meiner Metaphysik des Schönen sagen, darf ich Ihnen nicht erst versichern. Wie das Schöne selbst aus dem ganzen Menschen genommen ist, so ist diese meine Analysis desselben aus *meiner* ganzen Menschheit heraus genommen, und es muß mir allzuviel daran liegen, zu wissen, wie diese mit der Ihrigen zusammen stimmt.

Ihr Hiersein wird eine Quelle von Geistes- und HerzensNahrung für mich sein. Besonders sehne ich mich auch darnach, gewisse DichterWerke in Gemeinschaft mit Ihnen zu genießen.

Sie versprachen mir, mich bei Gelegenheit Ihre Epigramme hören zu lassen. Es wäre eine große Freude mehr für mich, wenn dieses bei Ihrem jetzigen Aufenthalt in Jena anginge, da es doch problematisch ist, wie bald ich nach W⟨eimar⟩ kommen kann.

Meyern bitte ich mich recht freundschaftlich zu empfehlen.

Alles bei uns freut sich auf Ihre beiderseitig⟨e⟩ Ankunft herzlich und niemand mehr als Ihr

aufrichtigster Verehrer und Freund<br>Schiller.

Eben da ich schließen will erhalte ich die willkommene Fortsetzung Meisters. Tausend Dank dafür.


*Schiller*

Jena den 25. Jan. 95.
Wären Sie einen Tag länger bei uns geblieben, so hätten wir den Advent der Horen zusammen feiern können. Gestern kamen sie, und hier übersende ich Ihnen die gebührenden Exempl⟨arien⟩ nebst einem für unsern Freund Meyer. Es stehen Ihnen mehrere zu Dienst, sobald Sie deren benötigt sein sollten. Ich wünschte nur, daß die äußre Gestalt Ihrer beider Beifall haben möchte.

Cotta schreibt sehr zufrieden. Es sind bereits soviele Bestellungen gemacht worden, daß er sich einen recht großen Absatz verspricht; welches im Mund eines Verlegers eine glaubwürdige Versicherung ist.

[…]

Alles empfiehlt sich Ihrem Andenken bestens. Ganz der Ihrige
Sch.


*Goethe*

⟨Weimar, 27. Januar 1795⟩
Für die übersendeten Exemplare Horen danke ich, sie nehmen sich noch ganz artig aus. Eins der kleinen Exemplare hab ich in Ihrem Namen dem Herzog überreicht und wünschte daß Sie ihm bei dieser Gelegenheit ein Wort schrieben.

Ich zweifle nicht daß das Journal gut gehen wird.

Mein drittes Buch ist fort, ich habe es nochmals durchgesehen und Ihre Bemerkungen dabei vor Augen gehabt.

Diese Woche vergeht unter anhaltender Theater qual, dann soll es wieder frisch an die vorgesetzten Arbeiten gehen. Ich wünsche Gesundheit und Lust zu den Ihrigen.

Meyer grüßt. Nehmen Sie wiederholten Dank für alles Gute das Sie uns in Jena gegönnt.

W. d. 27 Jan. 1795.

G

Noch etwas: da ich wünschte daß der Aufsatz des H. v Humbold, wie alle andern, im Zweifel wegen des Verfassers ließe; so wäre vielleicht gut das Zitat wo der Bruder angeführt ist wegzulassen, besonders da es fast das einzige ist und Mutmaßungen erregen und bestärken könnte. Zwar weiß ich wohl daß wir sehr offenbar Versteckens spielen, doch halte ich es für sehr ersprießlich: daß der Leser wenigstens erst urteilen muß eh er erfährt wer sein Autor sei.

Bitte um das Paket an Jakobi das ich sogleich absenden werde.

G

*Goethe*

⟨Weimar, 18. Februar 1795⟩

Sie sagten mir neulich daß Sie bald zu uns herüber zu kommen gedächten. Ob nun schon, wie ich fürchte, das abermals eingefallne kalte Wetter Sie abhalten wird, so wollte ich doch auf jeden Fall einen Vorschlag tun.

Sie könnten beide bei mir einkehren, oder wenn auch das Frauchen sich lieber wo anders einquartierte, so wünschte ich doch daß Sie wieder das alte Quartier bezögen. Machen Sie es ganz nach Ihrem Sinne, Sie sind mir beide herzlich willkommen.

Durch den guten Mut, den mir die neuliche Unterredung eingeflößt, belebt, habe ich schon das Schema zum 5ten und 6ten Buche ausgearbeitet. Wie viel vorteilhafter ist es sich in andern als in sich selbst zu bespiegeln.

Kennen Sie die Kantischen Beobachtungen über das Gefühl des Schönen und Erhabenen von 1771? Es wäre eine recht artige Schrift wenn die Worte *schön* und *erhaben* auf dem Titel gar nicht stünden und im Büchelchen selbst seltner vorkämen. Es ist voll allerliebster Bemerkungen über die Menschen und man sieht seine Grundsätze schon keimen. Gewiß kennen Sie es schon.

Ist denn von dem abwesenden H. v. Humbold noch keine Nachricht eingegangen? Empfehlen Sie mich in Ihrem Kreise und fahren Sie fort mich durch Ihre Liebe und Ihr Vertrauen zu erquicken und zu erheben. W. d. 18 Febr. 1795.

G

*Schiller*

Jena den 19. Febr. 95.

Das elende Wetter hat wieder allen meinen Mut mit fortgenommen und meine Türschwelle ist wieder die alte Grenze meiner Wünsche und meiner Wanderschaft. Wie gern will ich von Ihrer Einladung Gebrauch machen, sobald ich meiner Gesundheit ein wenig trauen kann, sollte ich Sie auch nur auf etliche Stunden sehen. Mich verlangt herzlich darnach, und meine Frau, die sich sehr auf diesen Besuch bei Ihnen freut, wird mir keine Ruhe lassen, ihn auszuführen.

Ich gab Ihnen neulich treu den Eindruck zurück, den W⟨ilhelm⟩ Meister auf mich machte, und es ist also, wie billig, Ihr eigenes Feuer an dem Sie Sich wärmen. Körner schrieb mir vor einigen Tagen mit unendlicher Zufriedenheit davon, und auf sein Urteil ist zu bauen. Nie habe ich einen Kunstrichter gefunden, der sich durch die NebenWerke an einem poetischen Produkt so wenig von dem Hauptwerke abziehen ließe. Er findet in

W⟨ilhelm⟩ Meister alle Kraft aus Werthers Leiden, nur gebändigt durch einen männlichen Geist, und zu der ruhigen Anmut eines vollendeten Kunstwerks geläutert.

Was Sie von der kleinen Schrift Kants schreiben erinnere ich mich bei Lesung derselben auch empfunden zu haben. Die Ausführung ist bloß anthropologisch und über die letzten Gründe des Schönen lernt man darin nichts. Aber als Physik und Naturgeschichte des Erhabenen und Schönen enthält es manchen fruchtbaren Stoff. Für die ernsthafte Materie schien mir der Styl etwas zu spielend und blumenreich; ein sonderbarer Fehler an einem Kant, der aber wieder sehr begreiflich ist.

Herder hat uns mit einem gar glücklich gewählten und ausgeführten Aufsatz beschenkt, worin der so gangbare Begriff *vom eigenen Schicksal* beleuchtet wird. Materien dieser Art sind für unsern Gebrauch vorzüglich passend, weil sie etwas mystisches an sich haben, und durch die Behandlung doch an irgend eine allgemeine Wahrheit angeknüpft werden.

Weil doch eben vom Schicksal die Rede ist, so muß ich Ihnen sagen, daß ich dieser Tage auch über *mein* Schicksal etwas entschieden habe. Meine Landsleute haben mir die Ehre angetan, mich nach Tübingen zu vocieren, wo man sich jetzt sehr mit Reformen zu beschäftigen scheint. Aber da ich doch einmal zum akademischen Lehrer unbrauchbar gemacht bin, so will ich lieber hier in Jena, wo ich gern bin und wo möglich leben und sterben will, als irgend anderswo müßig gehen. Ich hab es also ausgeschlagen, und mache mir daraus kein Verdienst, denn meine Neigung entschied schon allein die ganze Sache, so daß ich gar nicht nötig hatte, mich der Verbindlichkeiten zu erinnern, die ich unserm guten Herzog schuldig bin, und die ich ihm am liebsten vor allen andern schuldig sein mag. Für meine Existenz glaube ich nichts besorgen zu dürfen, solang ich noch einigermaßen die Feder führen kann, und so lasse ich den Himmel walten, der mich noch nie verlassen hat.

H. von Humboldt aus Bayreuth ist noch nicht hier, und hat über seine Ankunft auch noch nichts bestimmtes geschrieben.

Hier folgen auch die Weißhuhnischen Blätter, von denen ich Ihnen neulich sagte. Ich bitte mir sie bald zurück.

Herzlich empfehlen wir uns alle Ihrem Andenken.

Sch.

*Schiller*

Jena den 22. Febr. 95.

Ihrem Verlangen gemäß folgt hier das 4te Buch des W⟨ilhelm⟩ Meister. Wo ich einigen Anstoß fand, habe ich ein Strich am Rande gemacht, dessen Bedeutung Sie bald finden werden. Wo Sie sie nicht finden, da wird auch nichts verloren sein.

Eine etwas wichtigere Bemerkung muß ich bei Gelegenheit des Geld-Geschenkes machen, das Wilhelm von der Gräfin durch die Hände des Barons erhält und annimmt. Mir deucht – und so schien es auch Humboldten – daß nach dem zarten Verhältnisse zwischen ihm und der Gräfin, diese ihm ein solches Geschenk und durch eine fremde Hand nicht anbieten, und er nicht annehmen dürfe. Ich suchte im Kontext nach etwas, was ihre und seine Delikatesse retten könnte, und glaube, daß diese dadurch geschont werden würde, wenn ihm dieses Geschenk als Remboursement für gehabte Unkosten gegeben und unter diesem Titel von ihm angenommen würde. Entscheiden Sie nun selbst. So wie es dasteht, *stutzt* der Leser und wird verlegen, wie er das Zartgefühl des Helden retten soll.

Übrigens habe ich beim zweiten Durchlesen wieder neues Vergnügen über die unendliche Wahrheit der Schilderungen und über die treffliche Entwicklung des Hamlet empfunden. Was die letztere betrifft, so wünschte ich, bloß in Rücksicht auf die Verkettung des ganzen, und der Mannichfaltigkeit wegen, die sonst in einem so hohen Grade behauptet worden ist, daß diese Materie nicht so unmittelbar hinter einander vorgetragen sondern wenn es anginge durch einige bedeutende ZwischenUmstände hätte unterbrochen werden können. Bei der ersten Zusammenkunft mit Serlo kommt sie zu schnell wieder aufs Tapet, und nachher im Zimmer Aureliens gleich wieder. Indes sind dies Kleinigkeiten, die dem Leser gar nicht auffallen würden, wenn Sie ihm nicht selbst durch alles vorhergehende die Erwartung der höchsten Varietät beigebracht hätten.

Körner, der mir gestern schrieb, hat mir ausdrücklich anbefohlen, Ihnen für das hohe Vergnügen zu danken, das ihm W⟨il- helm⟩ Meister verschafft. Er hat sich nicht versagen können etwas daraus in Musik zu setzen, welches er Ihnen durch mich vorlegt. Eins ist auf die Mandoline und das andre auf das Klavier. Die erstere findet sich wohl irgendwo in Weimar.

Noch muß ich Sie ernstlich bitten, sich unsers dritten Stücks der Horen zu erinnern. Cotta bittet mich dringend ihm die Mskrpte früher zu schicken, und meint, daß der 10te des Monats der späteste Termin sein müsse, an welchem er das Mskrpt beisammen haben müsse. Es müsse also am 3ten von hier abgehen können. Glauben Sie wohl, um diese Zeit mit dem Prokurator fertig zu sein? Meine Mahnung darf Sie aber keineswegs belästigen, denn Sie haben völlig freie Wahl, ihn entweder für das dritte oder vierte Stück zu bestimmen, weil doch eines von diesen beiden Stücken von Ihnen übergangen werden soll.

Herzlich empfehlen wir uns Ihnen alle, und Meyern bitte ich von meiner Seite bestens zu grüßen.

Schiller.


*Goethe*

⟨Weimar, 25. Februar 1795⟩
Ihre gütige kritische Sorgfalt für mein Werk hat mir aufs neue Lust und Mut gemacht das vierte Buch nochmals durchzugehen. Ihre Obelos habe ich wohl verstanden und die Winke benutzt, auch den übrigen desideriis hoffe ich abhelfen zu können und bei dieser Gelegenheit noch manches Gute im Ganzen zu wirken. Da ich aber gleich daran gehen muß; so werden Sie mich

vom dritten Stück entschuldigen, dagegen soll der Prokurator, in völliger Zierlichkeit, zum vierten aufwarten.

[...]

G

*Schiller*

Jena den 27. Febr. 95.

Wenn die freundlichen Tage, die wir hier haben, auch von Ihnen genossen werden, so wünsche ich dem Vierten Buch von W⟨il-helm⟩ Meister dazu Glück. Mich hat diese Ankündigung des Frühlings recht erquickt, und über mein Geschäft, das dessen sehr bedurfte, ein neues Leben ausgegossen. Wie sind wir doch mit aller unsrer geprahlten Selbstständigkeit an die Kräfte der Natur angebunden, und was ist unser Wille, wenn die Natur versagt! Worüber ich schon 5 Wochen fruchtlos brütete, das hat ein milder Sonnenblick binnen 3 Tagen in mir gelöst; freilich mag meine bisherige Beharrlichkeit diese Entwicklung vorberei-tet haben, aber die Entwicklung selbst brachte mir doch die er-wärmende Sonne mit.

Ich bemächtige mich meines Stoffes immer mehr und ent-decke mit jedem Schritt den ich vorwärts tue, wie fest und sicher der Grund ist, auf welchem ich baute. Einen Einwurf, der das ganze umstürzen könnte, habe ich von nun an nicht mehr zu fürchten, und gegen einzelne Irrtümer in der Anwendung wird die strenge Verbindung des Ganzen selbst mich sicher stellen, wie den Mathematiker die Rechnung selbst vor jedem Rech-nungsfehler warnt.

[...]

Schiller

*Schiller*

Jena den 1. März. 95.

Hier übersende ich Ihnen einstweilen 4 Exemplarien der Horen, wovon ich eins an den Herzog zu überreichen bitte. Die übrigen werden nachfolgen.

Die Jacobische Kritik[1] hat mich nicht im geringsten gewundert; denn ein Individuum wie Er muß eben so notwendig durch die schonungslose Wahrheit Ihrer Naturgemälde beleidigt werden, als Ihr Individuum ihm dazu Anlaß geben muß. Jacobi ist einer von denen, die in den Darstellungen des Dichters nur ihre Ideen suchen, und das was *sein soll* höher halten als das *was ist;* der Grund des Streits liegt also hier schon in den ersten Prinzipien, und es ist völlig unmöglich, daß man einander versteht.

Sobald mir einer merken läßt, daß ihm in poetischen Darstellungen irgend etwas näher anliegt als die innre Notwendigkeit und Wahrheit so gebe ich ihn auf. Könnte er Ihnen zeigen, daß die Unsittlichkeit Ihrer Gemälde nicht aus der Natur des Objekts fließt und daß die Art, wie Sie dasselbe behandeln, nur von Ihrem Subjekt sich herschreibt, so würden Sie allerdings dafür verantwortlich sein, aber nicht deswegen weil sie vor dem moralischen, sondern weil Sie vor dem ästhetischen Forum fehlten. Aber ich möchte sehen, wie er das zeigen wollte.

Ein Besuch stört mich, und ich will das Paquet nicht aufhalten.

Weißhuhn war eben bei mir. Er will sich morgen inskribieren lassen.

Leben Sie recht wohl.

Sch.

---

1 Goethes alter Freund Friedrich Heinrich Jacobi hatte die *Römischen Elegien* als unsittlich kritisiert.

⟨Weimar, 18. März 1795⟩

Vorige Woche bin ich von einem sonderbaren Instinkte befallen worden, der glücklicherweise noch fortdauert. Ich bekam Lust das religiose Buch meines Romans auszuarbeiten und da das Ganze auf den edelsten Täuschungen und auf der zartesten Verwechslung des subjektiven und objektiven beruht; so gehörte mehr Stimmung und Sammlung dazu als vielleicht zu einem andern Teile. Und doch wäre, wie Sie seiner Zeit sehen werden, eine solche Darstellung unmöglich gewesen wenn ich nicht früher die Studien nach der Natur dazu gesammelt hätte. Durch dieses Buch das ich vor Palmarum zu endigen denke bin ich ganz unvermutet in meiner Arbeit sehr gefördert, indem es vor und rückwärts weist und indem es begrenzt zugleich leitet und führt. Der Prokurator ist auch geschrieben und darf nur durchgesehen werden. Sie können ihn also zur rechten Zeit haben.

Ich hoffe es soll mich nichts abhalten Palmarum zu Ihnen zu kommen und einige Wochen bei Ihnen zu bleiben, da wollen wir uns einmal wieder etwas zu Gute tun.

Mich verlangt nach Ihren letzten Arbeiten, Ihre ersten haben wir gedruckt mit Vergnügen wiedergelesen.

Im Weimarischen Publico rumoren die Horen gewaltig, mir ist aber weder ein reines pro noch contra vorgekommen, man ist eigentlich nur *dahinter her*, man reißt sich die Stücke aus den Händen, und mehr wollen wir nicht für den Anfang.

H. v. Humbold wird recht fleißig gewesen sein, ich hoffe auch mit ihm mich über anatomica wieder zu unterhalten. Ich habe ihm einige, zwar sehr natürliche, doch interessante Präparate zurecht gelegt. Grüßen Sie ihn herzlich und die Damen. Der Prokurator ist vor der Türe. Leben Sie wohl und lieben mich, es ist nicht einseitig.

W. d. 18 März 1795

G.

J⟨ena,⟩ den 19. ⟨und 20.⟩ März. 95.
Auf das Gemälde, das Sie jetzt entworfen haben, bin ich nicht
wenig neugierig. Es kann weniger als irgend ein andres aus Ihrer
Individualität fließen, denn gerade dies scheint mir eine Saite zu
sein, die bei Ihnen, und schwerlich zu Ihrem Unglück, am sel-
tensten anschlägt. Um so erwartender bin ich, wie Sie das hete-
rogene Ding mit Ihrem Wesen gemischt haben werden. Religiöse
Schwärmerei ist und kann nur Gemütern eigen sein, die be-
schauend und müßig in sich selbst versinken, und nichts scheint
mir weniger Ihr Casus zu sein als dieses. Ich zweifle keinen Augenblick, daß Ihre Darstellung wahr sein wird – aber das ist sie
alsdann lediglich durch die Macht Ihres Genies und nicht durch
die Hülfe Ihres Subjekts.

Ich bin seit einiger Zeit meinen philosophischen Arbeiten un-
treu geworden, um in der Geschwindigkeit etwas für das 4te
Stück der Horen zu schaffen. Das Los traf die bewußte Belage-
rung von Antwerpen, welche auch schon ganz erträglich vorwärts gerückt ist. Die Stadt soll übergegangen sein, wenn Sie
kommen. Erst an dieser Arbeit sehe ich, wie anstrengend meine
vorige gewesen; denn ohne mich gerade zu vernachlässigen
kommt sie mir bloß wie ein Spiel vor, und nur die Menge elen-
den Zeugs, die ich nachlesen muß, und die mein Gedächtnis an-
strengt, erinnert mich, daß ich arbeite. Freilich gibt sie mir auch
nur einen magern Genuß; ich hoffe aber, es geht mir wie den Kö-
chen, die selbst wenig Appetit haben, aber ihn bei andern erregen.

Sie würden mir einen großen Dienst erweisen, wenn Sie mir
den sehnlich erwarteten Prokurator bis Montag gewiß schicken
könnten. Ich würde alsdann nicht genötigt sein, den Anfang
meiner Geschichte in den Druck zu geben, ehe das Ende fertig
ist. Sollten Sie aber verhindert sein, so bitte ich mir es noch
Sonnabends zu wissen zu tun. Doch hoffe ich das Beste.

Mich freut herzlich, daß Sie die Ostern mit uns zubringen

wollen, und ich bedarf auch wieder einer lebhafte⟨rn⟩ Anregung von außen von einer freundschaftlichen Hand.

Meyern bitte ich herzlich zu grüßen. Ich wünschte, daß er uns bald wieder etwas liefern möchte. Das Siegel für die Horen habe ich noch nicht erhalten.

Alles empfiehlt sich Ihnen, und erwartet Sie mit Verlangen.

Sch.

d⟨en⟩ 20.) Diesen Morgen erhalte ich Ihr Paquet welches mich in jeder Rücksicht froh überraschte. Die Erzählung liest sich mit ungemeinem Interesse; was mich besonders erfreute, war die Entwicklung. Ich gestehe daß ich diese erwartete, und ich hätte mich nicht zufrieden geben können, wenn Sie hier das Original nicht verlassen hätten. Wenn ich mich nehmlich anders recht erinnere, so entscheidet beim Boccaz bloß die zeitig erfolgte Rückkehr des Alten das Glück der Kur.

Könnten Sie das Mskrpt mir Montags früh zurücksenden, so geschähe mir dadurch eine große Gefälligkeit. Sie werden wenig mehr dabei zu tun finden.

*Schiller*

J⟨ena,⟩ den 25. März 95.
Ich erhielt heute wieder einen Brief, worin mir der alte Antrag von Tübingen mit dem Zusatz erneuert wurde, daß ich von allen öffentlichen Funktionen dispensiert sein, und völlige Freiheit haben solle, ganz nach meinem Sinn auf die Studierenden zu wirken u. s. f. Ob ich nun gleich meine erste Entschließung nicht geändert habe und auch nicht leicht ändern werde, so haben sich mir doch bei dieser Gelegenheit einige ernsthafte Überlegungen in Rücksicht auf die Zukunft aufgedrungen, welche mich von der Notwendigkeit überzeugen, mir einige Sicherheit auf den Fall zu verschaffen, daß zunehmende Kränklichkeit an schriftstellerischen Arbeiten mich verhindern sollte. Ich schrieb des-

halb an d. G. R. Voigt, und bat ihn, mir von unserm Herrn eine Versicherung auszuwirken, daß mir in jenem äußersten Fall mein Gehalt verdoppelt werden solle. Wird mir dieses zugesichert, so hoffe ich es so spät als möglich oder nie zu gebrauchen; ich bin aber doch wegen der Zukunft beruhigt, und das ist alles, was ich vor der Hand verlangen kann.

Da Sie vielleicht davon sprechen hören, und sich nicht gleich darein zu finden gewußt haben möchten, so wollte ich Ihnen in zwei Worten davon Nachricht geben.

Nächsten Sonntag erwarten wir Sie mit Verlangen. Alles begrüßt Sie.

Sch.


*Goethe*

Weimar, den 12. Mai 1795.

Die Sendung der Elegieen hat mich in elegischen Umständen nach dem gewöhnlichen Sinne, das heißt in erbärmlichen angetroffen. Nach dem guten Leben in Jena, wo ich nebst so mancher Seelenspeise auch der warmen freien Luft genoß, hat mich hier die kalte Witterung sehr unfreundlich empfangen und einige Stunden, in denen ich dem Zug ausgesetzt war, brachten mir ein Flußfieber zuwege, das mir die rechte Hälfte des Kopfs sehr schmerzlich angriff und zugleich die linke unbrauchbar machte. Nun bin ich so weit wieder hergestellt, daß ich ohne Schmerzen ziemlich zufrieden in meiner Stube an die rückständigen Arbeiten gehen kann.

Mit den Elegieen wird nicht viel zu tun sein, als daß man die 2te und die 16te wegläßt: denn ihr zerstümmeltes Ansehn wird auffallend sein, wenn man statt der anstößigen Stellen nicht etwas kurrenteres hinein restaurierte, wozu ich mich aber ganz und gar ungeschickt fühle. Auch wird man sie hinter einander wegdrucken müssen, wie es eben trifft: denn jede auf einer andern Seite anzufangen scheint, ich mag auch zählen und rechnen wie

73

ich will, nicht tunlich. Bei der Menge Zeilen unsrer Seite würden mehr als einmal unschickliche Räume übrigbleiben. Doch überlasse ich Ihnen das, und schicke nächstens das Manuskript. Der zweite Band des Romans stockt irgend bei einem Spediteur; ich sollte ihn schon lange haben, und wünschte ihn mitschicken zu können. Ich bin nun am fünften Buche und hoffe vor Pfingsten nicht viel mehr übrig zu lassen.

Meyer ist sehr fleißig. Er hat bisher vortreffliche Sachen gemacht; mir ist, als wenn ihm mit jedem Tage Gedanke und Ausführung besser gelängen.

Haben Sie die Güte mir bald Nachricht von Ihrem Befinden zu geben, und ob nichts Neues eingelaufen ist. Jacobi hat abermals durch Friz von Stein sein Versprechen prorogiert.

⟨G⟩

*Schiller*

Jena den 15. Mai. 95.
Daß Sie Sich nicht wohl befanden, erfuhr ich erst vorgestern, und beklagte Sie aufrichtig. Wer so wenig gewöhnt ist, krank zu sein, wie Sie, dem muß es gar unleidlich vorkommen. Daß die jetzige Witterung auf mich keinen guten Einfluß hatte, ist etwas so gewöhnliches, daß ich nicht davon reden mag.

Freilich verliere ich die ganze zweite Elegie sehr ungern. Ich hätte geglaubt, daß selbst die sichtbare Unvollständigkeit derselben keinen Schaden bei dem Leser tun würde, weil man leicht darauf verfallen kann, eine absichtliche Reticenz darunter zu mutmaßen. Übrigens kann man ja der Schamhaftigkeit, die von einem Journal gefodert wird, dieses Opfer bringen, da Sie in einigen Jahren, wenn Sie die Elegien besonders sammeln, alles was jetzt gestrichen wird, wieder herstellen können. Gerne wünschte ich Montag früh die Elegien oder doch einen Bogen derselben zu haben, um sie abschicken zu können. Mit meinem Aufsatz hoffe ich endlich noch fertig zu werden, wenn kein besonderer Unfall dazwischen kommt.

An andern Beiträgen ist nichts eingelaufen und das Siebente Stück steht noch ganz in Gottes allmächtiger Hand.

Cotta ist mit der Messe ziemlich zufrieden. Es sind ihm zwar von den Exemplarien die er in Kommission gegeben manche remittiert, aber auch eben soviele wieder neu bestellt worden, so daß der Calcul im Ganzen dadurch nichts gelitten hat. Nur bittet er sehr um größere Mannichfaltigkeit der Aufsätze. Viele klagen über die abstrakte Materien, viele sind auch an Ihren Unterhaltungen irre, weil sie, wie sie sich ausdrücken, noch nicht absehen können, was damit werden soll. Sie sehen, unsre deutschen Gäste verleugnen sich nicht, sie müssen immer wissen, *was* sie essen, wenn es ihnen recht schmecken soll. Sie müssen einen *Begriff* davon haben.

Ich sprach noch kürzlich mit Humboldt darüber; es ist jetzt platterdings unmöglich mit irgend einer Schrift, sie mag noch so gut oder noch so schlecht sein, in Deutschland ein *allgemeines* Glück zu machen. Das Publikum hat nicht mehr die Einheit des Kinder-Geschmacks, und noch weniger die Einheit einer vollendeten Bildung. Es ist in der Mitte zwischen beiden, und das ist für schlechte Autoren eine herrliche Zeit, aber für solche, die nicht bloß Geld verdienen wollen, desto schlechter. Ich bin jetzt sehr neugierig zu hören, wie von Ihrem Meister wird geurteilt werden, was nämlich die öffentlichen Sprecher sagen, denn daß das Publikum darüber geteilt ist, versteht sich ja von selbst.

Von hiesigen Novitäten weiß ich Ihnen nichts zu melden, denn mit Freund Fichte[2] ist die reichste Quelle von Absurditäten versiegt.

[...]

Sch.

---

2 Johann Gottlieb Fichte hatte Jena wegen studentischer Ausschreitungen gegen ihn vorübergehend verlassen.

*Schiller*

Jena den 15. Jun. 95.
Dieses fünfte Buch Meisters habe ich mit einer ordentlichen
Trunkenheit, und mit einer einzigen ungeteilten Empfindung
durchlesen. Selbst im Meister ist nichts, was mich so Schlag auf
Schlag ergriffen und in seinem Wirbel unfreiwillig mit fortgenommen hätte. Erst am Ende kam ich zu einer ruhigen Besinnung. Wenn ich bedenke, durch wie einfache Mittel Sie ein so
hinreißendes Interesse zu bewirken wußten, so muß ich mich
noch mehr verwundern. Auch was das Einzelne betrifft, so fand
ich darin treffliche Stellen. […]
    Das Einzige, was ich gegen dieses Vte Buch zu erinnern habe,
ist, daß es mir zuweilen vorkam, als ob Sie demjenigen Teile, der
das Schauspielwesen ausschließend angeht, mehr Raum gegeben
hätten, als sich mit der freien und weiten Idee des Ganzen verträgt. Es sieht zuweilen aus, als schrieben Sie *für* den Schauspieler, da Sie doch nur *von* dem Schauspieler schreiben wollen. Die
Sorgfalt, welche Sie gewissen kleinen Details in dieser Gattung
widmen, und die Aufmerksamkeit auf einzelne kleine Kunst-
vorteile, die zwar dem Schauspieler und Direktor aber nicht
dem Publikum wichtig sind, bringen den falschen Schein eines
*besondern Zweckes* in die Darstellung, und wer einen solchen
Zweck auch nicht vermutet, der möchte Ihnen gar Schuld geben,
daß eine PrivatVorliebe für diese Gegenstände Ihnen zu mächtig
geworden sei. Könnten Sie diesen Teil des Werks füglich in engere Grenzen einschließen, so würde dies gewiß gut für das
Ganze sein.
    […]

Sch.

*Goethe*

⟨Weimar, 18. Juni 1795⟩

Ihre Zufriedenheit mit dem fünften Buche des Romans war mir höchst erfreulich und hat mich zur Arbeit, die mir noch bevor steht, gestärkt. Es ist mir sehr angenehm, daß die wunderlichen und spaßhaften Geheimnisse ihre Wirkung tun und daß mir, nach Ihrem Zeugnisse, die Ausführung der angelegten Situationen geglückt ist. Um so lieber habe ich Ihre Erinnerungen, wegen des theoretisch-praktischen Gewäsches genutzt und bei einigen Stellen die Schere wirken lassen. Dergleichen Reste der frühern Behandlung wird man nie ganz los, ob ich gleich das erste Manuskript fast um ein Drittel verkürzt habe.

Über das was mit dem Briefe an den Herausgeber, oder bei Gelegenheit desselben anzufangen ist, werden wir bei einer Unterredung leicht einig werden. Ich werde etwa zu Ende der andern Woche bei Ihnen sein und wo möglich die versprochene Erzählung mitbringen.

[…]

Goethe

*Schiller*

⟨Jena.⟩ Den 17. Aug. 95.

Ich nahm Ihre neuliche Zusage nach dem Buchstaben und rechnete darauf, Sie Morgen als den Dienstag gewiß hier zu sehen: dies ist Ursache, daß ich den Meister solange behielt und Ihnen auch nichts darüber schrieb. Sehr hätte ich gewünscht, mit Ihnen über dieses VIte Buch mündlich zu sprechen, weil man sich in einem Brief nicht auf alles besinnt und zu solchen Sachen der Dialog unentbehrlich ist. Mir deucht, daß Sie den Gegenstand von keiner glücklichern Seite hätten fassen können, als die Art ist, wie Sie den stillen Verkehr der Person mit dem heiligen in sich eröffnen. Dieses Verhältnis ist zart und fein, und der Gang,

77

den Sie es nehmen lassen, äußerst übereinstimmend mit der Natur.

Der Übergang von der Religion überhaupt zu der christlichen durch die Erfahrung der Sünde ist meisterhaft gedacht. Überhaupt sind die leitenden Ideen des Ganzen trefflich, nur, fürchte ich, etwas zu leise angedeutet. Auch will ich Ihnen nicht dafür stehen, daß nicht manchen Lesern vorkommen wird, als wenn die Geschichte stille stünde. Hätte sich manches näher zusammenrücken, anderes kürzer fassen, hingegen einige Hauptideen mehr ausbreiten lassen, so würde es vielleicht nicht übel gewesen sein. Ihr Bestreben, durch Vermeidung der trivialen Terminologie der Andacht ihren Gegenstand zu purifizieren und gleichsam wieder ehrlich zu machen, ist mir nicht entgangen; aber einige Stellen habe ich doch angestrichen, an denen, wie ich fürchte, ein christliches Gemüt eine zu »leichtsinnige« Behandlung tadeln könnte.

Dies wenige über das, was Sie gesagt und angedeutet. Dieser Gegenstand ist aber von einer solchen Art, daß man auch über das, was nicht gesagt ist, zu sprechen versucht wird. Zwar ist dieses Buch noch nicht geschlossen, und ich weiß also nicht, was etwa noch nachkommen kann, aber die Erscheinung des Oheims und seiner gesunden Vernunft scheint mir doch eine Krise herbei zu führen. Ist dieses, so scheint mir die Materie doch zu schnell abgetan, denn mir deucht, daß über das *Eigentümliche* christlicher Religion und christlicher Rel⟨igions⟩Schwärmerei noch zu wenig gesagt sei; daß dasjenige, was diese Religion einer schönen Seele sein kann, oder vielmehr was eine schöne Seele daraus machen kann, noch nicht genug angedeutet sei. Ich finde in der christlichen Religion virtualiter die Anlage zu dem höchsten und edelsten, und die verschiedenen Erscheinungen derselben im Leben scheinen mir bloß deswegen so widrig und abgeschmackt, weil sie verfehlte Darstellungen dieses höchsten sind. Hält man sich an den eigentümlichen Charakterzug des Christentums, der es von allen monotheistischen Religionen unterscheidet, so liegt er in nichts anderm als in der *Aufhebung des*

*Gesetzes* oder des Kantischen Imperativs, an dessen Stelle das Christentum eine freie Neigung gesetzt haben will. Es ist also in seiner reinen Form Darstellung *schöner* Sittlichkeit oder der Menschwerdung des heiligen, und in diesem Sinn die einzige *ästhetische* Religion; daher ich es mir auch erkläre, warum diese Religion bei der weiblichen Natur soviel Glück macht, und nur in Weibern noch in einer gewissen erträglichen Form angetroffen wird. Doch ich mag in einem Brief über diese kitzliche Materie nichts weiter vorbringen, und bemerke bloß noch, daß ich diese Saite ein wenig hätte mögen klingen hören.

[…]

Mit der Ausführung dessen, was Sie für die restierenden Monate in die Horen versprechen werden Sie mir große Freude machen, und noch einmal wiederhole ich meine Fürbitte wegen Faust. Lassen Sie es auch nur eine Szene von 2 oder 3 Seiten sein. Das Märchen wird mich recht herzlich erfreuen und die Unterhaltungen für dieses Jahr schön schließen.

Ich habe in dieser Woche mich zwar körperlich nicht besser befunden, aber doch Lust und Laune zu einigen Gedichten gehabt, die meine Sammlung vermehren werden.

Meine Frau wünscht zu erfahren, ob die Nadeln in welche Sie das sechste Buch neulich gepackt haben, Symbole von Gewissensbissen vorstellen sollen.

Leben Sie recht wohl. Ich sehne mich Sie bald zu sehen, und unsern Freund Meyer.

Schiller.

⟨Weimar, 18. August 1795⟩

An dem Hymnus[3], der hierbei folgt, habe ich soviel getan als die Kürze der Zeit und die Zerstreuung in der ich mich befinde, erlauben wollen. Den Beschluß der Geschichte und den Übergang zum Märchen übersende ich bald möglichst, ich glaube aber nicht, daß es einen gedruckten Bogen ausfüllen wird. Zu dem Märchen selbst habe ich guten Mut; es unterhält mich und wird also doch wohl auch einigermaßen für andere unterhaltend sein.

Ihr Zeugnis, daß ich mit meinem siebenten Buche wenigstens glücklich vor der Klippe vorbeigeschifft bin, ist mir von großem Werte, und Ihre weitere Bemerkungen über diese Materie haben mich sehr erfreut und ermuntert. Da die Freundin des sechsten Buchs aus der Erscheinung des Oheims sich nur so viel zueignet, als in ihren Kram taugt und ich die christliche Religion in ihrem reinsten Sinne erst im achten Buche in einer folgenden Generation erscheinen lasse auch ganz mit dem was Sie darüber schreiben einverstanden bin, so werden Sie wohl am Ende nichts Wesentliches vermissen, besonders wenn wir die Materie noch einmal durchsprechen.

Freilich bin ich sehr leise aufgetreten und habe vielleicht dadurch, daß ich jede Art von Dogmatisieren vermeiden und meine Absichten völlig verbergen wollte, den Effekt aufs große Publikum etwas geschwächt; es ist schwer in solchen Fällen den Mittelweg zu halten.

Leben Sie recht wohl; Meyer grüßt vielmals. Sagen Sie der lieben Frau, daß sie meine symbolischen Nadeln gesund brauchen und verlieren möge. Nächstens mehr.

Weimar

den 18ᵗ. August        G

1795.

---

3 *Auf die Geburt des Apollo*

*Goethe*

⟨Ilmenau, 29. August 1795⟩

Aus dem gesellig müßigen Carlsbad hätte ich in keine entgegen gesetztere Existenz kommen können als in das einsam tätige Ilmenau, die wenigen Tage die ich hier bin sind mir sehr schnell verstrichen und ich muß noch acht Tage hier bleiben, wenn ich in den Geschäften nach Wunsch klar werden will. Ich war immer gerne hier und bin es noch, ich glaube es kommt von der Harmonie in der hier alles steht. Gegend, Menschen, Klima, Tun und Lassen. Ein stilles, mäßiges ökonomisches Streben, und überall den Übergang vom *Hand*werk zum *Maschinen*werk, und bei der Abgeschnittenheit einen größern Verkehr mit der Welt als manches Städtchen im flachen zugänglichen Lande. Noch habe ich auch keine Idee gehabt als die hierher paßte, es war aber sehr notwendig daß ich das Pensum vor Winters absolvierte. Leben Sie recht wohl in andern Regionen und gedenken mein mit der Ihrigen.

Ilmenau d. 29 Aug 1795.

G

*Schiller*

Jena den 29. Aug. 95.

Das Märchen[4] ist bunt und lustig genug, und ich finde die Idee, deren Sie einmal erwähnten »das gegenseitige Hülfleisten der Kräfte und das Zurückweisen aufeinander« recht artig ausgeführt. Meiner Frau hat es viel Vergnügen gemacht; sie findet es im Voltairischen Geschmack, und ich muß ihr Recht geben. Übrigens haben Sie durch diese Behandlungsweise sich die Verbindlichkeit aufgelegt, daß alles Symbol sei. Man kann sich nicht enthalten, in allem eine Bedeutung zu suchen. Die vier Könige

4 *Märchen.* Abschluß der *Unterhaltungen deutscher Ausgewanderten*

präsentieren sich gar prächtig, und die Schlange als Brücke ist eine charmante Figur. Sehr charakteristisch ist die schöne Lilie mit ihrem Mops. Das Ganze zeigt sich überhaupt als die Produktion einer sehr fröhlichen Stimmung. Doch hätte ich gewünscht, das Ende wäre nicht vom Anfang getrennt, weil doch beide Hälften einander zu sehr bedürfen, und der Leser nicht immer behält, was er gelesen. Liegt Ihnen also nichts daran, ob es getrennt oder ganz erscheint, so will ich das nächste Stück damit anfangen; ich weiß zum Glück für das Neunte Rat und kommt dann das Märchen im X Stück auf einmal ganz, so ist es um so willkommener.

An dem Epigramm das ich beilege, fehlt der Schluß.

Seien Sie so gütig, es mir mit ehester Gelegenheit zurück zu schicken.

Mit meiner Gesundheit geht es noch nicht viel besser. Ich fürchte, ich muß die lebhafte Bewegungen büßen, in die mein Poetisieren mich versetzte. Zum Philosophieren ist schon der halbe Mensch genug und die andere Hälfte kann ausruhen; aber die Musen saugen einen aus.

Seien Sie herzlich gegrüßt zu Ihrem Geburtstag.

Sch.


*Schiller*

Jena den 9. Sept. 95.

Zur Zurückkunft nach W⟨eimar⟩ wünschen wir Ihnen Glück. Warum kann ich nicht diese kleinen Veränderungen mit Ihnen teilen, die Leib und Seele stärken!

Das Märchen kann nun erst im X Stück der Horen erscheinen, da ich in der Zeit, daß ich Ihre Resolution erwartete, das nächste beste aus meinen Abhandlungen zum IXten Stück habe absenden müssen. Auch ist es im Xten Stück noch nötiger, weil ich zu diesem sonst noch keine glänzende Aussichten habe. Wollen Sie es alsdann noch getrennt, so kann der Schluß im Eilften Stücke nachfolgen. Ich bin aber nie für das Trennen, wo dieses irgend zu verhindern ist, weil man das Publikum nicht genug dazu anhalten kann, das Ganze an einer Sache zu übersehen und darnach zu urteilen.

Wenn das VIte Buch des Meisters fertig ist, so denken Sie doch wohl noch auf etwas zu den Horen, was in eins der letzten Stücke kann eingerückt werden. Wir müssen jetzt mit allen Segeln zu fahren suchen, denn ich weiß von mehrern Orten, auch aus Cottas Briefen, daß wir gar nicht sicher sind, unsere dermaligen Subskribenten auch fürs nächste Jahr zu behalten.

Für das 9te Stück habe ich noch redlich getan, was ich konnte. Ich habe alle die größeren und kleineren Gedichte von mir, welche für den Almanach nicht schlechterdings nötig waren, darin eingerückt, so daß dieses Stück nun 17 Artikel enthält, worüber man gewaltige Augen machen wird. Das InhaltsVerzeichnis will ich Ihnen beilegen.

Diese Zeit über, daß Sie weg sind, habe ich zwischen prosaischen und poetischen Arbeiten abgewechselt. Eine über das Naive angefangene Abhandlung scheint gelingen zu wollen; die Materie wenigstens entwickelt sich und ich sehe mich auf einigen sehr glücklichen Spuren.

Ich hoffe wir sehen Sie bald wieder. Meine Frau begrüßt Sie.

Sch.

*Goethe*

⟨Weimar, 23. September 1795⟩

Das Märchen ist fertig und wird in neuer Abschrift Sonnabends aufwarten. Es war recht gut daß Sie es zurückhielten, teils weil noch manches zurecht geruckt werden konnte, teils weil es doch nicht übermäßig groß geworden ist. Ich bitte besonders die liebe Frau es nochmals von vorne zu lesen.

In der Mitte der andern Woche hoffe ich zu kommen mit Meyern, seine Abwesenheit wird mir sehr fühlbar werden. Wenn ich nur im Winter einige Zeit bei Ihnen sein kann!

Ich habe viel zu sagen und zu fragen und hoffe Sie wohl zu finden und manches gearbeitete. Grüßen Sie doch Humboldts vielmals.

W. d. 23 Sept. 1795

Goethe

*Goethe*

⟨Weimar, 26. September 1795⟩

Wie ich in dieser letzten unruhigen Zeit meine Tonne gewälzt habe wird Ihnen, werter Mann, aus beiliegendem bekannt werden. Selig sind die da Märchen schreiben, denn Märchen sind a l'ordre du jour. Der Landgraf von Darmstadt ist mit 200 Pferden in Eisenach angelangt und die dortigen Emigrierten drohen sich auf uns zu repliieren, der Churfürst von Aschaffenburg wird in Erfurt erwartet.

Ach! warum steht der Tempel nicht am Flusse!

Ach! warum ist die Brücke nicht gebaut!

Ich wünsche indessen, weil wir doch immer Menschen und Autoren bleiben, daß Ihnen meine Produktion nicht mißfallen möge, wie ernsthaft jede Kleinigkeit wird sobald man sie Kunstmäßig behandelt hab ich auch diesmal wieder erfahren. Ich hoffe die 18 Figuren dieses Dramatis sollen, als soviel Rätsel, dem Rätselliebenden willkommen sein.

Meyer packt und wir erscheinen bald, hoffentlich haben Sie uns mit mancherlei zu regalieren. Leben Sie recht wohl.

W. d. 26 Sept. 95

G

*Goethe*

⟨Weimar, 6. und 10. Oktober 1795⟩
Anstatt gestern von Ihnen fortzueilen, wäre ich lieber geblieben und die Unbehaglichkeit eines unbefriedigten Zustandes hat mich auf dem ganzen Wege begleitet. In so kurzer Zeit gibt man vielerlei Themata an und führt keins aus und so vielerlei man auch rege macht, kommt doch wenig zur Runde und Reife.

Ihren Gedichten hab' ich auf meiner Rückkehr hauptsächlich nachgedacht, sie haben besondere Vorzüge und ich möchte sagen, sie sind nun wie ich sie vormals von Ihnen hoffte. Diese sonderbare Mischung von Anschauen und Abstraktionen die in Ihrer Natur ist, zeigt sich nun in vollkommenem Gleichgewicht und alle übrigen poetischen Tugenden treten in schöner Ordnung auf. Mit Vergnügen werde ich sie gedruckt wiederfinden, sie selbst wiederholt genießen und den Genuß mit andern teilen. Das kleine Gedicht in Stanzen an das Publikum, würde den diesjährigen Jahrgang der Horen sehr schicklich und anmutig schließen.

Ich habe mich sogleich mit der Frau von Stael[5] beschäftigt und finde mehr Arbeit dabei als ich dachte; indessen will ich sie durchsetzen, denn es ist nicht viel, das Ganze gibt höchstens 55 Blätter meines Manuskripts. Die erste Abteilung von 21 Blättern sollen Sie bald haben. Ich werde mich in einer kleinen Vorrede an den Herausgeber über die Art erklären, wie ich bei der Übersetzung verfahren bin. Um Ihnen kleine Zurechtweisungen zu ersparen hab' ich ihre Worte unserm Sinne genähert, und zugleich die französische Unbestimmtheit nach unserer deutschen Art etwas genauer zu deuten gesucht. Im einzelnen werden Sie sehr viel Gutes finden, da sie aber einseitig und doch wieder gescheut und ehrlich ist, so kann sie mit sich selbst auf keine Weise einig werden; als Text aber können Sie es gewiß für-

---

5  Goethes Übersetzung von Madame de Staëls Aufsatz *Versuch über die Dichtungen* für die *Horen*

trefflich brauchen. Ich wünschte, daß Sie sich die Mühe gäben in Ihrer Arbeit so klar und galant als möglich zu sein, damit man es ihr in der Folge zuschicken und dadurch einen Anfang machen könnte den Tanz der Horen auch in das umgeschaffne Frankreich hinüber zu leiten.

W. d. 10 Oktbr 95.

Soweit hatte ich vor einigen Tagen diktiert, nun sage ich Ihnen nochmals Adieu, ich gehe erst morgen frühe weg. Das Staelische Werk erhalten Sie bald, halb oder ganz, was die gute Frau mit sich selbst eins und uneins ist!

Von Franckfurt schreibe ich bald, leben Sie recht wohl mit den Ihrigen. Grüßen Sie Humbold, von Franckfurt schreibe ich auch ihm. Wenn mein Roman ankommt erhalten Sie 4 Exemplare wovon Humb⟨oldt⟩, Loder, Prof. Hufeland die 3 erhalten. Wenn Humb⟨oldt⟩ nicht, wie ich hoffe, das seinige schon in Berlin weggenommen hat.

G

»Welch ein erhabner Gedanke! uns lehrt der unsterbliche Meister

Künstlich zu spalten den Strahl, den wir nur einfach gekannt.«

Das ist ein pfäffischer Einfall! den⟨n⟩ lange spaltet die Kirche Ihren Gott sich in drei, wie ihr in sieben das Licht.

*Goethe*

Eisenach d. 13. Oktbr. ⟨1795⟩

Noch bin ich hier und werde wohl noch erst abwarten was aus den Dingen werden will eh ich meine Reise weiter fortsetze.

Die Österreicher sind wieder über den Mayn herüber und umgeben Franckfurt und vielleicht ist es zwischen ihnen und den Franzosen schon zur Schlacht gekommen. In ein solches Gewirre möchte ich von heiler Haut mich nicht hineinbegeben, da ich dergleichen anmutige Situationen schon kenne. Meinen hiesigen, stillen Aufenthalt habe ich gleich benutzt um Mad de Stael völlig zu *über*setzen und mit unter zu *ver*setzen. Eine weibliche Methode und die französische Sprache machten mir viel zu schaffen und besonders auch die Annäherung ihrer Meinungen an die unsrigen und die Abstände und die ewigen *Abers*. Nun bin ich fertig lasse das Werk abschreiben und gleich sollen Sie es haben.

Vielleicht lassen Sie es gleich im Ganzen drucken und bringen Ihre Noten auch in ein Ganzes. Doch darüber wird der Genius und der Augenblick entscheiden. Schreiben Sie mir doch! Wenn ihr Brief mich nicht antreffen sollte, wie ich doch vermute; so wird er mir nachgeschickt. Nun denke ich mich gleich an den Roman zu machen denn wenn ich mich hier nicht vorsätzlich zerstreuen will, so bin ich einsamer und ruhiger als zu Hause.

Leben Sie recht wohl. Vielleicht seh ich Sie eher wieder als wir glaubten.

G.

*Goethe*

〈Eisenach, 16. Oktober 1795〉
Bald werde ich Sie wieder sehen, denn meine Reise nach Franckfurt hat nicht statt. Die Frau von Stael wird wohl noch vor mir aufwarten die Abschrift ist bald fertig. Haben Sie denn etwa Humbold ein Wort wegen des Quartiers gesagt? Es wäre gar artig wenn ich sein Stübchen beziehen könnte, da im Schlosse die Fußtapfen des Militars sobald nicht auszulöschen sind. Ich bin mit Herz, Sinn und Gedanken nur an dem Roman und will nicht wanken bis ich ihn überwunden habe. Leben Sie recht wohl und denken mein bei Ihren Arbeiten und grüßen die liebe Frau.

Eisenach d. 16. O. 95.

G

⟨Jena,⟩ den 16. Oktobr. 95.

Hätte ich vermuten können, daß Sie länger in Eisenach bleiben würden, so würde ich es nicht so lange haben anstehen lassen, Ihnen zu schreiben. Es ist mir in der Tat lieb, Sie noch fern von den Händeln am Mayn zu wissen. Der Schatten des Riesen könnte Sie leicht etwas unsanft anfassen. Es kommt mir oft wunderlich vor, mir Sie so in die Welt hinein geworfen zu denken, indem ich zwischen meinen Papiernen Fensterscheiben sitze, und auch nur Papier vor mir habe; und daß wir uns doch nahe sein und einander verstehen können.

Ihr Brief von Weimar hat mir große Freude gemacht. Es gibt gegen Eine Stunde des Muts und Vertrauens immer zehen, wo ich kleinmütig bin und nicht weiß, was ich von mir denken soll. Da kommt mir eine solche Anschauung meiner selbst außer mir recht zum Troste. Auch Herder hat mir über meine Gedichte kürzlich viel erfreuendes geschrieben.

Soviel habe ich nun aus gewisser Erfahrung, daß nur strenge Bestimmtheit der Gedanken zu einer Leichtigkeit verhilft. Sonst glaubte ich das Gegenteil und fürchtete Härte und Steifigkeit. Ich bin jetzt in der Tat froh, daß ich es mir nicht habe verdrießen lassen einen sauren Weg einzuschlagen, den ich oft für die poetisierende Einbildungskraft verderblich hielt. Aber freilich spannt diese Tätigkeit sehr an, denn wenn der Philosoph seine Einbildungskraft und der Dichter seine Abstraktionskraft ruhen lassen darf, so muß ich, bei dieser Art von Produktionen, diese beiden Kräfte immer in gleicher Anspannung erhalten, und nur durch eine ewige Bewegung in mir kann ich die 2 heterogenen Elemente in einer Art von Solution erhalten.

Den Staelischen Bogen sehe ich mit vieler Erwartung entgegen. Wenn es irgend der Raum erlaubt, so bin ich auch dafür, sogleich das Ganze in Ein Stück zu setzen. Meine Bemerkungen darüber bringe ich alsdann in dem nächsten Stücke nach. Der Leser hat unterdessen die seinigen darüber angestellt, und hört mir mit mehr Interesse zu. Auch würde ich schwerlich in der kurzen Frist die zu dem XI Stücke noch übrig ist, damit fertig werden können, wenn ich auch die Übersetzung auf den nächsten Montag erhalte. Herder hat für das Eilfte Stück auch einen Aufsatz über die Grazien geschickt, in welchem er diese mißbrauchten Gestalten in ihre alten Rechte zu restituieren sucht. Er verspricht noch einen Aufsatz für das Zwölfte Stück. Ich hoffe mit der Abhandlung über das Naive[6], die nur etliche Bogen stark wird, und wie ich denke sehr popular geschrieben ist, noch für das Eilfte Stück fertig zu werden. An kleinen poetischen Zugaben fehlt es auch nicht. Hier erhalten Sie einige Schnurren von mir. Die *Teilung der Erde*[7] hätten Sie billig in Frankfurt auf der Zeile vom Fenster aus lesen sollen, wo eigentlich das Terrain dazu ist. Wenn sie Ihnen Spaß macht, so lesen Sie sie dem Herzog vor.

Bei dem andern Stück habe ich mich über den Satz des Widerspruchs lustig gemacht; die Philosophie erscheint immer lächerlich, wenn sie aus eigenem Mittel, ohne ihre Abhängigkeit von der Erfahrung zu gestehen, das Wissen erweitern und der Welt Gesetze geben will.

Daß Sie den Meister bald vornehmen wollen, ist mir sehr lieb. Ich werde dann nicht säumen, mich des Ganzen zu bemächtigen, und wenn es mir möglich ist, so will ich eine neue Art von Kritik, nach einer genetischen Methode, dabei versuchen, wenn diese anders, wie ich jetzt noch nicht präzis zu sagen weiß, etwas Mögliches ist.

Meine Frau und meine Schwiegermutter, die gegenwärtig hier ist, empfehlen sich Ihnen aufs beste. Es ist hier bei mir angefragt worden, wo Sie gegenwärtig wären, ich habe aber unnötig gefunden, es zu sagen. Erhalten Sie Nachrichten von unserem italienischen Wanderer, so bitte ich, sie mir auch mit zu teilen. Leben Sie recht wohl.

Sch.

6  Schillers Abhandlung *Über naive und sentimentalische Dichtung*
7  Schillers Gedicht für die *Horen*

*Schiller*

⟨Jena, 1. November 1795⟩ Sonntag abends.
Ich bin ungeduldig wieder ein LebensZeichen von Ihnen zu erhalten. Mir ist als wenn ich gar lang nichts von Ihnen erfahren
hätte. Das Evenement im Hause ist, wie ich hoffe, glücklich vorbei gegangen.

Wir leben jetzt recht in Zeiten der Fehde. Es ist eine wahre
Ecclesia militans – die Horen meine ich. Außer den Völkern, die
Herr Jacob in Halle kommandiert und die Herr Manso in der
Biblioth⟨ek⟩ d⟨er⟩ S⟨chönen⟩ W⟨issenschaften⟩ hat ausrücken
lassen, und außer Wolfs schwerer Kavallerie haben wir auch
nächstens vom Berliner Nicolai einen derben Angriff zu erwarten. Im Xten Teil seiner Reisen soll er fast von nichts als von den
Horen handeln und über die Anwendungen Kantischer Philosophie herfallen, wobei er alles unbesehen, das Gute wie das
Horrible, was diese Philosophie ausgeheckt, in einen Topf werfen soll. Es läßt sich wohl noch davon reden, ob man überall nur
auf diese Platitüden antworten soll. Ich möchte noch lieber etwas ausdenken, wie man seine Gleichgültigkeit dagegen recht
anschaulich zu erkennen geben kann. Nicolain sollten wir aber
doch von nun an, in Text und Noten, und wo Gelegenheit sich
zeigt mit einer recht insignen Geringschätzung behandeln.

Haben Sie die neuen MusenAlmanache angesehen? Sie sind
horribel.

Leben Sie recht wohl.

Sch.

*Schiller*

〈Jena.〉 Den 20. Nov. 95.
Den Verlust[8], den Sie erlitten, haben wir herzlich beklagt. Sie können Sich aber damit trösten, daß er so früh erfolgt ist, und mehr Ihre Hoffnung trifft. Ich könnte mich schwer darein finden, wenn mir mit meinem Kleinen jetzt noch ein Unglück begegnete.

Seit etwa 6 Tagen habe ich mich ganz leidlich befunden, und die gute Zeit auch brav benutzt, um in meiner Abhandlung[9] vorzurücken.

[…]

Leben Sie recht wohl und alle Musen seien mit Ihnen. Meine Frau grüßt.

Sch.

*Goethe*

〈Weimar, 21. November 1795〉
[…]

Die ästhetische und sentimentale Stimmung ist in diesem Augenblick ferne von mir, was denken Sie wie es dem armen Roman gehen werde? Ich brauche die Zeit indessen wie ich kann und es ist bei der Ebbe zu hoffen daß die Flut wiederkehren werde.

Ich erhalte Ihren lieben Brief und danke für den Anteil dessen ich schon versichert war. Man weiß in solchen Fällen nicht ob man besser tut sich dem Schmerz natürlich zu überlassen, oder sich durch die Beihülfen die uns die Kultur anbietet zusammen zu nehmen. Entschließt man sich zu dem letzten, wie ich es immer tue, so ist man dadurch nur für einen Augenblick gebessert

---

8  Tod von Goethes neugeborenem Sohn am 16. 11. 1795
9  *Über naive und sentimentalische Dichtung*

und ich habe bemerkt daß die Natur durch andere Krisen immer wieder ihr Recht behauptet.

Das sechste Buch meines Romans hat auch hier guten Effekt gemacht; freilich weiß der arme Leser bei solchen Produktionen niemals wie er dran ist, denn er bedenkt nicht, daß er diese Bücher gar nicht in die Hand nehmen würde, wenn man nicht verstünde seine Denkkraft, seine Empfindung und seine Wißbegierde zum besten zu haben.

Die Zeugnisse für mein Märchen sind mir sehr viel wert und ich werde künftig auch in dieser Gattung mit mehr Zuversicht zu Werke gehen.

Der letzte Band des Romans kann auf alle Fälle vor Michaeli nicht erscheinen, es wäre sehr artig wenn wir die Plane, von denen Sie neulich sprachen darauf richteten.

Das neue Märchen kann wohl schwerlich im Dezember fertig werden, selbst darf ich nicht wohl ohne etwas auf eine oder andere Weise über die Auslegung des ersten gesagt zu haben zu jenem übergehen. Kann ich etwas zierliches dieser Art noch im Dezember leisten, so soll es mir lieb sein auch auf diese Weise an den ersten Eintritt ins Jahr teil zu nehmen.

Leben Sie recht wohl! Mögen wir recht lange uns der unsrigen und unserer Freundschaft erfreuen. Zum neuen Jahre hoffe ich Sie wieder auf einige Zeit zu besuchen.

W. d. 21 Nov. 1795.                                                    G

*Goethe*

〈Weimar, 29. November 1795〉
Ihre Abhandlung[10] schicke ich hier mit vielem Danke zurück. Da diese Theorie mich selbst so gut behandelt, so ist nichts natürlicher als daß ich den Prinzipien Beifall gebe und daß mir die Folgerungen richtig scheinen. Ich würde aber mehr Mißtrauen

10 *Über naive und sentimentalische Dichtung*

darein setzen, wenn ich mich nicht anfangs selbst in einem pole-
mischen Zustand gegen Ihre Meinung befunden hätte. Denn es
ist Ihnen nicht unbekannt daß ich, aus einer allzugroßen Vorliebe
für die alte Dichtung, gegen die neuere oft ungerecht war. Nach
Ihrer Lehre kann ich erst selbst mit mir einig werden, da ich das
nicht mehr zu schelten brauche was ein unwiderstehlicher Trieb
mich doch, unter gewissen Bedingungen, hervor zu bringen nö-
tigte, und es ist eine sehr angenehme Empfindung mit sich selbst
und seinen Zeitgenossen nicht ganz unzufrieden zu sein.

Ich bin diese Tage wieder an den Roman gegangen und habe
alle Ursache mich daran zu halten. Die Forderungen wozu der
Leser durch die ersten Teile berechtigt wird, sind wirklich, der
Materie und Form nach, ungeheuer. Man sieht selten eher wie
viel man schuldig ist, als bis man wirklich einmal reine Wirtschaft machen und bezahlen will. Doch habe ich guten Mut. Es
kommt alles darauf an daß man die Zeit wohl braucht und keine
Stimmung versäumt. Leben Sie recht wohl

Weimar den 29$^{\text{ten}}$ November 1795.

G

*Schiller*

⟨Jena, 8. Dezember 1795⟩
Die Horen, die mir diesmal die Zeit sehr lang gemacht haben er-
folgen hier. Zwei Exemplare haben Sie von diesem Stücke noch
gut. Cotta, dem der Kopf etwas unrecht stehen muß, hat mir
nicht weniger als 7 Exemplare weniger eingepackt, und die er
schickt, die auf Postpapier nämlich, sind alle schlecht konditio-
niert. Es ist mein Trost, daß mit dem neuen Jahrgang auch besser
Papier genommen wird.

Ich hörte lange nichts von Ihnen, und habe auch selbst lange
geschwiegen. Das üble Wetter hat mich sehr gedrückt, so daß ich
aus Nacht Tag und aus Tag Nacht machen mußte. Es ist auch
jetzt noch nicht besser und die Arbeit geht langsam. Aber sie ist
mir unter den Händen wichtiger geworden, und ich hoffe das

neue Jahr meinerseits mit einem ziemlich interessanten Aufsatz zu eröffnen, wenn ich ihn bis dahin vollenden kann.

[...]

Meine Frau grüßt aufs beste. Leben Sie heiter und tätig. Den 8. Dez. 95.

Sch.

Verte


Nur zwei Worte erbitte mir auf einem besondern Blatt über den Empfang, für Michaelis.

Die reitende Post sendet mir mein Paquet zurück, und will es, des Geldes wegen, nicht nehmen. Weil die fahrende Post erst Montags abgeht, so sende ich einstweilen die Horen. Was für klägliche Postanstalten!


*Schiller*


Jena den 17. Dez. 95.

Wie beneide ich Sie um Ihre jetzige poetische Stimmung, die Ihnen erlaubt recht in Ihrem Roman zu leben. Ich habe mich lange nicht so prosaisch gefühlt, als in diesen Tagen und es ist hohe Zeit, daß ich für eine Weile die philosophische Bude schließe. Das Herz schmachtet nach einem betastlichen Objekt.

Es ist prächtig daß der scharfsinnige Prinz[11] sich in den mystischen Sinn des Märchens so recht verbissen hat. Hoffentlich lassen Sie ihn eine Weile zappeln: ja wenn Sie es auch nicht täten er glaubte Ihnen auf Ihr eigenes Wort nicht, daß er keine gute Nase gehabt habe.

[...]

Leben Sie recht wohl. Meine Frau dankt schönstens für Ihr Andenken. Gezeichnet ist nicht viel worden.

Sch.


11 August von Sachsen-Gotha-Altenburg

*Goethe*

⟨Weimar, 23. Dezember 1795⟩

Mit Verlangen warte ich aufs neue Jahr und suche mancherlei
kleine Geschäfte abzutun, um Sie wieder mit Freiheit auf einige
Zeit besuchen zu können. Ich wünsche nur daß ich Sie wohl und
poetisch tätig antreffen möge, denn es ist das nun einmal der beste Zustand den Gott den Menschen hat gönnen wollen. Mein
Roman ruht nun nicht bis er sich fertig macht, worüber ich sehr
vergnügt bin, denn mitten unter allen Zerstreuungen treibt er
sein Wesen immer fort.

Ich habe sonst noch manches mitzuteilen. Hier liegt z. B. eine
Erklärung der dramatischen Personen des Märchens bei, von
Freundin Charlotte.[12] Schicken Sie mir doch geschwind eine an-
dere Erklärung dagegen die ich ihr mitteilen könnte.

Den Einfall auf alle Zeitschriften Epigramme, jedes in einem
einzigen Disticho, zu machen, wie die Xenia[13] des Martials sind,
der mir dieser Tagen gekommen ist, müssen wir kultivieren und
eine solche Sammlung in Ihren Musenalmanach des nächsten
Jahres bringen. Wir müssen nur viele machen und die besten
aussuchen. Hier ein Paar zur Probe.

[…]

Die Xenia nächstens

d. 23 Dez. 95                                                    G

---

12  Charlotte von Kalb
13  Idee zu den *Xenien*, die Goethe und Schiller im *Musenalmanach* für das Jahr
1797 veröffentlichen.

*Goethe*

<Weimar, 26. Dezember 1795>
Ein paar Produkte, wie die hierbei kommenden Schriften sind, dürfen Ihnen nicht unbekannt bleiben, vielleicht sind sie noch nicht zu Ihnen gelangt. Den Theater Kalender bitte mir bald wieder zurück.

Mit 100 Xenien, wie hier ein Dutzend beiliegen, könnte man sich sowohl dem Publiko als seinen Kollegen aufs angenehmste empfehlen.

Es ist recht gut, daß die Rezensionen des poetischen Teils der Horen in die Hände eines Mannes aus der neuen Generation gefallen ist, mit der alten werden wir wohl niemals einig werden. Vielleicht lese ich sie bei Ihnen, denn wenn es mir möglich ist, geh ich den dritten Januar von hier ab.

Daß man uns in unsern Arbeiten verwechselt, ist mir sehr angenehm; es zeigt daß wir immer mehr die Manier los werden und ins allgemeine Gute übergehen. Und dann ist zu bedenken daß wir eine schöne Breite einnehmen können, wenn wir mit Einer Hand zusammenhalten und mit der andern so weit ausreichen als die Natur uns erlaubt hat.

[...]

Leben Sie recht wohl ich suche mich von allem was mich halten und zerstreuen könnte los zu machen, um in Ihrer Nähe wieder einige gute Zeit zuzubringen

W. d. 26 Dez. 95.                                                                    G

*Schiller*

<Jena.> Den 29. Dez 95
Der Gedanke mit den Xenien ist prächtig und muß ausgeführt werden. Die Sie mir heute schickten haben uns sehr ergötzt, besonders die Götter und Göttinnen darunter. Solche Titel begünstigen einen guten Einfall gleich besser. Ich denke aber, wenn wir

das hundert voll machen wollen, werden wir auch über einzelne Werke herfallen müssen, und welcher reichliche Stoff findet sich da! Sobald wir uns nur selbst nicht ganz schonen, können wir heiliges und profanes angreifen. Welchen Stoff bietet uns nicht die Stolbergische Sippschaft, Rackenitz, Ramdohr, die metaphysische Welt, mit ihren Ichs und NichtIchs, Freund Nicolai unser geschworener Feind, die Leipziger GeschmacksHerberge, Thümmel, Göschen als sein Stallmeister, u. d. gl dar!

[…]

Sch.

*Goethe*

⟨Weimar, 30. Dezember 1795⟩

Ich freue mich sehr, daß die Xenien bei Ihnen Eingang und Beifall gefunden haben und ich bin völlig der Meinung, daß wir weiter um uns greifen müssen. Wie werden sich *Charis* und *Johann* prächtig neben einander ausnehmen! wir müssen diese Kleinigkeiten nur ins Gelag hineinschreiben und zuletzt sorgfältig auswählen. Über uns selbst dürfen wir nur das was die albernen Pursche sagen, in Verse bringen und so verstecken wir uns noch gar hinter die Form der Ironie.

[…]

Von Meyern habe ich einen Brief aus Rom er ist glücklich daselbst angelangt und sitzt nun freilich im Rohre; aber er beschwert sich bitterlich über die andern Gesellen die auch da sitzen, Pfeifen schneiden und ihm die Ohren voll dudeln. Deutschland kann sich nicht entlaufen und wenn es nach Rom liefe, überall wird es von der Platitüde begleitet, wie der Engländer von seinem Teekessel. Er hofft bald von sich und Hirt etwas für die Horen zu schicken

Hierbei ein Brief von Oberreit der in seiner Art wieder recht merkwürdig ist, ich will sehen daß ich den armen alten Mann etwas von unsern Herrschaften heraus bettle.

Leben Sie recht wohl und behalten mich lieb. G

Briefe aus dem Jahr 1796

〈Weimar, 23. Januar 1796〉

Die nächsten acht Tage werde ich ein sehr buntes Leben führen. Heute kommt die Darmstädter Herrschaft, morgen ist Cour, Diné, Konzert, Soupé und Redoute. Montag Don Jóuan. Die übrige Woche geht auf Proben hin, denn den 30ten sind die *Advokaten* von Iffland und den 2ten die *neue Oper*. Dann will ich aber auch mich wieder sobald als möglich sammlen und sehen was ich leisten kann. Das achte Buch erscheint mir indessen oft zwischen allen diesen fremden Gestalten durch und ich hoffe, es soll sich nun bei der ersten Gelegenheit auch fertig machen.

In den letzten Epigrammen[1] die Sie mir senden ist ein herrlicher Humor, und ich werde sie deshalb alle abschreiben lassen, was am Ende nicht in der Gesellschaft bleiben kann wird sich wie ein fremder Körper schon separieren. Die verlangten Papiertapeten, so wie die Bordüren sind hier, fertig, nicht zu haben, ich schicke hier Muster von beiden.* Das Stück Tapete ist eine Elle breit und halt zwanzig Ellen Sie müßten also zu 63 Ellen 4 Stücke nehmen und behielten so viel übrig das Stück kostete vor einem Jahre 1 Gulden 20 Kreutzer. Von der beikommenden Bordüre halt das Stück 40 Ellen und kostet 3½ Gulden, Sie brauchten also davon 2 Stück, sie steht auf grün sehr gut, wollte man sie lebhafter haben, so gibt es auch schöne Rosenbordüren von derselben Breite. Wenn Sie mir die Muster geschwind zurück schicken, so könnte ich Montag Abends nach Frankfurth schreiben, und Sie würden das verlangte doch ziemlich bald erhalten, mehr Umstände macht es wenn man hier die Papiere wollte färben lassen, besonders da Eckebrecht gegenwärtig sehr mit den Dekorationen beschäftigt ist.

Leben Sie recht wohl und genießen des schönen Wetters. d. 23. Jan 96

G

1 *Xenien*
* aus Franckfurt.

Jena den 24. Jenner 96

Für einen Schriftsteller, der mit der Katastrophe eines Romans, mit 1000 Epigrammen und zwei weitläuftigen Erzählungen aus Italien und China beschäftigt ist, haben Sie diese nächsten 10 Tage ganz leidliche Zerstreuungen. Aber was Ihnen die Zeit nimmt gibt s⟨ie⟩ Ihnen dafür wieder an Stoff, und am Ende sind Sie weiter gekommen als ich, der seine Gegenstände aus den Nägeln saugen muß. Heute indessen habe ich auch eine Zerstreuung, denn Charlotte Kalb wird hier sein.

Es tut mir leid, daß meine Tapeten Angelegenheit Ihnen mehr als ein paar Worte kosten soll. Da Sie indessen so gütig sein wollen, diese Verzierung an meinem Horizonte zu besorgen, so bitte ich Sie mir 4 Stücke von der grünen Tapete und 2 von *Rosa*-Bordüren (wenn diese auch 40 Ellen halten) aus Frankfurth kommen zu lassen. Ich ziehe die Rosa Bordüren der Lebhaftigkeit wegen dem beiliegenden Muster vor.

Woltmann[2] war gestern 3 Stunden lang allein bei mir, und ich habe es glücklich durchgesetzt, daß von den zwei Theaterstükken keine Silbe gesprochen wurde. Er war übrigens sehr artig, und sehr freigebig an Lob über Ihre und meine Arbeiten – ohne doch ein Fünkchen Barmherzigkeit bei mir, seines Stücks wegen, zu erwecken.

Leben Sie recht wohl. Hier wieder einige Xenien, daß die Observanz nicht verletzt wird.

Schiller.

---

2  Carl Ludwig von Woltmann. Historiker und Autor.

*Goethe*

⟨Weimar, 27. Januar 1796⟩
Mit der ganzen Sammlung unserer kleinen Gedichte bin ich
noch nicht zu stande, hier kommt einstweilen mein Beitrag von
dieser Woche. Wenn wir unsere vorgesetzte Zahl ausfüllen wollen, so werden wir noch einige unserer nächsten Angelegenheiten behandeln müssen, denn wo das Herz voll ist geht der
Mund über und dann ist es eine herrliche Gelegenheit die Sachen aus der Studierstube und Rezensentenwelt in das weitere
Publikum hinaus zu spielen, wo dann einer oder der andere gewiß Feuer fängt der sonst die Sache hätte vor sich vorbei strei-
chen lassen.

Mir fangen diese Tage nun an recht bunt zu werden, man
übernimmt immer mehr als man ausführen kann. Leben Sie
wohl und grüßen Sie Ihre liebe Frau. Weimar den 27ᵗᵉⁿ Januar
1796

G

*Schiller*

⟨Jena, 27. Januar 1796⟩
Sie haben mich mit dem reichen Vorrat von Xenien, den Sie
geschickt haben, recht angenehm überrascht. Die den Newton
betreffen, werden Sie zwar, auch durch den Stoff, kenntlich machen, aber bei dieser gelehrten Streitsache, die niemand Lebenden namentlich betrifft, hat dieses auch nichts zu sagen. Die an-
gestrichenen haben uns am meisten erfreut.

Denken Sie darauf Reichardten unsern soi disant Freund mit
einigen Xenien zu beehren. Ich lese eben eine Rezension der
Horen in s⟨einem⟩ Journal Deutschland, welches Unger ediert,
wo er sich über die Unterhaltungen und auch noch andre Aufsätze schrecklich emanzipiert hat. Der Aufsatz von Fichte und
Woltmann sind beide in einem weitläuftigen Auszug mitgeteilt,

und als musterhaft aufgestellt. Das 5te Stück (das schlechteste von allen) ist als das *interessanteste* vorgestellt, Voßens Gedichte, der Rhodische Genius von Humboldt sehr herausgestrichen, und was des Zeuges mehr ist. Es ist durchaus mit einem nicht genug verhehlten Ingrimm geschrieben. Als das wichtigste Werk der neuern deutschen Literatur wird Heinses musikalischer Roman weitläufig, doch hab ich nicht gelesen wie?, beurteilt.

Wir müssen Reichardt, der uns so ohne allen Grund und Schonung angreift, auch in den Horen, bitter verfolgen.

Hier wieder einige Pfähle ins Fleisch unserer Kollegen. Wählen Sie darunter was Ihnen ansteht.

Leben Sie recht wohl. Meine Frau empfiehlt sich aufs beste
Sch.

*Schiller*

⟨Jena.⟩ Den 31. Jenn. 96.
[…]

Für unsere Xenien haben sich indessen allerlei Ideen, die aber noch nicht ganz reif sind, bei mir entwickelt. Ich denke auch, daß wenn Sie etwa zu Ende dieser Woche kommen, Sie ein hundert und darüber bei mir finden sollen. Wir müssen die guten Freunde in allen erdenklichen Formen verfolgen, und selbst das poetische Interesse fodert eine solche Varietät innerhalb unsers strengen Gesetzes, bei einem Monodistichon zu bleiben. Ich habe dieser Tage den Homer zur Hand genommen, und in dem Gericht das er über die Freier ergehen läßt eine prächtige Quelle von Parodien entdeckt, die auch schon zum Teil ausgeführt sind; eben so auch in der Nekyomantie, um die verstorbenen Autoren und hie und da auch die lebenden zu plagen. Denken Sie auf eine Introduktion Newtons in der Unterwelt – Wir müssen auch hierin unsere Arbeiten ineinander verschränken.

Beim Schlusse denke ich geben wir noch eine Komödie in Epigrammen. Was meinen Sie?

Meine Frau grüßt Sie schönstens. Kommen Sie nur recht bald.

Sch.

*Goethe*

⟨Weimar, 4. Februar 1796⟩

Die erste Abschrift der Xenien ist endlich fertig geworden und ich schicke sie sogleich um so mehr, da ich vor den 14ten dieses nicht nach Jena kommen kann. Sie sehen zusammen schon ganz lustig aus, nur wird es ganz gut sein, wenn wieder einmal eine poetische Ader durch die Sammlung durchfließt, meine letzten sind, wie Sie finden werden, ganz prosaisch, welches, da ihnen keine Anschauung zum Grunde liegt, bei meiner Art wohl nicht anders sein kann.

Vielleicht schicke ich Ihnen das 7te Buch meines Romans in kurzer Zeit, ich arbeite es jetzt nur aus dem Gusse des Diktierens ins Reine, was weiter daran zu tun ist wird sich finden wenn das 8te Buch eben so weit ist und wir das ganze recht lebhaft und ernsthaft durchgesprochen haben. Ich habe diese Tage das Werk des Cellini[3] über das mechanische verschiedener Künste von Göttingen erhalten. Es ist trefflich geschrieben und sowohl die Vorrede als das Werk selbst gibt über den wunderbaren Mann schöne Aufschlüsse. Ich habe mich daher gleich wieder an sein Leben gemacht, allein die Schwierigkeiten der Behandlung bleiben immer dieselben. Ich will nur anfangen einige interessante Stellen zu übersetzen und erwarten was sich weiter macht. An einem Leben ist ohnedem weiter nichts, nach meiner realistischen Vorstellungsart, als das Detail, besonders nun gar bei einem Partikulier, wo keine Resultate zu denken sind deren

---

3  Goethe übersetzte die Autobiographie des ital. Goldschmieds Benvenuto Cellini (1500–1571) für die *Horen*.

Weite und Breite uns allenfalls imponieren könnten, und bei einem Künstler, dessen Werke, die bleibenden Wirkungen seines Daseins nicht vor unsern Augen stehn. Vielleicht bringe ich noch, ehe ich zu Ihnen komme ein hübsches Pensum zusammen und es wird sich alsdenn näher ergeben was zu tun ist.

Wie kommt es, daß das neue Stück der Horen so lange außen bleibt?

Die erste Repräsentation der neuen Oper ist glücklich vorbei und wir haben den Beifall der Masse; sie nimmt sich auch wirklich zusammen recht artig aus. Die Musik ist nicht tief aber angenehm die Kleider und Dekorationen taten gute Wirkung. Ich werde Ihnen ehestertags das Buch schicken, damit Sie doch sehen was das deutsche Theater für einen wunderlichen und erzdeutschen Gang nimmt. Leben Sie recht wohl, und grüßen Ihre liebe Frau, ich hoffe bald aus meiner, für den stärksten Realisten zu starken, Lebensart zu Ihnen in den Hafen zu gelangen. W. d. 4 Febr 96

G

*Schiller*

Jena den 5. Febr. 96

Die Sammlung wächst uns unter den Händen, daß es eine Lust ist. Es hat mich gefreut auch mehrere politische unter den neuen anzutreffen; denn da wir doch zuverlässig an den unsichern Orten konfisziert werden, so sähe ich nicht, warum wir es nicht auch von dieser Seite verdienen sollten. Sie finden 40–42 neue von mir; gegen 80 andre, die zusammen gehören und in Kleinigkeiten noch nicht ganz fertig sind, behalte ich noch zurück. Reichardt ist gut rekommandiert, aber er muß es noch mehr werden. Man muß ihn auch als Musiker angreifen, weil es doch auch da nicht so ganz richtig ist, und es ist billig, daß er auch bis in seine letzte Festung hinein verfolgt wird, da er uns auf unserem legitimen Boden den Krieg machte.

Daß Sie mit einzelnen Partien aus dem Cellini anfangen wollen, ist mir sehr lieb zu hören. Das wird Sie am besten hinein bringen, denn wo es die Sache leidet, halte ich es immer für besser, nicht mit dem Anfang anzufangen, der immer das schwerste und das leerste ist. Sie schreiben mir nichts, ob ich von Ihnen etwas für das III Horenstück zu hoffen habe. Dies müßte ich aber freilich binnen 3, 4 Wochen spätestens haben. […]

Leben Sie recht wohl. Meine Frau grüßt schönstens

Sch.

*Schiller*

Jena den 18. März 96.

Seit Ihrer Abwesenheit ist es mit mir noch immer ganz erträglich gegangen und ich will recht wohl zufrieden sein, wenn es in Weimar nur so kontinuiert. Ich habe an meinen Wallenstein gedacht, sonst aber nichts gearbeitet. Einige Xenien hoffe ich vor der merkwürdigen Konstellation noch zu Stande zu bringen.

DieZurüstungen zu einem so verwickelten Ganzen, wie ein Drama ist, setzen das Gemüt doch in eine gar sonderbare Bewegung. Schon die allererste Operation, eine gewisse Methode für das Geschäft zu suchen, um nicht zwecklos herumzutappen, ist keine Kleinigkeit. Jetzt bin ich erst an dem Knochengebäude, und ich finde, daß von diesem, eben so wie in der Menschlichen Struktur, auch in dieser dramatischen alles abhängt. Ich möchte wissen, wie Sie in solchen Fällen zu Werk gegangen sind. Bei mir ist die Empfindung anfangs ohne bestimmten und klaren Gegenstand; dieser bildet sich erst später. Eine gewisse musikalische Gemütsstimmung geht vorher, und auf diese folgt bei mir erst die poetische Idee.

Nach einem Brief von Charlotte Kalb hatten wir heute Herdern hier zu erwarten. Ich habe aber nichts von ihm gesehen.

Leben Sie recht wohl. Hier Cellini der vorgestern vergessen wurde. Meine Frau grüßt bestens

Sch.

*Goethe*

⟨Jena, Ende Mai oder Anfang Juni 1796⟩
Eine nicht hält mich zurück, gar zwei sind's die mir gebieten.

––––––––––

Die schöne Übung in Distichen wird uns, wie ich hoffe, endlich
dahin führen daß wir uns in einzelnen Hexametern bedeutend
ausdrücken. Lassen Sie mich fragen: wann Sie Ihre Villegiatur[4]
antreten? Und ob ich Sie heute nach Tische zu Hause antreffe?
Ich bitte um den Glas Kubus und das große hohle Prisma.
   Der Roman rückt gut von der Stelle. Ich befinde mich in einer
wahrhaft poetischen Stimmung denn ich weiß in mehr als Einem
Sinne nicht recht was ich will noch soll.
   So geht es auch mit meiner Rückkehr nach Weimar. Zur nächsten Lieferung Cellini habe ich einen Stammbaum der Medicis
aufgesetzt, insofern sie in dieser Lebensbeschreibung genannt
werden.
   Was macht das Frauchen.   Leben Sie recht wohl und lieben
mich?
   Auf Hero und Leander habe ich große Hoffnung, wenn mir
nur der Schatz nicht wieder versinkt.

G

*Goethe*

⟨Weimar, 10. Juni 1796⟩
Nachdem ich glücklich in Weimar angekommen bin, habe ich
mich sogleich dem strengsten Fleiß ergeben, Cellini, und ich
hoffe der Roman, sollen bald davon zeugen. Haben Sie die Güte
und mir das siebente Buch nächstens zurück zu schicken. Hier
folgen die versprochenen Epigramme, es sind doch dreißig an

––––––––––

4 Landaufenthalt

der Zahl! leider ist auch hier der Haß doppelt so stark als die Liebe. Sobald Sie mit der Zusammenstellung fertig sind so schicken Sie mir das Ganze ja gleich. Dadurch wird manches Xenion, das noch unvollendet da liegt, gewiß völlig fertig, und zu neuen gibt es wieder Anlaß.

Das eine, *der Gefährliche* habe ich nach Ihrer Idee gemacht, vielleicht nehmen Sie die Veränderung auf. Überhaupt wird mich beim Durchgehen der übrigen, im allgemeinen, der Gedanke leiten, daß wir bei aller Bitterkeit uns vor kriminellen Inkulpationen hüten

Die Idylle und noch sonst irgend ein Gedicht, sollen bald auch kommen. Ich genieße nun in meinem Hause den völligsten Urlaub, und erfreue mich über die ungeheuern Pensa die ich vor mir sehe. Haben Sie nochmals Dank für alles gute. Leben Sie recht wohl und lassen mir ja von Sich und von den Ihrigen bald etwas hören. Weimar den 10ten Junius 1796.

G

Der Roman ist heute früh angekommen in wenig Tagen hören Sie und erhalten Sie mehr. Die Zeichnungen zu Hirts Manuskript lagen nicht bei es war wie es scheint eine Göpfertsche Papierprobe.

*Schiller*

Jena den 11. ⟨12.⟩ Jun. 96.
Die gestern überschickten Xenien haben uns viel Freude gemacht, und so überwiegend auch der Haß daran Teil hat, so lieblich ist das Kontingent der Liebe dazu ausgefallen. Ich will die Musen recht dringend bitten, mir auch einen Beitrag dazu zu bescheren. Einstweilen nehmen Sie meine Ceres, als die erste poetische Gabe in diesem Jahre, freundlich auf und fänden Sie einen Anstoß darin, so machen Sie mich doch darauf aufmerksam.

Die Xenien hoffe ich Ihnen auf den nächsten Freitag in Abschrift schicken zu können. Ich bin auch sehr dafür, daß wir nichts kriminelles berühren, und überhaupt das Gebiet des frohen Humors so wenig als möglich verlassen. Sind doch die Musen keine Scharfrichter! Aber schenken wollen wir den Herren auch nichts.

Körner schreibt, daß die Victorie[5] für 8 Ldors erhandelt und also Ihre sei. Er grüßt Sie mit s ⟨einem⟩ ganzen Hause aufs schönste.

verte    Leben Sie recht wohl.

S.

Herder schrieb mir gestern, und sehr freundschaftlich, schickte mir auch die Humanität. Er verspricht Beiträge sowohl zu den Horen als zum Almanach.


*Goethe*

⟨Weimar, 14. Juni 1796⟩

[…]

Herders zwei neue Bände habe ich auch mit großem Anteil gelesen. Der siebente besonders scheint mir vortrefflich gesehen, gedacht und geschrieben, der achte so viel treffliches er enthält macht einem nicht wohl und es ist dem Verfasser auch nicht wohl gewesen, da er ihn schrieb. Eine gewisse Zurückhaltung, eine gewisse Vorsicht, ein Drehen und Wenden, ein Ignorieren, ein kärgliches Verteilen von Lob und Tadel macht besonders das was er von deutscher Literatur sagt äußerst mager. Es kann auch an meiner augenblicklichen Stimmung liegen, mir kommt aber immer vor, wenn man von Schriften, wie von Handlungen, nicht mit einer liebevollen Teilnahme, nicht mit einem gewissen parteiischen Enthusiasmus spricht, so bleibt so wenig daran das der Rede gar nicht wert ist. Lust, Freude, Teilnahme an den Dingen

5  Eine Statuette

ist das einzige reelle, und was wieder Realität hervorbringt, alles andere ist eitel und vereitelt nur.   Weimar den 14$\underline{\text{ten}}$ Junius 96.

G

*Schiller*

J⟨ena⟩ 18. Jun. 96.

[...]
Herders Buch machte mir ziemlich dieselbe Empfindung wie Ihnen, nur daß ich auch hier, wie gewöhnlich bei seinen Schriften, immer mehr von dem was ich zu besitzen glaubte verliere, als ich an neuen Realitäten dabei gewinne. Er wirkt dadurch, daß er immer aufs Verbinden ausgeht und zusammenfaßt, was andere trennen, immer mehr zerstörend als ordnend auf mich. Seine unversöhnliche Feindschaft gegen den Reim ist mir auch viel zu weit getrieben, und was er dagegen aufbringt, halte ich bei weitem nicht für bedeutend genug. Der Ursprung des Reims mag noch so gemein und unpoetisch sein, man muß sich an den Eindruck halten, den er macht, und dieser läßt sich durch kein Raisonnement wegdisputieren.

An seinen Konfessionen über die deutsche Literatur verdrießt mich, noch außer der Kälte für das Gute, auch die sonderbare Art von Toleranz gegen das elende; es kostet ihm eben so wenig mit Achtung von einem Nicolai, Eschenburg u. a. zu reden, als von dem bedeutendsten, und auf eine seltsame Art wirft er die Stolberge und mich, Kosegarten und wie viel andere noch in Einen Brei zusammen. Seine Verehrung gegen Kleist Gerstenberg und Geßner – und überhaupt gegen alles verstorbene und vermoderte hält gleichen Schritt mit seiner Kälte gegen das Lebendige.

[...]
Die Xenien erhalten Sie auf den Montag. Zur Verknüpfung der verschiedenartigen Materien sind noch manche neue nötig, wobei ich auf Ihren guten Genius meine Hoffnung setze. Die

Homerischen Parodien habe ich, weil sie sich an das Ganze nicht anschließen wollen, herauswerfen müssen, und ich weiß noch nicht recht, wie ich die Totenerscheinungen werde unterbringen können. Gar zu gern hatte ich die lieblichen und gefälligen Xenien an das Ende gesetzt, denn auf den Sturm muß die Klarheit folgen. Auch mir sind einige in dieser Gattung gelungen, und wenn jeder von uns nur noch ein Dutzend in dieser Art liefert, so werden die Xenien sehr gefällig endigen.

Leben Sie recht wohl.  Meine Frau grüßt Sie aufs schönste. Mit ihrer Gesundheit ist es noch das alte.

Sch.


*Goethe*

⟨Weimar, 25. Juni 1796⟩

[...]

Schicken Sie mir diese lustigen Brüder[6] nicht eher, als bis Sie den Roman haben, er kommt zu Anfang künftiger Woche, durch einen eigenen Boten, der die Xenien, wenn Sie solche parat halten alsdann mit zurück nehmen kann. Lesen Sie das Manuskript erst mit freundschaftlichem Genuß und dann mit Prüfung und sprechen Sie mich los, wenn Sie können. Manche Stellen verlangen noch mehr Ausführung, manche fordern sie, und doch weiß ich kaum was zu tun ist, denn die Ansprüche, die dieses Buch an mich macht, sind unendlich und dürfen, der Natur der Sache nach, nicht ganz befriedigt werden, obgleich alles gewissermaßen, aufgelöst werden muß. Meine ganze Zuversicht ruht auf Ihren Forderungen und Ihrer Absolution. Das Manuskript ist mir unter den Händen gewachsen und überhaupt hätte ich, wenn ich in der Darstellung hätte wollen weitläufiger sein, und mehr Wasser des Raisonnements hätte zugießen wollen, ganz bequem aus dem letzten Bande zwei Bände machen kön-

6 *Xenien*

nen; so mag er denn aber doch in seiner konzentrierten Gestalt besser und nachhaltiger würken.

[...] Leben Sie recht wohl, grüßen Sie die liebe Frau, und schreiben Sie mir bald etwas von Ihrem beiderseitigen Befinden. Weimar den 25$\underline{\text{ten}}$ Jun: 1796.

G

*Goethe*

⟨Weimar, 26. Juni 1796⟩

Hier schicke ich endlich das große Werk und kann mich kaum freuen daß es so weit ist, denn von einem so langen Wege kommt man immer ermüdet an. Ich habe es auch nur einmal durchsehen können und Sie werden also manches nach der Intention zu supplieren haben. Es muß auf alle Fälle noch einmal durchgearbeitet und abgeschrieben werden.

Wenn Sie dem Boten die Xenien mit zurückgeben konnen, so soll es mir angenehm sein.

Ich habe in den nächsten 10 bis 12 Tagen manches in allerlei Geschäften nachzuholen, mit denen ich wenigstens in Konnexion bleiben muß, alsdann hoffe ich die Horen und den Almanach am besten zu bedenken.

Das Lied von Mignon habe ich, wie Sie sehen werden, des Effekts wegen, doch einschalten müssen, es gibt aber vielleicht ein anderes das im Almanach nachzubringen ist.

Leben Sie recht wohl möge Sie diese Sendung recht gesund antreffen. Ich wünsche dieses Buch nicht eher zurück als bis ich ganz bei mir aufgeräumt habe. Ich hoffe bald von Ihnen zu hören. Weimar den 26$\underline{\text{ten}}$ Jun. 96.

G

*Schiller*

Erwarten Sie heute noch nichts Bestimmtes von mir über den Eindruck den das 8te Buch auf mich gemacht. Ich bin beunruhigt und bin befriedigt, Verlangen und Ruhe sind wunderbar vermischt. Aus der Masse der Eindrücke, die ich empfangen, ragt mir in diesem Augenblick Mignons Bild am stärksten hervor. Ob die so stark interessierte Empfindung hier noch mehr fodert, als ihr gegeben worden weiß ich jetzt noch nicht zu sagen. Es könnte auch zufällig sein, denn beim Aufschlagen des Mskrpts fiel mein Blick zuerst auf das Lied, und dies bewegte mich so tief, daß ich den Eindruck nachher nicht mehr auslöschen konnte.

Das Merkwürdigste an dem TotalEindruck scheint mir dieses zu sein, daß Ernst und Schmerz durchaus wie ein Schattenspiel versinken und der leichte Humor vollkommen darüber Meister wird. Zum Teil ist mir dieses aus der leisen und leichten Behandlung erklärlich; ich glaube aber noch einen andern Grund davon in der theatralischen und romantischen Herbeiführung und Stellung der Begebenheiten zu entdecken. Das Pathetische erinnert an den Roman, alles übrige an die Wahrheit des Lebens. Die schmerzhaftesten Schläge, die das Herz bekommt, verlieren sich schnell wieder, so stark sie auch gefühlt werden, weil sie durch etwas wunderbares herbeigeführt wurden, und deswegen schneller als alles andere an die Kunst erinnern. Wie es auch sei, soviel ist gewiß, daß der Ernst in dem Roman nur Spiel, und das Spiel in demselben der wahre und eigentliche Ernst ist, daß der Schmerz der Schein und die Ruhe die einzige Realität ist.

Der so weise aufgesparte Friedrich, der durch seine Turbulenz am Ende die reife Frucht vom Baume schüttelt und zusammen weht was zusammen gehört, erscheint bei der Katastrophe gerade so, wie einer, der uns aus einem bänglichen Traum durch Lachen aufweckt. Der Traum flieht zu den andern Schatten, aber sein Bild bleibt übrig, um in die Gegenwart einen höheren Geist, in die Ruhe und Heiterkeit einen poetischen Gehalt eine unendliche Tiefe zu legen. Diese Tiefe bei einer ruhigen Fläche, die überhaupt genommen Ihnen so eigentümlich ist, ist ein vorzüglicher Charakterzug des gegenwärtigen Romans.

Aber ich will mir heute nichts mehr darüber zu sagen erlauben, so sehr es mich auch drängt; ich könnte Ihnen doch jetzt nichts reifes geben. Könnten Sie mir vielleicht das Konzept vom siebenten Buche, wovon die Abschrift für Ungern gemacht worden ist, schicken, so wäre mirs sehr dienlich, das Ganze durch alle seine Details zu begleiten. Obgleich ich es noch in frischem Gedächtnis habe, so könnte mir doch manches kleinere Glied der Verbindung entschlüpft sein.

Wie trefflich sich dieses achte Buch an das sechste anschließt und wieviel überhaupt durch die anticipation des letztern gewonnen worden ist, sehe ich klar ein. Ich möchte durchaus keine andere Stellung der Geschichte als gerade diese. Man kennt die Familie schon so lange ehe sie eigentlich kommt, man glaubt in eine ganz anfanglose Bekanntschaft zu blicken; es ist eine Art von optischem Kunstgriff der eine treffliche Wirkung macht.

Einen köstlichen Gebrauch haben Sie von des Großvaters Sammlung zu machen gewußt; sie ist ordentlich eine mitspielende Person, und rückt selbst an das lebendige.

Doch genug für heute. Auf den Sonnabend hoffe ich Ihnen mehr zu sagen.

Hier der Rest der Xenien. Was heute folgt, ist wie Sie sehen noch nicht in dem gehörigen Zusammenhang, und alle meine Versuche, die verschiedenen Gruppen zusammen zu bringen, sind mir mißglückt. Vielleicht helfen Sie mir aus der Not. Es wäre gar zu schön, wenn wir diese letzte Partie recht reich ausstatten könnten.

Wenn ich den neuen Cellini in 3 Wochen erhalte, so ist es gerade noch Zeit.

Leben Sie recht wohl. Herzliche Grüße von meiner Frau, die eben im Roman vertieft ist.

Von Hesperus[7] habe ich Ihnen noch nichts geschrieben. Ich habe ihn ziemlich gefunden, wie ich ihn erwartete; fremd wie einer der aus dem Mond gefallen ist, voll guten Willens und herzlich geneigt, die Dinge außer sich zu sehen, nur nicht mit dem Organ, womit man sieht. Doch sprach ich ihn nur einmal und kann also noch wenig von ihm sagen.

Sch.

Jena den 28. Jun. 96.


*Schiller*


Jena den 2 Jul. 96.

Ich habe nun alle 8 Bücher des Romans aufs neue, obgleich nur sehr flüchtig durchlaufen, und schon allein die Masse ist so stark, daß ich in 2 Tagen kaum damit fertig worden bin. Billig sollte ich also heute noch nichts schreiben, denn die erstaunliche und unerhörte Mannichfaltigkeit, die darin, im eigentlichsten Sinne, *versteckt* ist, überwältigt mich. Ich gestehe daß ich bis jetzt zwar die *Stetigkeit*, aber noch nicht die *Einheit* recht gefaßt habe, obwohl ich keinen Augenblick zweifle, daß ich auch über diese noch völlige Klarheit erhalten werde, wenn bei Produkten dieser Art die Stetigkeit nicht schon mehr als die halbe Einheit ist.

Da Sie, unter diesen Umständen, nicht wohl etwas ganz genugtuendes von mir erwarten können, und doch etwas zu hören wünschen, so nehmen Sie mit einzelnen Bemerkungen vorlieb, die auch nicht ganz ohne Wert sind, da sie ein unmittelbares Gefühl aussprechen werden. Dafür verspreche ich Ihnen, daß diesen ganzen Monat über die Unterhaltung über den Roman nie versiegen soll. Eine würdige und wahrhaft ästhetische Schätzung des ganzen Kunstwerks ist eine große Unternehmung. Ich werde ihr die nächsten 4 Monate ganz widmen und mit Freuden.

---

7 Roman von Jean Paul

Ohnehin gehört es zu dem schönsten Glück meines Daseins, daß ich die Vollendung dieses Produkts erlebte, daß sie noch in die Periode meiner strebenden Kräfte fällt, daß ich aus dieser reinen Quelle noch schöpfen kann; und das schöne Verhältnis, das unter uns ist, macht es mir zu einer gewissen Religion, Ihre Sache hierin zu der meinigen zu machen, alles was in mir Realität ist, zu dem reinsten Spiegel des Geistes auszubilden, der in dieser Hülle lebt, und so, in einem höheren Sinne des Worts, den Namen Ihres Freundes zu verdienen. Wie lebhaft habe ich bei dieser Gelegenheit erfahren, daß das Vortreffliche eine Macht ist, daß es auf selbstsüchtige Gemüter auch nur als eine Macht wirken kann, daß es, dem Vortrefflichen gegenüber keine Freiheit gibt als die Liebe.

Ich kann Ihnen nicht beschreiben, wie sehr mich die Wahrheit, das schöne Leben, die einfache Fülle dieses Werks bewegte. Die Bewegung ist zwar noch unruhiger als sie sein wird, wenn ich mich desselben ganz bemächtigt habe, und das wird dann eine wichtige Krise meines Geistes sein; sie ist aber doch der Effekt des Schönen, nur des Schönen, und die Unruhe rührt bloß davon her, weil der Verstand die Empfindung noch nicht hat einholen können. Ich verstehe Sie nun ganz, wenn Sie sagten, daß es eigentlich das Schöne, das Wahre sei, was Sie, oft bis zu Tränen, rühren könne. Ruhig und tief, klar und doch unbegreiflich wie die Natur so wirkt es und so steht es da, und alles, auch das kleinste Nebenwerk, zeigt die schöne Gleichheit des Gemüts, aus welchem alles geflossen ist.

Aber ich kann diesen Eindrücken noch keine Sprache geben, auch will ich jetzt nur bei dem achten Buche stehen bleiben. Wie ist es Ihnen gelungen, den großen so weit auseinander geworfenen Kreis und Schauplatz von Personen und Begebenheiten wieder so eng zusammen zu rücken. Es steht da wie ein schönes Planetensystem, alles gehört zusammen, und nur die italienischen Figuren knüpfen, wie Kometen-Gestalten und auch so schauerlich wie diese, das System an ein entferntes und größeres an. Auch laufen alle diese Gestalten, so wie auch Mariane und

Aurelie, völlig wieder aus dem Systeme heraus, und lösen sich als fremdartige Wesen davon ab, nachdem sie bloß dazu gedient haben, eine poetische Bewegung darin hervorzubringen. Wie schön gedacht ist es, daß Sie das praktisch ungeheure, das furchtbar pathetische im Schicksal Mignons und des Harfenspielers von dem theoretisch ungeheuren, von den Mißgeburten des Verstandes ableiten, so daß der reinen und gesunden Natur nichts dadurch aufgebürdet wird. Nur im Schoß des dummen Aberglaubens werden diese monstrosen Schicksale ausgeheckt, die Mignon und den Harfenspieler verfolgen. Selbst Aurelia wird nur durch ihre Unnatur, durch ihre Mannweiblichkeit zerstört. Gegen Marianen allein möchte ich Sie eines poetischen Eigennutzes beschuldigen. Fast möchte ich sagen, daß sie dem Roman zum Opfer geworden, da sie der Natur nach zu retten war. Um *sie* werden daher immer noch bittere Tränen fließen, wenn man sich bei den drei andern gern von dem Individuum ab zu der Idee des Ganzen wendet.

Wilhelms Verirrung zu Theresen ist trefflich gedacht, motiviert, behandelt und noch trefflicher benutzt. Manchen Leser wird sie anfangs recht erschrecken, denn Theresen verspreche ich wenig Gönner; desto schöner reißen Sie ihn aber aus seiner Unruhe. Ich wüßte nicht, wie dieses falsche Verhältnis zärter, feiner, edler hätte gelöst werden können! Wie würden sich die Richardsohns und alle andern gefallen haben, eine Szene daraus zu machen, und über dem Auskramen von delikaten Sentiments recht undelikat gewesen sein! Nur Ein kleines Bedenken hab ich dabei. Theresens mutige und entschlossene Widersetzlichkeit gegen die Partei, welche ihr ihren Bräutigam rauben will, selbst bei der erneuerten Möglichkeit Lotharn zu besitzen, ist ganz in der Natur, und trefflich; auch daß Wilhelm einen tiefen Unwillen und einen gewissen Schmerz über die Neckerei der Menschen und des Schicksals zeigt, finde ich sehr gegründet – nur, deucht mir, sollte er den Verlust eines Glücks weniger tief beklagen, das schon angefangen hatte, keines mehr für ihn zu sein. In Nataliens Nähe müßte ihm, scheint mir, seine wieder erlangte

Freiheit ein höheres Gut sein, als er zeigt. Ich fühle wohl, die Komplikation dieses Zustands und was die Delikatesse foderte, aber auf der andern Seite beleidigt es einigermaßen die Delikatesse gegen Natalien, daß er noch im Stand ist, ihr gegenüber den Verlust einer Therese zu beklagen!

Eins, was ich in der Verknüpfung der Begebenheiten auch besonders bewundre, ist der große Vorteil, den Sie von jenem falschen Verhältnis Wilhelms zu Theresen zu ziehen gewußt haben, um das wahre und gewünschte Ziel, Naturliens und Wilhelms Verbindung, zu beschleunigen. Auf keinem andern Weg hätte dieses so schön und natürlich geschehen können, als gerade auf dem eingeschlagenen, der davon zu entfernen drohte. Jetzt kann es mit höchster Unschuld und Reinheit ausgesprochen werden, daß W⟨ilhelm⟩ und Natalie für einander gehören, und die Briefe Theresens an Natalien leiten es auf das schönste ein. Solche Erfindungen sind von der ersten Schönheit, denn sie vereinigen alles, was nur gewünscht werden kann, ja was ganz unvereinbar scheinet, sie verwickeln und enthalten schon die Auflösung in sich, sie beunruhigen und führen zur Ruhe, sie erreichen das Ziel, indem sie davon mit Gewalt zu entfernen scheinen.

Mignons Tod, so vorbereitet er ist, wirkt sehr gewaltig und tief, ja so tief, daß es manchen vorkommen wird, Sie verlassen denselben zu schnell. Dies war beim ersten Lesen meine sehr stark markierte Empfindung; beim zweiten, wo die Überraschung nicht mehr war, empfand ich es weniger, fürchte aber doch, daß Sie hier um eines Haares Breite zu weit gegangen sein möchten. Mignon hat gerade vor dieser Katastrophe angefangen weiblicher, weicher zu erscheinen und dadurch mehr durch sich selbst zu interessieren; die abstoßende Fremdartigkeit dieser Natur hatte nachgelassen, mit der nachlassenden Kraft hatte sich jene Heftigkeit in etwas verloren, die von ihr zurückschreckte. Besonders schmelzte das letzte Lied das Herz zu der tiefsten Rührung. Es fällt daher auf, wenn unmittelbar nach dem angreifenden Auftritt ihres Todes der Arzt eine Spekulation auf ihren

Leichnam macht, und das lebendige Wesen, die Person so schnell vergessen kann, um sie nur als das Werkzeug eines artistischen Versuches zu betrachten; eben so fällt es auf, daß Wilhelm, der doch die Ursache ihres Todes ist und es auch weiß, in diesem Augenblick für jene Instrumententasche Augen hat, und in Erinnerungen vergangener Szenen sich verlieren kann, da die Gegenwart ihn doch so ganz besitzen sollte.

Sollten Sie in diesem Falle auch vor der Natur ganz Recht behalten, so zweifle ich, ob Sie auch gegen die »sentimentalischen« Foderungen der Leser es behalten werden, und deswegen möchte ich Ihnen raten – um die Aufnahme einer an sich so herrlich vorbereiteten und durchgeführten Szene bei dem Leser durch nichts zu stören – einige Rücksicht darauf zu nehmen.

Sonst finde ich alles, was Sie mit Mignon, lebend und tot, vornehmen, ganz außerordentlich schön. Besonders qualifiziert sich dieses reine und poetische Wesen so trefflich zu diesem poetischen Leichenbegängnis. In seiner isolierten Gestalt, seiner geheimnisvollen Existenz, seiner Reinheit und Unschuld repräsentiert es die Stufe des Alters auf der es steht so rein, es kann zu der reinsten Wehmut und zu einer wahr menschlichen Trauer bewegen, weil sich nichts als die Menschheit in ihm darstellte. Was bei jedem andern Individuum unstatthaft – ja in gewissem Sinn empörend sein würde, wird hier erhaben und edel.

Gerne hätte ich die Erscheinung des Markese in der Familie noch durch etwas anders als durch seine Kunstliebhaberei motiviert gesehen. Er ist gar zu unentbehrlich zur Entwicklung, und die *Notdurft* seiner Dazwischenkunft könnte leicht stärker als die innere Notwendigkeit derselben in die Augen fallen. Sie haben durch die Organisation des übrigen Ganzen den Leser selbst verwöhnt, und ihn zu strengeren Foderungen berechtigt, als man bei Romanen gewöhnlich mitbringen darf. Wäre nicht aus diesem Markese eine alte Bekanntschaft des Lothario oder des Oheims zu machen und seine Herreise selbst mehr ins Ganze zu verflechten?

Die Katastrophe so wie die ganze Geschichte des Harfenspielers erregt das höchste Interesse, wie vortrefflich ich es finde, daß Sie diese ungeheuren Schicksale von frommen Fratzen ableiten, habe ich oben schon erwähnt. Der Einfall des Beichtvaters, eine leichte Schuld ins ungeheure zu malen, um ein schweres Verbrechen, das er aus Menschlichkeit verschweigt, dadurch abbüßen zu lassen, ist himmlisch in seiner Art, und ein würdiger Repräsentant dieser ganzen Denkungsweise. Vielleicht werden Sie Speratens Geschichte noch ein klein wenig ins kürzere ziehen, da sie in den Schluß fällt, wo man ungeduldiger zum Ziele eilt.

Daß der Harfner der Vater Mignons ist, und daß Sie selbst dieses eigentlich nicht aussprechen, es dem Leser gar nicht hinschieben, macht nur desto mehr Effekt. Man macht diese Betrachtung nun selbst, erinnert sich, wie nahe sich diese zwei geheimnisvollen Naturen lebten und blickt in eine unergründliche Tiefe des Schicksals hinab.

Aber nichts mehr für heute. Meine Frau legt noch ein Brieflein bei und sagt Ihnen ihre Empfindungen bei dem achten Buche.

Leben Sie jetzt wohl, mein geliebter mein verehrter Freund. Wie rührt es mich, wenn ich denke, was wir sonst nur in der weiten Ferne eines begünstigten Altertums suchen und kaum finden, mir in Ihnen so nahe ist. Wundern Sie Sich nicht mehr, wenn es so wenige gibt, die Sie zu verstehen fähig und würdig sind. Die bewundernswürdige Natur, Wahrheit und Leichtigkeit Ihrer Schilderungen entfernt bei dem gemeinen Volk der Beurteiler allen Gedanken an die Schwierigkeit, an die Größe der Kunst, und bei denen, die dem Künstler zu folgen im Stande sein könnten, die auf die Mittel, wodurch er wirkt, aufmerksam sind wirkt die genialische Kraft welche sie hier handeln sehen, so feindlich und vernichtend, bringt ihr bedürftiges Selbst so sehr ins Gedränge, daß sie es mit Gewalt von sich stoßen, aber im Herzen und nur de mauvaise grace Ihnen gewiß am lebhaftesten huldigen

Sch.

*Schiller*

Jena den 3. Jul. 1796.
Ich habe nun Wilhelms Betragen bei dem Verlust seiner Therese
im ganzen Zusammenhang reiflich erwogen, und nehme alle
meine vorige Bedenklichkeiten zurück. So wie es ist, muß es
sein. Sie haben darin die höchste Delikatesse bewiesen, ohne im
geringsten gegen die Wahrheit der Empfindung zu verstoßen.

Es ist zu bewundern, wie schön und wahr die drei Charaktere
der *Stiftsdame*, *Nataliens* und *Theresens* nuanciert sind. Die zwei
ersten sind heilige, die zwei andern sind wahre und menschliche
Naturen; aber eben darum weil Natalie heilig und menschlich
zugleich ist, so erscheint sie wie ein Engel, da die Stiftsdame nur
eine Heilige, Therese nur eine vollkommene Irdische ist. Natalie
und Therese sind beide Realistinnen; aber bei Theresen zeigt
sich auch die Beschränkung des Realism, bei Natalien nur der
Gehalt desselben. Ich wünschte, daß die Stiftsdame ihr das Prä-
dikat einer schönen Seele nicht weggenommen hätte, denn nur
Natalie ist eigentlich eine rein ästhetische Natur. Wie schön daß
sie die Liebe, als einen Affekt als etwas ausschließendes und be-
sonderes gar nicht kennt, weil die Liebe ihre Natur, ihr perma-
nenter Charakter ist. Auch die Stiftsdame kennt eigentlich die
Liebe nicht – aber aus einem unendlich verschiedenen Grunde.

Wenn ich Sie recht verstanden habe, so ist es gar nicht ohne
Absicht geschehen, daß Sie Natalien unmittelbar von dem Gespräch über die Liebe und über ihre Unbekanntschaft mit dieser
Leidenschaft den Übergang zu dem Saal der Vergangenheit nehmen lassen. Gerade die Gemütsstimmung, in welche man durch
diesen Saal versetzt wird erhebt über alle Leidenschaft, die Ruhe
der Schönheit bemächtiget sich der Seele, und diese gibt den besten Aufschluß über Nataliens liebefreie und doch so liebevolle
Natur.

Dieser Saal der Vergangenheit vermischt die ästhetische Welt,
das Reich der Schatten im idealen Sinn, auf eine herrliche Weise
mit dem lebendigen und wirklichen, so wie überhaupt aller Ge-

brauch, den Sie von den Kunstwerken gemacht, solche gar trefflich mit dem Ganzen verbindet. Es ist ein so froher freier Schritt aus der gebundenen engen Gegenwart heraus, und führt doch immer so schön zu ihr zurücke. Auch der Übergang von dem mittlern Sarkophag zu Mignon und zu der Wirklichen Geschichte ist von der höchsten Wirkung. Die Inschrift: *gedenke zu leben* ist trefflich, und wird es noch vielmehr, da sie an das verwünschte Memento mori erinnert, und so schön darüber triumphiert.

Der Oheim mit seinen sonderbaren Idiosynkrasien für gewisse Naturkörper ist gar interessant. Gerade solche Naturen haben eine so bestimmte Individualität und so ein starkes Maß von Empfänglichkeit, als der Oheim besitzen muß, um das zu sein, was er ist. Seine Bemerkung über die Musik und daß sie ganz rein zu dem Ohre sprechen solle ist auch voll Wahrheit. Es ist unverkennbar, daß Sie in diesen Charakter am meisten von Ihrer eigenen Natur gelegt haben.

Lothario hebt sich unter allen Hauptcharakteren am wenigsten heraus, aber aus ganz objektiven Gründen. Ein Charakter wie dieser kann in dem Medium, durch welches der Dichter wirkt, nie ganz erscheinen. Keine einzelne Handlung oder Rede stellt ihn dar; man muß ihn sehen, man muß ihn selbst hören, man muß mit ihm leben. Deswegen ist es genug, daß die, welche mit ihm leben, in dem Vertrauen und in der Hochschätzung gegen ihn so ganz einig sind, daß alle Weiber ihn lieben, die immer nach dem TotalEindruck richten, und daß wir auf die Quellen seiner Bildung aufmerksam gemacht werden. Es ist bei diesem Charakter der Imagination des Lesers weit mehr überlassen als bei den andern, und mit dem vollkommensten Rechte; denn er ist ästhetisch, er muß also von dem Leser selbst produziert werden, aber nicht willkürlich sondern nach Gesetzen, die Sie auch bestimmt genug gegeben haben. Nur seine Annäherung an das Ideal macht, daß diese Bestimmtheit der Züge nie zur Schärfe werden kann.

Jarno bleibt sich bis ans Ende gleich, und seine Wahl, in Rücksicht auf Lidien, setzt seinem Charakter die Krone auf. Wie gut haben Sie doch Ihre Weiber unterzubringen gewußt! – Charaktere wie Wilhelm, wie Lothario können nur glücklich sein durch Verbindung mit einem harmonierenden Wesen, ein Mensch wie Jarno kann es nur mit einem kontrastierenden werden; dieser muß immer etwas zu tun und zu denken und zu unterscheiden haben.

Die gute Gräfin fährt bei der poetischen Wirtsrechnung nicht zum besten; aber auch hier haben Sie völlig der Natur gemäß gehandelt. Ein Charakter wie dieser kann nie auf sich selbst gestellt werden, es gibt keine Entwicklung für ihn, die ihm seine Ruhe und sein Wohlbefinden garantieren könnte, immer bleibt er in der Gewalt der Umstände, und daher ist eine Art negativen Zustandes alles, was für ihn geschehen kann. Das ist freilich für den Betrachter nicht erfreulich, aber es ist so, und der Künstler spricht hier bloß das Naturgesetz aus. Bei Gelegenheit der Gräfin muß ich bemerken, daß mir ihre Erscheinung im achten Buche nicht gehörig motiviert zu sein scheint. Sie kommt *zu* der Entwicklung, aber nicht *aus* derselben.

Der Graf souteniert seinen Charakter trefflich, und auch dieses muß ich loben, daß Sie ihn durch seine so gut getroffenen Einrichtungen im Hause an dem Unglück des Harfenspielers schuld sein lassen. Mit aller Liebe zur Ordnung müssen solche Pedanten immer nur Unordnung stiften.

Die Unart des kleinen Felix, aus der Flasche zu trinken, die nachher einen so wichtigen Erfolg herbeiführt, gehört auch zu den glücklichsten Ideen des Plans. Es gibt mehrere dieser Art im Roman, die insgesamt sehr schön erfunden sind. Sie knüpfen auf eine so simple und Naturgemäße Art das Gleichgültige an das Bedeutende und umgekehrt, und verschmelzen die Notwendigkeit mit dem Zufall.

Gar sehr habe ich mich über Werners traurige Verwandlung gefreut. Ein solcher Philister konnte allenfalls durch die Jugend und durch seinen Umgang mit Wilhelm eine Zeitlang emporgetragen werden; sobald diese zwei Engel von ihm weichen, fällt er wie recht und billig, der Materie anheim, und muß endlich selber darüber erstaunen, wie weit er hinter seinem Freunde zurückgeblieben ist. Diese Figur ist auch deswegen so wohltätig für das Ganze, weil sie den Realism zu welchem Sie den Helden des Romans zurückführen erklärt und veredelt. Jetzt steht er in einer schönen menschlichen Mitte da, gleich weit von der *Phantasterei* und der *Philisterhaftigkeit*, und indem Sie ihn von dem Hange zur ersten so glücklich heilen, haben Sie vor der letztern nicht weniger gewarnt.

Werner erinnert mich an einen wichtigen chronologischen Verstoß, den ich in dem Roman zu bemerken glaube. Ohne Zweifel ist es Ihre Meinung nicht, daß Mignon wenn sie stirbt 21 Jahre und Felix zu derselben Zeit 10 oder 11 Jahre alt sein soll. Auch der blonde Fridrich sollte wohl bei seiner letzten Erscheinung noch nicht etliche und zwanzig Jahr alt sein u. s f. Dennoch ist es wirklich so, denn von Wilhelms Engagement bei Serlo bis zu seiner Zurückkunft auf Lotharios Schloß sind wenigstens sechs Jahre verflossen. Werner der im fünften Buche noch unverheuratet war, hat am Anfang des achten schon mehrere Jungens, die »schreiben und rechnen, handeln und trödeln, und deren jedem er schon ein eigenes Gewerb eingerichtet hat.« Ich denke mir also den ersten zwischen dem 5ten und 6ten, den zweiten zwischen dem 4ten und 5ten Jahr, und da er sich doch auch nicht gleich nach des Vaters Tode hat trauen lassen und die Kinder auch nicht gleich da waren, so kommen zwischen 6 und 7 Jahren heraus, die zwischen dem 5ten und 8 Buch verflossen sein müssen.

Humboldts Brief folgt hier zurücke. Er sagt sehr viel wahres über die Idylle, einiges scheint er mir nicht ganz so empfunden zu haben, wie ichs empfinde. So ist mir die treffliche Stelle:
»Ewig, sagte sie leise«
nicht sowohl ihres *Ernstes* wegen schön, der sich von selbst versteht, sondern weil das Geheimnis des Herzens in diesem einzigen Worte auf einmal und ganz, mit seinem unendlichen Gefolge, heraus stürzt. Dieses einzige Wort, an dieser Stelle, ist statt

einer ganzen langen Liebesgeschichte, und nun stehen die zwei Liebenden so gegeneinander, als wenn das Verhältnis schon Jahre lang existiert hatte.

Die Kleinigkeiten, die er tadelt, verlieren sich in dem schönen Ganzen; indessen möchte doch einige Rücksicht darauf zu nehmen sein, und seine Gründe sind nicht zu verwerfen. Zwei Trochäen in dem vordern Hemipentameter haben freilich zuviel schleppendes, und so ist es auch mit den übrigen Stellen. Der Gegensatz mit dem *für* einander und *an* einander ist freilich etwas spielend, wenn man es strenge nehmen will – und strenge nimmt man es immer gern mit Ihnen.

Leben Sie recht wohl. Ich habe eine ziemliche Epistel geschrieben, möchten Sie so gerne lesen, als ich schrieb.

Sch.

*Schiller*

Jena. 5. Jul. 96.

Jetzt da ich das Ganze des Romans mehr im Auge habe, kann ich nicht genug sagen, wie glücklich der Charakter des Helden von Ihnen gewählt worden ist, wenn sich so etwas wählen ließe. Kein anderer hätte sich so gut zu einem *Träger* der Begebenheiten geschickt, und wenn ich auch ganz davon abstrahiere, daß nur an einem solchen Charakter das Problem aufgeworfen und aufgelöst werden konnte, so hätte schon zur bloßen *Darstellung* des Ganzen kein anderer so gut gepaßt. Nicht nur der *Gegenstand* verlangte ihn, auch der *Leser* brauchte ihn. Sein Hang zum reflektieren hält den Leser im raschesten Laufe der Handlung still, und nötigt ihn immer vor- und rückwärts zu sehen und über alles was sich ereignet zu denken. Er sammelt so zu sagen den Geist, den Sinn, den *innern* Gehalt von allem ein, was um ihn herum vorgeht, verwandelt jedes dunkle Gefühl in einen Begriff und Gedanken, spricht jedes einzelne in einer allgemeineren Formel aus, legt uns von allem die Bedeutung näher, und indem er dadurch seinen eigenen Charakter erfüllt, erfüllt er zugleich aufs vollkommenste den Zweck des ganzen.

Der Stand und die äußre Lage, aus der Sie ihn wählten, macht ihn dazu besonders geschickt. Eine gewisse Welt ist ihm nun ganz neu, er wird lebhafter davon frappiert und während daß er beschäftigt ist, sich dieselbe zu assimilieren, führt er auch uns in das innere derselben und zeigt uns, was darin reales für den Menschen enthalten ist. In ihm wohnt ein reines und moralisches Bild der Menschheit, an diesem prüft er jede äußere Erscheinung derselben, und indem von der einen Seite die Erfahrung seine schwankenden Ideen mehr bestimmen hilft, rektifiziert eben diese Idee, diese innere Empfindung gegenseitig wieder die Erfahrung. Auf diese Art hilft Ihnen dieser Charakter wunderbar, in allen vorkommenden Fällen und Verhältnissen, das rein menschliche aufzufinden und zusammen zu lesen. Sein Gemüt ist zwar ein treuer aber doch kein bloß passiver Spiegel der Welt, und obgleich seine Phantasie auf sein Sehen Einfluß hat, so ist dieses doch nur idealistisch, nicht phantastisch, poetisch aber nicht schwärmerisch; es liegt dabei keine Willkür der spielenden Einbildungskraft sondern eine schöne moralische Freiheit zum Grunde.

Überaus wahr und treffend schildert ihn seine Unzufriedenheit mit sich selbst, wenn er Theresen seine Lebensgeschichte aufsetzt. Sein Wert liegt in seinem Gemüt, nicht in seinen Wirkungen, in seinem Streben nicht in seinem Handeln; daher muß ihm sein Leben, sobald er einem andern davon Rechenschaft geben will, so gehaltleer vorkommen. Dagegen kann eine Therese und ähnliche Charaktere ihren Wert immer in barer Münze aufzählen, immer durch ein äußers Objekt dokumentieren. Daß Sie aber Theresen einen Sinn, eine Gerechtigkeit für jene höhere Natur geben ist wieder ein sehr schöner und zarter Charakterzug; in ihrer klaren Seele muß sich auch das, was sie nicht in sich hat, abspiegeln können, dadurch erheben Sie sie auf einmal über alle jene bornierte Naturen, die über ihr dürftiges Selbst auch in der Vorstellung nicht hinaus können. Daß endlich ein Gemüt wie Theresens an eine, ihr selbst so fremde, Vorstellungs- und EmpfindungsWeise glaubt, daß sie das Herz, welches derselben fähig ist, liebt und achtet, ist zugleich ein schöner Beweis für die objektive Realität derselben, der jeden Leser dieser Stelle erfreuen muß.

Es hat mich auch in dem 8ten Buche sehr gefreut, daß Wilhelm anfängt, sich jenen imposanten Autoritäten, Jarno und dem Abbe, gegenüber, mehr zu fühlen. Auch dies ist ein Beweis, daß er seine Lehrjahre ziemlich zurückgelegt hat, und Jarno antwortet bei dieser Gelegenheit ganz aus meiner Seele »Sie sind bitter, das ist recht schön und gut, wenn Sie nur erst einmal recht böse werden, so wird es noch besser sein« – Ich gestehe, daß es mir ohne diesen Beweis von Selbstgefühl bei unserm Helden peinlich sein würde, ihn mir mit dieser Klasse so eng verbunden zu denken, wie nachher durch die Verbindung mit Natalien geschieht. Bei dem lebhaften Gefühl für die Vorzüge des Adels und bei dem ehrlichen Mißtrauen gegen sich selbst und seinen Stand, das er bei so vielen Gelegenheiten an den Tag legt, scheint er nicht ganz qualifiziert zu sein, in diesen Verhältnissen eine vollkommene Freiheit behaupten zu können, und selbst noch jetzt, da Sie ihn mutiger und selbstständiger zeigen, kann man sich einer gewissen Sorge um ihn nicht erwehren. Wird er den Bürger je vergessen können, und muß er das nicht, wenn sich sein Schicksal vollkommen schön entwickeln soll? Ich fürchte, er wird ihn nie ganz vergessen, er hat mir zuviel darüber reflektiert, er wird, was er einmal so bestimmt außer sich sah, nie vollkommen in sich hinein bringen können. Lotharios Vornehmes Wesen wird ihn, so wie Nataliens doppelte Würde des Standes und des Herzens, immer in einer gewissen Inferiorität erhalten. Denke ich mir ihn zugleich als den Schwager des Grafen, der das Vornehme seines Standes auch durch gar nichts ästhetisches mildert, vielmehr durch Pedanterie noch recht heraussetzt, so kann mir zuweilen bange für ihn werden.

Es ist übrigens sehr schön, daß Sie, bei aller gebührenden Achtung für gewisse äußere positive Formen, sobald es auf etwas rein menschliches ankommt, Geburt und Stand in ihre völlige Nullität zurückweisen und zwar, wie billig, ohne auch nur ein Wort darüber zu verlieren. Aber was ich für eine offenbare Schönheit halte, werden Sie schwerlich allgemein gebilliget sehen. Manchem wird es wunderbar vorkommen, daß ein Roman, der so gar nichts *»sanskülottisches«* hat, vielmehr an manchen Stellen der Aristokratie das Wort zu reden scheint, mit drei Heuraten endigt, die alle drei Mißheuraten sind. Da ich an der Entwicklung selbst nichts anders wünsche als es ist, und doch den wahren Geist des Werkes auch in Kleinigkeiten und Zufälligkeiten nicht gerne verkannt sehe, so gebe ich Ihnen zu bedenken, ob der falschen Beurteilung nicht noch durch ein paar Worte »in Lotharios Munde« zu begegnen wäre. Ich sage in Lotharios Munde, denn dieser ist der aristokratischste Charakter, Er findet bei den Lesern aus seiner Klasse am meisten Glauben, bei ihm fällt die Mesalliance auch am stärksten auf; zugleich gäbe dieses eine Gelegenheit, die nicht so oft vorkommt, Lotharios vollendeten Charakter zu zeigen. Ich meine auch nicht, daß dieses bei der Gelegenheit selbst geschehen sollte, auf welche der Leser es anzuwenden hat; desto besser vielmehr, wenn es unabhängig von jeder Anwendung und nicht als Regel für einen einzelnen Fall, aus seiner Natur heraus gesprochen wird.

Was Lothario betrifft, so könnte zwar gesagt werden, daß Theresens illegitime und bürgerliche Abkunft ein Familiengeheimnis sei, aber desto schlimmer, dürften alsdann manche sagen, so muß er die Welt hintergehen, um seinen Kindern die Vorteile seines Standes zuzuwenden. Sie werden selbst am besten wissen, wieviel oder wie wenig Rücksicht auf diese Armseligkeiten zu nehmen sein möchte.

Für heute nichts weiter. Sie haben nun allerlei Durcheinander von mir gehört und werden noch manches hören, wie ich voraus sehe; möchte etwas darunter sein, was Ihnen dienlich ist.

Leben Sie wohl und heiter.

Sch.

*Goethe*

⟨Weimar, 5. Juli 1796⟩

Gleich, nachdem ich Ihren ersten Brief erhalten hatte, fing ich an Ihnen etwas drauf zu sagen, nun über⟨r⟩aschen mich, in meinen wahrhaft irdischen Geschäften, Ihre zwei folgenden Briefe, wahrhaft als Stimmen aus einer andern Welt, auf die ich nur horchen kann. Fahren Sie fort mich zu erquicken und aufzumuntern! Durch Ihre Bedenken setzen Sie mich in den Stand das achte Buch, sobald ich es wieder angreife zu vollenden. Ich habe schon fast für alle Ihrer Desideria eine Auskunft, durch die sich, selbst in meinem Geiste, das Ganze auch an diesen Punkten mehr verbindet, wahr und lieblicher wird. Werden Sie nicht müde mir durchaus Ihre Meinung zu sagen und behalten Sie das Buch noch diese acht Tage bei sich. Was Sie von Cellini bedürfen bringe ich indes vorwärts, ich schreibe Ihnen nur summarisch was ich am achten Buche noch zu arbeiten denke und alsdann soll die letzte Abschrift Anfang August aus unsern Händen sein.

Ihre Briefe sind jetzt meine Einzige Unterhaltung und wie dankbar ich Ihnen sei daß Sie mir so auf einmal über so vieles weghelfen, werden Sie fühlen. Leben Sie recht wohl und grüßen Sie die liebe Frau. Weimar den 5ten Juli 1796.

G

*Schiller*

⟨Jena, 6. Juli 1796⟩

Ich wollte mich diesen Nachmittag mit Ihnen und dem Meister beschäftigen, aber ich habe keinen freien Augenblick gehabt und mein Zimmer wurde nicht leer von Besuchen. Jetzt da ich schreibe ist die Kalbische und Steinische Familie da, man spricht sehr viel von der Idylle, und meint, daß »sie Sachen enthalte, die noch gar nicht seien von einem Sterblichen ausgesprochen worden« – Trotz aller Entzückung darüber skandalisierte sich doch

129

die Familie Kalb an dem Päckchen, das dem Helden nachgetragen würde, welches sie für einen großen Fleck an dem schönen Werke hält. Das Produkt sei so *reich*, und der Held führe sich doch wie ein armer Mann auf.

Sie können denken, daß ich bei dieser Kritik aus den Wolken fiel. Es war mir so neu, daß ich glaubte, sie spräche von einem andern Produkte. Ich versicherte ihr aber, daß ich mich an einer solchen Art von Armut nicht stieße, wenn nur der andere Reichtum da sei.

Leben Sie recht wohl. Auf den Freitag mehr.

Sch.

*Goethe*

⟨Weimar, 2. und 7. Juli 1796⟩

Herzlich danke ich Ihnen für Ihren erquickenden Brief und für die Mitteilung dessen, was Sie bei dem Roman, besonders bei dem achten Buche, empfunden und gedacht. Wenn dieses nach Ihrem Sinne ist so werden Sie auch Ihren eigenen Einfluß darauf nicht verkennen, denn gewiß ohne unser Verhältnis hätte ich das Ganze kaum, wenigstens nicht auf diese Weise, zu Stande bringen können. Hundertmal, wenn ich mich mit Ihnen über Theorie und Beispiel unterhielt, hatte ich die Situationen im Sinne die jetzt vor Ihnen liegen, und beurteilte sie im Stillen nach den Grundsätzen über die wir uns vereinigten. Auch nun schützt mich Ihre warnende Freundschaft vor ein Paar in die Augen fallenden Mängeln, bei einigen Ihrer Bemerkungen habe ich das sogleich gefunden wie zu helfen sei und werde bei der neuen Abschrift davon Gebrauch machen.

Wie selten findet man bei den Geschäften und Handlungen des gemeinen Lebens die gewünschte Teilnahme, und in diesem hohen ästhetischen Falle ist sie kaum zu hoffen, denn wie viele Menschen sehen das Kunstwerk an sich selbst, wie viele können es übersehen, und dann ist doch nur die Neigung die alles sehen kann was es enthält und die reine Neigung, die dabei noch sehen kann was ihm mangelt. Und was wäre nicht noch alles hinzu zu setzen um den einzigen Fall auszudrucken, in dem ich mich nur mit Ihnen befinde.

––––––––––

So weit war ich gleich nach Ihrem ersten Briefe gekommen, äußere und innere Hindernisse hielten mich ab fortzufahren, auch fühle ich wohl, daß ich, selbst wenn ich ganz ruhig wäre, Ihnen gegen Ihre Betrachtungen keine Betrachtungen zurückgeben könnte, was Sie mir sagen muß, im Ganzen und Einzelnen, in mir praktisch werden, damit das achte Buch sich Ihrer Teilnahme recht zu erfreuen habe. Fahren Sie fort mich mit meinem eigenen Werke bekannt zu machen, schon habe ich in Gedanken Ihren Erinnerungen entgegen gearbeitet, etwa künftigen Mittewoch will ich die Art und Weise von dem was ich zu tun gedenke, nur summarisch anzeigen, Sonnabend den 16ten wünschte ich das Manuskript zurück und am gleichen Tage soll Cellini aufwarten.

[…]

G

*Schiller*

Jena den 8. Jul. 96.

Da Sie mir das 8te Buch noch eine Woche lassen können, so will ich mich in meinen Bemerkungen vor der Hand besonders auf dieses Buch einschränken; ist dann das Ganze einmal aus Ihren Händen in die weite Welt, so können wir uns mehr über die Form des Ganzen unterhalten, und Sie erweisen mir dann den Gegendienst, mein Urteil zu rektifizieren.

Vorzüglich sind es zwei Punkte, die ich Ihnen, vor der gänzlichen Abschließung des Buches, noch empfehlen möchte.

Der Roman, so wie er da ist, nähert sich in mehrern Stücken

der Epopee, unter andern auch darin, daß er Maschinen hat, die in gewissem Sinne die Götter oder das regierende Schicksal darin vorstellen. Der Gegenstand foderte dieses. Meisters Lehrjahre sind keine bloß blinde Wirkung der Natur, sie sind eine Art von Experiment. Ein verborgen wirkender höherer Verstand, die Mächte des Turms, begleiten ihn mit ihrer Aufmerksamkeit, und ohne die Natur in ihrem freien Gange zu stören, beobachten, leiten sie ihn von ferne, und zu einem Zwecke, davon er selbst keine Ahnung hat, noch haben darf. So leise und locker auch dieser Einfluß von außen ist, so ist er doch wirklich da, und zu Erreichung des poetischen Zwecks war er unentbehrlich. *Lehrjahre* sind ein Verhältnisbegriff, sie fodern ihr Korrelatum, die *Meisterschaft*, und zwar muß die Idee von dieser letzten jene erst erklären und begründen. Nun kann aber diese Idee der Meisterschaft, die nur das Werk der gereiften und Vollendeten Erfahrung ist den Helden des Romans nicht selbst leiten, sie kann und darf nicht, als sein Zweck und sein Ziel *vor* ihm stehen, denn sobald er das Ziel sich dächte, so hätte er es eo ipso auch erreicht; sie muß also als Führerin *hinter* ihm stehen. Auf diese Art erhält das Ganze eine schöne Zweckmäßigkeit, ohne daß der Held einen Zweck hätte, der Verstand findet also ein Geschäft ausgeführt, indes die Einbildungskraft völlig ihre Freiheit behauptet.

Daß Sie aber auch selbst bei diesem Geschäfte diesem Zweck – dem einzigen in dem ganzen Roman, der wirklich ausgesprochen wird, selbst bei dieser geheimen Führung Wilhelms durch Jarno und den Abbe, alles Schwere und Strenge vermieden, und die Motive dazu eher aus einer Grille einer Menschlichkeit als aus moralischen Quellen hergenommen haben, ist eine von denen Ihnen eigensten Schönheiten. Der *Begriff* einer Maschinerie wird dadurch wieder aufgehoben, indem doch die *Wirkung* davon bleibt, und alles bleibt, was die Form betrifft, in den Grenzen der Natur, nur das Resultat ist mehr, als die bloße sich selbst überlassene Natur hätte leisten können.

Bei dem allen aber hätte ich doch gewünscht, daß Sie das Bedeutende dieser Maschinerie, die notwendige Beziehung derselben auf das Innere Wesen, dem Leser ein wenig näher gelegt hätten. Dieser sollte doch immer klar in die Ökonomie des Ganzen blicken, wenn diese gleich den handelnden Personen verborgen bleiben muß. Viele Leser, fürchte ich, werden in jenem geheimen Einfluß bloß ein theatralisches Spiel und einen Kunstgriff zu finden glauben, um die Verwicklung zu vermehren, Überraschungen zu erregen u. dgl. Das achte Buch gibt nun zwar einen *historischen* Aufschluß über alle einzelnen Ereignisse, die durch jene Maschinerie gewirkt wurden, aber den *ästhetischen* Aufschluß über den innern Geist, über die poetische Notwendigkeit jener Anstalten gibt es nicht befriedigend genug: auch ich selbst habe mich erst bei dem zweiten und dritten Lesen davon überzeugen können.

Wenn ich überhaupt an dem Ganzen noch etwas auszustellen hätte, so wäre es dieses, »daß bei dem großen und tiefen Ernste, der in allem einzelnen herrscht, und durch den es so mächtig wirkt, die Einbildungskraft zu frei mit dem Ganzen zu spielen scheint« – Mir deucht, daß Sie hier die freie Grazie der Bewegung etwas weiter getrieben haben, als sich mit dem poetischen Ernste verträgt, daß Sie über dem gerechten Abscheu vor allem schwerfälligen, methodischen und steifen sich dem andern Extrem genähert haben. Ich glaube zu bemerken, daß eine gewisse Condescendenz gegen die schwache Seite des Publikums Sie verleitet hat, einen mehr theatralischen Zweck und durch mehr theatralische Mittel, als bei einem Roman nötig und billig ist, zu verfolgen.

Wenn je eine poetische Erzählung der Hülfe des wunderbaren und überraschenden entbehren konnte, so ist es Ihr Roman; und gar leicht kann einem solchen Werke schaden, was ihm nicht nützt. Es kann geschehen, daß die Aufmerksamkeit mehr auf das Zufällige geheftet wird, und daß das Interesse des Lesers sich konsumiert, Rätsel aufzulösen, da es auf den innern Geist konzentriert bleiben sollte. Es kann geschehen, sage ich, und wissen wir nicht beide, daß es wirklich schon geschehen ist?

Es wäre also die Frage, ob jenem Fehler, wenn es einer ist, nicht noch im 8ten Buche zu begegnen wäre. Ohnehin träfe er nur die Darstellung der Idee, an der Idee selbst bleibt gar nichts zu wünschen übrig. Es wäre also bloß nötig, dem Leser dasjenige etwas bedeutender zu machen, was er bis jetzt zu frivol behandelte, und jene theatralischen Vorfälle, die er nur als ein Spiel der Imagination ansehen mochte, durch eine deutlicher ausgesprochene Beziehung auf den höchsten Ernst des Gedichtes, auch vor der Vernunft zu legitimieren, wie es wohl implizite aber nicht explizite geschehen ist. Der Abbe scheint mir diesen Auftrag recht gut besorgen zu können, und er wird dadurch auch sich selbst mehr zu empfehlen Gelegenheit haben. Vielleicht wäre es auch nicht überflüssig, wenn noch im achten Buch der nähern Veranlassung erwähnt würde, die Wilhelmen zu einem Gegenstand von des Abbe pädagogischen Planen machte. Diese Plane bekämen dadurch eine speziellere Beziehung, und Wilhelms Individuum würde für die Gesellschaft auch bedeutender erscheinen.

---

Sie haben in dem 8ten Buch verschiedene Winke hingeworfen, was Sie unter den Lehrjahren und der Meisterschaft gedacht wissen wollen. Da der *Ideen*Inhalt eines Dichterwerks, vollends bei einem Publikum wie das unsrige, so vorzüglich in Betrachtung kommt und oft das einzige ist, dessen man sich nachher noch erinnert, so ist es von Bedeutung, daß Sie hier völlig begriffen werden. Die Winke sind sehr schön, nur nicht hinreichend scheinen sie mir. Sie wollten freilich den Leser mehr selbst finden lassen, als ihn geradezu belehren; aber eben, weil Sie doch etwas heraus sagen, so glaubt man, dieses sei nun auch alles, und so haben Sie Ihre Idee enger beschränkt, als wenn Sie es dem Leser ganz und gar überlassen hätten, sie heraus zu suchen.

Wenn ich das Ziel, bei welchem Wilhelm nach einer langen Reihe von Verirrungen endlich anlangt, mit dürren Worten auszusprechen hätte, so würde ich sagen, »er tritt von einem leeren und unbestimmten Ideal in ein bestimmtes tätiges Leben, aber ohne die idealisierende Kraft dabei einzubüßen.« Die zwei entgegengesetzten Abwege von diesem glücklichen Zustand sind in dem Roman dargestellt und zwar in allen möglichen Nuancen und Stufen. Von jener unglücklichen Expedition an, wo er ein Schauspiel aufführen will, ohne an den Inhalt gedacht zu haben, bis auf den Augenblick, wo er – Theresen zu seiner Gattin wählt, hat er gleichsam den ganzen Kreis der Menschheit *einseitig* durchlaufen; jene zwei Extreme sind die beiden höchsten Gegensätze, deren ein Charakter wie der seinige nur fähig ist, und daraus muß nun die Harmonie entspringen. Daß er nun, unter der schönen und heitern Führung der Natur (durch Felix) von dem idealischen zum reellen, von einem vagen Streben zum Handeln und zur Erkenntnis des wirklichen übergeht, ohne doch dasjenige dabei einzubüßen, was in jenem ersten strebenden Zustand reales war, daß er Bestimmtheit erlangt, ohne die schöne Bestimmbarkeit zu verlieren, daß er sich begrenzen lernt, aber in dieser Begrenzung selbst, durch die Form, wieder den Durchgang zum unendlichen findet u. s. f. dieses nenne ich die Krise seines Lebens, das Ende seiner Lehrjahre, und dazu scheinen sich mir alle Anstalten in dem Werk auf das vollkommenste zu vereinigen. Das schöne Naturverhältnis zu seinem Kinde, und die Verbindung mit Nataliens edler Weiblichkeit garantieren diesen Zustand der geistigen Gesundheit und wir sehen ihn, wir scheiden von ihm auf einem Wege, der zu einer endlosen Vollkommenheit führt.

Die Art nun, wie *Sie* Sich über den Begriff der *Lehrjahre* und der *Meisterschaft* erklären, scheint beiden eine engere Grenze zu setzen. Sie verstehen unter den ersten bloß den Irrtum, dasjenige außer sich zu suchen, was der innere Mensch selbst hervorbringen muß; unter der zweiten, die Überzeugung von der Irrigkeit jenes Suchens, von der Notwendigkeit des eignen Hervorbringens u. s. w. Aber läßt sich das ganze Leben Wilhelms, so wie es in dem Romane vor uns liegt, wirklich auch vollkommen unter diesem Begriffe fassen und erschöpfen? Wird durch diese Formel alles verständlich? Und kann er nun bloß dadurch, daß sich das Vaterherz bei ihm erklärt, wie am Schluß des VIIten Buchs geschieht, losgesprochen werden? Was ich also hier wünschte, wäre dieses, daß die Beziehung aller einzelnen Glieder des Romans auf jenen philosophischen Begriff noch etwas klärer gemacht würde. Ich möchte sagen, die Fabel ist vollkommen wahr, auch die Moral der Fabel ist vollkommen wahr, aber das Verhältnis der einen zu der andern springt noch nicht deutlich genug in die Augen.

Ich weiß nicht, ob ich mich, bei diesen beiden Erinnerungen recht habe verständlich machen können; die Frage greift ins Ganze, und so ist es schwer, sie am einzelnen gehörig darzulegen. Ein Wink ist aber hier auch schon genug.

Ehe Sie mir das Exemplar der Xenien senden, so haben Sie doch die Güte, darin gerade auszustreichen, was Sie heraus wünschen, und zu unterstreichen, was Sie geändert wünschen. Ich kann dann eher meine Maßregeln nehmen, was noch zu tun ist.

Möchte doch für die kleinen lieblichen Gedichte, die Sie noch zum Almanach geben wollten und zu dem in petto habenden Gedicht von Mignon noch Stimmung und Zeit sich finden! Der Glanz des Almanachs beruht eigentlich ganz auf Ihren Beiträgen. Ich lebe und webe jetzt wieder in der Kritik, um mir den Meister recht klar zu machen und kann nicht viel mehr für den Almanach tun. Dann kommen die Wochen meiner Frau, die der poetischen Stimmung nicht günstig sein werden.

Sie empfiehlt sich Ihnen herzlich.

Leben Sie recht wohl.  Sonntag Abends hoffe ich Ihnen wieder etwas zu sagen.

Sch.

Wollten Sie wohl so gütig sein und mir den Fünften Band der großen Muratorischen Sammlung aus der Bibliothek in W⟨eimar⟩ verschaffen?

Noch ein kleines Anliegen.

Ich möchte gern Ihren Kopf vor den neuen MusenAlmanach

setzen, und habe heute an Bolt in Berlin geschrieben, ob er diese Arbeit noch übernehmen kann. Nun wünschte ich ihn aber lieber nach einem Gemälde, als nach Lipsens Kupferstich, und frage an, ob Sie Sich entschließen könnten, das Portrait von Meier dazu herzugeben?

Wollten Sie dieses nicht gern aus der Hand lassen, so erlaubten Sie mir doch, daß ich es kopieren ließe, wenn sich in Weimar ein erträglicher Maler dazu findet?


*Goethe*

⟨Weimar, 9. Juli 1796⟩

Indem ich Ihnen, auf einem besondern Blatt, die einzelnen Stellen verzeichne, die ich, nach Ihren Bemerkungen, zu ändern und zu supplieren gedenke, so habe ich Ihnen für Ihren heutigen Brief den höchsten Dank zu sagen, indem Sie mich, durch die in demselben enthaltnen Erinnerungen, nötigen auf die eigentliche Vollendung des Ganzen aufmerksam zu sein. Ich bitte Sie nicht abzulassen, um, ich möchte wohl sagen, mich aus meinen eignen Grenzen hinauszutreiben. Der Fehler, den Sie mit Recht bemerken, kommt aus meiner innersten Natur, aus einem gewissen realistischen Tic, durch den ich meine Existenz, meine Handlungen, meine Schriften den Menschen aus den Augen zu rücken behaglich finde. So werde ich immer gerne incognito reisen, das geringere Kleid vor dem bessern wählen, und, in der Unterredung mit Fremden oder Halbbekannten, den unbedeutendern Gegenstand, oder doch den weniger bedeutenden Ausdruck vorziehen, mich leichtsinniger betragen als ich bin und mich so, ich möchte sagen, zwischen mich selbst und zwischen meine eigne Erscheinung stellen. Sie wissen recht gut, teils wie es ist, teils wie es zusammenhängt.

Nach dieser allgemeinen Beichte will ich gern zur besondern übergehn: daß ich ohne Ihren Antrieb und Anstoß, wider besser Wissen und Gewissen, mich auch dieser Eigenheit bei diesem

Roman hätte hingehen lassen, welches denn doch, bei dem ungeheuern Aufwand, der darauf gemacht ist, unverzeihlich gewesen wäre, da alles das, was gefordert werden kann teils so leicht zu erkennen, teils so bequem zu machen ist.

So läßt sich, wenn die frühe Aufmerksamkeit des Abbés auf Wilhelmen rein ausgesprochen wird, ein ganz eigenes Licht und geistiger Schein über das Ganze werfen und doch habe ich es versäumt; kaum daß ich mich entschließen konnte, durch Wernern, etwas zu Gunsten seines Äußerlichen zu sagen.

Ich hatte den Lehrbrief im siebenten Buch abgebrochen, in dem man bis jetzt nur wenige Denksprüche über Kunst und Kunstsinn liest. Die zweite Hälfte sollte bedeutende Worte über Leben und Lebenssinn enthalten und ich hatte die schönste Gelegenheit, durch einen mündlichen Kommentar des Abbés, die Ereignisse überhaupt, besonders aber die durch die Mächte des Turms herbeigeführten Ereignisse zu erklären und zu legitimieren, und so jene Maschinerie von dem Verdacht eines kalten Romanbedürfnisses zu retten und ihr einen ästhetischen Wert zu geben, oder vielmehr ihren ästhetischen Wert ins Licht zu stellen. – Sie sehen daß ich mit Ihren Bemerkungen völlig einstimmig bin.

Es ist keine Frage daß die scheinbaren, von mir ausgesprochenen Resultate viel beschränkter sind als der Inhalt des Werks und ich komme mir vor wie einer, der, nachdem er viele und große Zahlen über einander gestellt, endlich mutwillig selbst Additionsfehler machte um die letzte Summe, aus, Gott weiß, was für einer Grille, zu verringern.

Ich bin Ihnen, wie für so vieles, auch dafür den lebhaftesten Dank schuldig, daß Sie, noch zur rechten Zeit, auf so eine entschiedene Art, diese perverse Manier zur Sprache bringen und ich werde gewiß, in so fern es mir möglich ist, Ihren gerechten Wünschen entgegen gehn. Ich darf den Inhalt Ihres Briefes nur selbst an die schicklichen Orte verteilen, so ist der Sache schon geholfen. Und sollte mirs ja begegnen, wie denn die menschlichen Verkehrtheiten unüberwindliche Hindernisse sind, daß mir doch die letzten bedeutenden Worte nicht aus der Brust wollten, so werde ich Sie bitten zuletzt, mit einigen kecken Pinselstrichen, das noch selbst hinzu zu fügen, was ich, durch die sonderbarste Natur-Notwendigkeit gebunden, nicht auszusprechen vermag. Fahren Sie diese Woche noch fort mich zu erinnern und zu beleben, ich will indes für Cellini und wo möglich für den Almanach sorgen.

Weimar den 9<u>ten</u> Juli 1796.

G

*Schiller*

Jena den 9. ⟨– 11.⟩ Jul. 96.

Es ist mir sehr lieb zu hören, daß ich Ihnen meine Gedanken über jene zwei Punkte habe klar machen können und daß Sie Rücksicht darauf nehmen wollen. Das, was Sie Ihren realistischen Tic nennen, sollen Sie dabei gar nicht verleugnen. Auch das gehört zu Ihrer poetischen Individualität, und in den Grenzen von dieser müssen Sie ja bleiben; alle Schönheit in dem Werk muß *Ihre* Schönheit sein. Es kommt also bloß darauf an, aus dieser subjektiven Eigenheit einen objektiven Gewinn für das Werk zu ziehen, welches gewiß gelingt, sobald Sie wollen. Dem Inhalte nach, muß in dem Werk *alles* liegen, was zu seiner Erklärung nötig ist, und, der Form nach, muß es *notwendig* darin liegen, der innere Zusammenhang muß es mit sich bringen – aber wie fest oder locker es zusammenhängen soll, darüber muß Ihre eigenste Natur entscheiden. Dem Leser würde es freilich bequemer sein, wenn Sie selbst ihm die Momente worauf es ankommt blank und bar zuzählten, daß er sie nur in Empfang zu nehmen brauchte; sicherlich aber hält es ihn bei dem Buche fester, und führt ihn öfter zu demselben zurück, wenn er sich selber helfen muß. Haben Sie also nur dafür gesorgt, daß er gewiß findet, wenn er mit gutem Willen und hellen Augen sucht, so ersparen Sie ihm ja das Suchen nicht. Das Resultat eines solchen Ganzen muß immer die eigene, freie, nur nicht willkürliche Produktion des Lesers sein, es muß eine Art von Belohnung bleiben, die nur dem würdigen zu Teil wird, indem sie dem unwürdigen sich entziehet.

Ich will, um es nicht zu vergessen, noch einige Erinnerungen hersetzen, worauf ich, in Rücksicht auf jene geheime Maschinerie zu achten bitte. 1) Man wird wissen wollen, zu welchem Ende der Abbe oder sein Helfershelfer den Geist des alten Hamlet spielt. 2) Daß der Schleier mit dem Zettelchen »flieh, flieh« etc zweimal erwähnt wird, erregt Erwartungen, daß diese Erfindung zu keinem unbedeutenden Zwecke diene. Warum, möchte man fragen, treibt man Wilhelmen, von der Einen Seite, von dem Theater, da man ihm doch von der andern, zur Aufführung seines Lieblingsstücks und zu seinem Debüt behülflich ist? Man erwartet auf diese 2 Fragen eine mehr spezielle Antwort, als Jarno bis jetzt gegeben hat. 3) möchte man wohl auch gerne wissen, ob der Abbe und seine Freunde, vor der Erscheinung Werners im Schlosse, schon gewußt, daß sie es bei dem GutsKauf mit einem so genauen Freund und Verwandten zu tun haben? ihrem Benehmen nach scheint es fast so, und so wundert man sich wieder über das Geheimnis, das sie Wilhelmen daraus gemacht haben. 4) wäre doch zu wünschen, daß man die Quelle erführe, aus welcher der Abbe die Nachrichten von Theresens Abkunft schöpfte, besonders da es doch etwas befremdet, daß dieser wichtige Umstand so genau dabei interessierten Personen und die sonst so gut bedient sind, bis auf den Moment, wo der Dichter ihn braucht, hat ein Geheimnis bleiben können.

Es ist wohl ein bloßer Zufall, daß die zweite Hälfte des Lehrbriefs weggeblieben ist, aber ein geschickter Gebrauch des Zufalls, bringt in der Kunst wie im Leben, oft das trefflichste hervor. Mir deucht, diese zweite Hälfte des Lehrbriefs könnte im achten Buch an einer weitbedeutenderen Stelle und mit ganz andern Vorteilen nach gebracht werden. Die Ereignisse sind unterdessen vorwärts gerückt, Wilhelm selbst hat sich mehr entwikkelt, er sowohl als der Leser sind auf jene praktischen Resultate über das Leben und den Lebensgebrauch weit besser vorbereitet, auch der Saal der Vergangenheit und Nataliens nähere Bekanntschaft können eine günstigere Stimmung dazu herbeigeführt haben. Ich riete deswegen sehr, jene Hälfte des Lehrbriefs ja nicht wegzulassen, sondern wo möglich den philosophischen Gehalt des Werkes – deutlicher oder versteckter – darin nieder zu legen. Ohnehin kann, bei einem Publikum wie nun einmal das deutsche ist, zu Rechtfertigung einer Absicht, und hier namentlich noch zu Rechtfertigung des Titels der vor dem Buche steht, und jene Absicht deutlich ausspricht, nie zuviel geschehen.

Zu meiner nicht geringen Zufriedenheit habe ich in dem 8ten Buche auch ein paar Zeilen gefunden, die gegen die Metaphysik Fronte machen, und auf das spekulative Bedürfnis im Menschen Beziehung haben. Nur etwas schmal und klein ist das Almosen ausgefallen, das Sie der armen Göttin reichen, und ich weiß nicht, ob man Sie mit dieser kargen Gabe quittieren kann. Sie werden wohl wissen, von welcher Stelle ich hier rede, denn ich glaube es ihr anzusehen, daß sie mit vielem Bedacht darein gekommen ist.

Ich gestehe es, es ist etwas stark, in unserm spekulativischen Zeitalter einen Roman von diesem Inhalt und von diesem weiten Umfang zu schreiben, worin »das einzige was Not ist« so leise abgeführt wird – einen so sentimentalischen Charakter, wie Wilhelm doch immer bleibt, seine Lehrjahre ohne Hülfe jener würdigen Führerin vollenden zu lassen. Das schlimmste ist, daß er sie wirklich in allem Ernste vollendet, welches von der Wichtigkeit jener Führerin eben nicht die beste Meinung erweckt.

Aber im Ernste – woher mag es kommen, daß Sie einen Menschen haben erziehen und fertig machen können, ohne auf Bedürfnisse zu stoßen, denen die Philosophie nur begegnen kann? Ich bin überzeugt, daß dieses bloß der *ästhetischen Richtung* zuzuschreiben ist, die Sie in dem ganzen Roman genommen. Innerhalb der ästhetischen Geistesstimmung regt sich kein Bedürfnis nach jenen Trostgründen, die aus der Spekulation geschöpft werden müssen; sie hat Selbstständigkeit, Unendlichkeit in sich; nur wenn sich das Sinnliche und das Moralische im Menschen feindlich entgegen streben, muß bei der reinen Vernunft Hülfe gesucht werden. Die gesunde und schöne Natur braucht, wie Sie selbst sagen, keine Moral, kein Naturrecht, keine politische Metaphysik: Sie hätten eben so gut auch hinzusetzen können, sie braucht keine Gottheit, keine Unsterblichkeit um sich zu stützen und zu halten. Jene 3 Punkte, um die zuletzt alle Spekulation sich dreht, geben einem sinnlich ausgebildeten Gemüt zwar Stoff zu einem poetischen Spiel, aber sie können nie zu ernstlichen Angelegenheiten und Bedürfnissen werden.

Das einzige könnte man vielleicht noch dagegen erinnern, daß unser Freund jene ästhetische Freiheit noch nicht so ganz besitzt, die ihm vollkommen sicher stellte, in gewisse Verlegenheiten nie zu geraten, gewisser Hilfsmittel (der Spekulation) nie zu bedürfen. Ihm fehlt es nicht an einem gewissen philosophischen Hange, der allen sentimentalen Naturen eigen ist, und käme er also einmal ins Spekulative hinein, so möchte es, bei diesem Mangel eines philosophischen Fundaments, bedenklich um ihn stehen; denn nur die Philosophie kann das Philosophieren unschädlich machen; ohne sie führt es unausbleiblich zum Mystizism. (Die Stiftsdame selbst ist ein Beweis dafür. Ein gewisser ästhetischer Mangel machte ihr die Spekulation zum Bedürfnis, und sie verirrte zur Herrenhuterei, weil ihr die Philosophie nicht zu Hülfe kam; als Mann hätte sie vielleicht alle Irrgänge der Metaphysik durchwandert)

Nun ergeht aber die Foderung an Sie (der Sie auch sonst überall ein so hohes Genüge getan) Ihren Zögling mit vollkommener Selbstständigkeit, Sicherheit, Freiheit und gleichsam architektonischer Festigkeit so hinzustellen, wie er ewig stehen kann, ohne einer äußern Stütze zu bedürfen, man will ihn also durch eine ästhetische Reife auch selbst über das Bedürfnis einer philosophischen Bildung, die er sich nicht gegeben hat, vollkommen hinweggesetzt sehen. Es fragt sich jetzt: ist er Realist genug, um nie nötig zu haben, sich an der reinen Vernunft zu halten? Ist er es aber nicht – sollte für die Bedürfnisse des Idealisten nicht etwas mehr gesorgt sein?

Sie werden vielleicht denken, daß ich bloß einen künstlichen Umweg nehme, um Sie doch in die Philosophie hinein zu treiben, aber was ich noch etwa vermisse, kann sicherlich auch in Ihrer Form vollkommen gut abgetan werden. Mein Wunsch geht bloß dahin, daß Sie die Materien quæstionis nicht *umgehen*, sondern ganz auf Ihre Weise lösen möchten. Was bei Ihnen selbst alles Spekulative Wissen ersetzt, und alle Bedürfnisse dazu Ihnen fremd macht, wird auch bei Meistern vollkommen genug sein. Sie haben den Oheim schon sehr vieles sagen lassen und auch Meister berührt den Punkt einigemal sehr glücklich; es wäre also nicht so gar viel mehr zu tun. Könnte ich nur in Ihre Denkweise dasjenige einkleiden, was ich im Reich der Schatten und in den ästhetischen Briefen, der meinigen gemäß, ausgesprochen habe, so wollten wir sehr bald einig sein.

Was Sie über Wilhelms Äußerliches Wernern in den Mund gelegt, ist von ungemein guter Wirkung für das Ganze. Es ist mir eingefallen, ob Sie den Grafen, der am Ende des achten Buches erscheint, nicht auch dazu nutzen könnten, Wilhelmen zu völligen Ehren zu bringen. Wie, wenn der Graf, der ZeremonienMeister des Romans, ihn durch sein achtungsvolles Betragen, und durch eine gewisse Art der Behandlung, die ich Ihnen nicht näher zu bezeichnen brauche, ihn auf einmal aus seinem Stande heraus in einen höheren stellte, und ihm dadurch auf gewisse Art den noch fehlenden Adel erteilte. Gewiß, wenn selbst der Graf ihn distinguierte, so wäre das Werk getan.

Über Wilhelms Benehmen im Saal der Vergangenheit, wenn er diesen zum erstenmal mit Natalien betritt, habe ich noch eine Erinnerung zu machen. Er ist mir hier noch zu sehr der alte Wilhelm, der im Hause des Großvaters am liebsten bei dem kranken Königsohn verweilte, und den der Fremde, im ersten Buch, auf einem so unrechten Wege findet. Auch noch jetzt bleibt er fast ausschließend bei dem bloßen *Stoff* der Kunstwerke stehen und poetisiert mir zu sehr damit. Wäre hier nicht der Ort gewesen, den Anfang einer glücklicheren Krise bei ihm zu zeigen, ihn zwar nicht als Kenner, denn das ist unmöglich, aber doch als einen mehr objektiven Betrachter darzustellen, so daß etwa ein Freund, wie unser Meier, Hoffnung von ihm fassen könnte?

Sie haben Jarno schon im siebenten Buche so glücklich dazu gebraucht, durch seine harte und trockene Manier eine Wahrheit heraus zu sagen, die den Helden so wie den Leser auf einmal um einen großen Schritt weiter bringt: ich meine die Stelle, wo er Wilhelmen das Talent zum Schauspieler rund weg abspricht. Nun ist mir beigefallen, ob er ihm nicht, in Rücksicht auf Theresen und Natalien, einen ähnlichen Dienst, mit gleich gutem Erfolg für das Ganze, leisten könnte. Jarno scheint mir der rechte Mann zu sein, Wilhelmen zu sagen, daß Therese ihn nicht glücklich machen könne, und ihm einen Wink zu geben, welcher weibliche Charakter für ihn tauge. Solche einzelne dürr gesprochene Worte, im rechten Moment gesagt, entbinden auf einmal den Leser von einer schweren Last, und wirken wie ein Blitz, der die ganze Szene erleuchtet.

*Montag früh.*

Ein Besuch hinderte mich gestern diesen Brief abzusenden. Heute kann ich nichts mehr hinzusetzen, da es zu unruhig bei mir zugeht. Meine Frau ist ihrer Niederkunft nahe und Stark vermutet sie schon heute. Für Ihr freundschaftliches Anerbieten, den Karl zu sich zu nehmen, danken wir Ihnen herzlich. Er ist uns nicht zur Last, da wir einige Personen mehr zur Bedienung angenommen, und die Disposition mit den Zimmern gemacht haben, daß er nicht stört. Für VieilleVille und Muratori danke ich Ihnen bestens. Schlegel ist mit seiner Frau wieder hier angekommen, die kleine Paulus ist eilig nach Schwaben abgereist, ihre kranke Mutter zu besuchen. Leben Sie recht wohl. Auf den Mittwoch hoffe ich Ihnen mit erleichtertem Herzen weitere Nachricht zu geben.

Sch.

*Schiller*

⟨Jena, 11. Juli 1796⟩

Vor 2 Stunden erfolgte die Niederkunft der kleinen Frau über Erwarten geschwind und ging unter Starkes Beistand leicht und glücklich vorüber. Meine Wünsche sind in jeder Rücksicht erfüllt, denn es ist ein Junge, frisch und stark wie das Ansehen es gibt. Sie können wohl denken, wie leicht mirs ums Herz ist, um so mehr, da ich dieser Epoche nicht ohne Sorge, die Krämpfe möchten die Geburt übereilen, entgegen sah.

Jetzt also kann ich meine kleine Familie anfangen zu zählen. Es ist eine eigene Empfindung, und der Schritt von Eins zu Zwei ist viel größer als ich dachte.

Leben Sie wohl. Die Frau grüßt; sie ist, die Schwäche abgerechnet, recht wohl auf.

Sch.

*Goethe*

⟨Weimar, 12. Juli 1796⟩

Zu dem neuen Ankömmling wünsche ich von Herzen Glück, mögen Sie recht viel Freude an dem Knabenpaar erleben. Grüßen Sie Ihre liebe Frau auf das beste und schönste von mir.

Künftigen Sonnabend, wenn mir es möglich ist, komme ich Sie zu besuchen. Über den Roman müssen wir nun notwendig mündlich konferieren, auch wegen der Xenien und mancher anderer Dinge, die ich auf dem Herzen habe, bei jenem wird die Hauptfrage sein: wo sich die *Lehrjahre* schließen die eigentlich gegeben werden sollen und in wie fern man Absicht hat künftig die Figuren etwa noch einmal auftreten zu lassen. Ihr heutiger Brief deutet mir eigentlich auf eine Fortsetzung des Werks, wozu ich denn auch wohl Idee und Lust habe, doch davon eben mündlich. Was rückwärts notwendig ist muß *getan* werden, so wie man vorwärts *deuten* muß, aber es müssen Verzahnungen stehen bleiben, die, so gut wie der Plan selbst, auf eine weitere Fortsetzung deuten, hierüber wünsche ich mich recht mit Ihnen auszusprechen. Schicken Sie mir nichts mit den Botenweibern und behalten das Manuskript. Die Xenien, Cellini und sonst noch was vielleicht bringe ich mit. Grüßen Sie Schlegeln und seine Frau, ich freue mich beide diesmal zu finden.

[…]

Leben Sie recht wohl in Ihrem friedlichen Tal und genießen der schönen Jahrszeit wenigstens aus dem Fenster.

Weimar den 12<u>ten</u> Juni. 1796.

G

*Schiller*

Jena den 23. ⟨25.?⟩ Jul. 96.

In diesen letzten Tagen habe ich mich nicht wohl genug gefühlt, um über etwas, was uns interessiert, zu reden; auch heute enthalt ich mich, denn der Kopf ist mir von einer schlaflosen Nacht zerstört.

Die politischen Dinge, denen ich so gern immer auswich, rükken einem doch nachgerade sehr zu Leibe. Die Franzosen sind in Stuttgardt, wohin die Kaiserlichen sich anfangs geworfen haben sollen, so daß jene die Stadt beschießen mußten. Ich kann das aber nicht glauben, da Stuttgardt kaum Mauern hat, und es keinem Menschen der bei Sinnen ist, einfallen kann, sich auch nur 3 Stunden darin halten zu wollen. Von meiner Familie habe ich seit mehrern Wochen keine Nachricht; die gegenwärtige ist aus einem Briefe der kleinen Paulus. Der Zusammenhang zwischen Stuttgardt und Schorndorf war damals wie die Kleine schrieb gehemmt, und so sind also auch die Posten von daher abgeschnitten gewesen.

Hier in meinem Hause geht es noch ganz gut, nur daß aus dem Stillen meiner Frau nichts zu werden scheint, weil nichts mehr kommt.

Neulich erfuhr ich, daß Stolberg und wer sonst noch bei ihm war den Meister feierlich verbrannt habe, bis auf das VIte Buch, welches er wie Ahrnts Paradiesgärtlein rettete und besonders binden ließ. Er hält es in allem Ernste für eine Anempfehlung der Herrenhuterei, und hat sich sehr daran erbaut.

[…]

Sch.

*Schiller*

⟨Jena, 1. August 1796⟩

Nach langem Hin und Herüberschwanken kommt jedes Ding doch endlich in seine ordentliche waagrechte Lage. Die erste Idee der Xenien war eigentlich eine fröhliche Posse, ein Schabernack auf den Moment berechnet und war auch so ganz recht. Nachher regte sich ein gewisser Überfluß und der Trieb zersprengte das Gefäß. Nun habe ich aber, nach nochmaligem Beschlafen der Sache, die natürlichste Auskunft von der Welt gefunden, Ihre Wünsche und die Konvenienz des Almanachs zugleich zu befriedigen.

Was eigentlich den Anspruch auf eine gewisse Universalität erregte und mich bei der Redaktion in die große Verlegenheit brachte, waren die philosophischen und rein poetischen, kurz die unschuldigen Xenien; also eben die, welche in der ersten Idee auch nicht gewesen waren. Wenn wir diese in dem vordern, und gesetzten Teile des Almanachs, unter den andern Gedichten bringen, die lustigen hingegen unter dem Namen *Xenien* und als ein eigenes Ganze, wie voriges Jahr die Epigramme dem ersten Teile anschließen, so ist geholfen. Auf Einem Haufen beisammen und mit keinen ernsthaften untermischt, verlieren sie sehr vieles von ihrer Bitterkeit, der allgemein herrschende Humor entschuldigt jedes einzelne, so wie Sie neulich schon bemerkten und zugleich stellen sie wirklich ein gewisses Ganzes vor. Auch die Hiebe auf Reichardt wollen wir unter dem Haufen zerstreuen und nicht, wie erst geschehen war an die Spitze stellen. Von der einen Seite war die *Ehre* und von der andern die *Beleidigung* zu groß, die wir ihm durch diese Auszeichnung antaten. Und so wären also die Xenien (wenn Sie meinen Gedanken gut heißen, wie ich denke) zu ihrer ersten Natur zurückgekehrt, und wir hätten doch auch zugleich nicht Ursache, die Abweichung von jener zu bereuen, weil sie uns manches gute und schöne hat finden lassen.

Und da nach dem neuen Plane diejenigen politischen Xenien von Ihnen, welche bloß Lehren enthalten und gar niemand treffen, von den satyrischen ganz getrennt sind, so habe ich unter jene Ihren Namen gesetzt. Er gehört davor, weil sich diese Konfessionen an die Epigramme vom vorigen Jahr und selbst an den Meister anschließen, und, in Form und Inhalt, unverkennbar Ihren Stempel tragen.

[…]

Sch.

*Goethe*

⟨Weimar, 2. August 1796⟩

Sie werden, mein Lieber, noch manchmal in diesen Tagen zur Geduld gegen mich aufgefordert werden, denn jetzt, da die Zeit herbei kommt in welcher ich abreisen[8] sollte, fühle ich nur zu sehr was ich verliere indem mir eine so nahe Hoffnung aufgeschoben wird, welches in meinem Alter so gut als vernichtet heißt. Was ich noch von Kultur bedarf konnte ich nur auf jenem Wege finden, was ich vermag konnte ich nur auf jene Weise nützen und anwenden, und ich war sicher in unsern engen Bezirk einen großen Schatz zurück zu bringen, bei welchem wir uns der Zeit, die ich entfernt von Ihnen zugebracht hätte, künftig doppelt erfreut haben würden. Des guten Meyers Beobachtun-

---

8 Goethe plante eine neuerliche Italienreise, die nicht zustande kam.

gen schmerzen mich, er hat selbst nur den halben Genuß davon, wenn sie für mich nur Worte bleiben sollen und daß ich jetzt keine Arbeit vor mir sehe die mich beleben und erheben könnte, macht mich auch verdrießlich. Eine große Reise und viele von allen Seiten zudringende Gegenstände waren mir nötiger als jemals; ich mag es indessen nehmen wie ich will, so wäre es töricht gegenwärtig aufzubrechen und wir müssen uns also drin finden.

Ich hoffe Sie bald zu besuchen und es freut mich, daß Sie sich einen Weg ausgedacht haben wie wir den Spaß mit den Xenien nicht verlieren. Ich glaube es ist der ganz richtige und der Kalender behält seine vorige Form und zeichnet sich vor allen andern durch Vorspiel und Nachspiel aus, er wird nicht bunt durch Vermischung heterogener Dichtungsarten, und wird doch so mannigfaltig als möglich. Wer weiß was uns einfällt um übers Jahr wieder auf eine ähnliche Weise zu interessieren. Von allem übrigen sage ich heute nichts. Leben Sie recht wohl. Grüßen Sie Ihre liebe Frau ich wünsche Sie mit den Ihrigen wohl und vergnügt anzutreffen. Weimar den 2ᵗᵉⁿ August 1796.

G

*Goethe*

⟨Weimar, 10. August 1796⟩
Mein Paket war gemacht, ich hoffte wieder einige gute Zeit mit Ihnen zuzubringen. Leider halten mich verschiedene Umstände zurück, und ich weiß nicht wenn ich Sie sehen werde.

[…]

Der Roman gibt auch wieder Lebenszeichen von sich. Ich habe zu Ihren Ideen Körper nach meiner Art gefunden, ob Sie jene geistigen Wesen in ihrer irdischen Gestalt wieder kennen werden, weiß ich nicht. Fast möchte ich das Werk zum Drucke schicken, ohne es Ihnen weiter zu zeigen. Es liegt in der Verschiedenheit unserer Naturen daß es Ihre Forderungen niemals ganz befriedigen kann, und selbst das gibt, wenn Sie dereinst sich über das Ganze erklären, gewiß wieder zu mancher schönen Bemerkung Anlaß.


*Schiller*

⟨Jena, 10. August 1796⟩
Eben erhalte ich Ihren Brief, und will nur das Mskrpt geschwind fortschicken das Sie begehren. Für den Volkmann und die übrige Notizen danke ich Ihnen aufs beste. Der Chinese soll warm in die Druckerei kommen; das ist die wahre Abfertigung für dieses Volk.

Daß Sie nicht sogleich kommen können ist mir recht verdrüßlich. Ich hätte jetzt sogern mein Lämpchen bei Ihnen angezündet. In Absicht auf den Roman tun Sie sehr wohl, fremden Vorstellungen, die sich Ihrer Natur nicht leicht assimilieren lassen, keinen Raum zu geben. Hier ist alles aus Einem Stück, und selbst wenn eine kleine Lücke wäre, was noch immer nicht erwiesen ist, so ist es besser, sie bleibt *auf Ihre Art*, als daß sie durch eine fremde Art ausgefüllt wird. Doch davon nächstens mehr.

Auf den Freitag sende ich Ihnen auch AlmanachsBogen.

Leben Sie recht wohl.

Sch.


*Goethe*

⟨Weimar, 17. August 1796⟩
Ob wir gleich mehr als jemals vom Augenblick abhängen so hoffe ich doch es soll mich nichts hindern Morgen Abend bei Ihnen zu sein die tabulas votivas[9] bringe ich morgen wieder mit.

9  Die unpolemischen Distichen

150

Ihre Distichen sind außerordentlich schön und sie werden gewiß einen trefflichen Effekt machen. Wenn es möglich ist daß die Deutschen begreifen daß man ein guter tüchtiger Kerl sein kann ohne grade ein Philister und ein Matz zu sein so müssen Ihre schönen Sprüche das gute Werk vollbringen indem die große Verhältnisse der menschlichen Natur mit so viel Adel, Freiheit und Kühnheit dargestellt sind.

Weit entfernt daß ich die Aufnahme gewisser Arbeiten in den Almanach tadle, denn man sucht dort gesellige Mannigfaltigkeit Abwechslung des Tons und der Vorstellungsart man will Masse und Menge haben der gute Geschmack freut sich zu unterscheiden und der schlechte hat Gelegenheit sich zu bestärken indem man ihn zum besten hat.

Von so vielem andern mündlich. Ich hoffe wir wollen diesmal wieder zusammen eine gute Strecke vorwärts kommen. Da ich den Roman los bin so habe ich schon wieder zu tausend andern Dingen Lust. Leben Sie recht wohl. Weimar den 17ten August. 1796.

G

*Schiller*

Jena 19. 8br. ⟨Oktober⟩ 96.

Mit dem heutigen Paket haben Sie mir eine recht unverhoffte Freude gemacht. Ich fiel auch gleich über das 8te Buch des M⟨eisters⟩ her und empfing aufs neue die ganze volle Ladung desselben. Es ist zum Erstaunen, wie sich der epische und philosophische Gehalt in demselben drängt. Was innerhalb der Form liegt macht ein so schönes Ganze, und nach außen berührt sie das unendliche, die Kunst und das Leben. In der Tat kann man von diesem Romane sagen, er ist nirgends beschränkt als durch die rein ästhetische Form, und wo die Form darin aufhört, da hängt er mit dem unendlichen zusammen. Ich möchte ihn einer schönen Insel vergleichen, die zwischen zwei Meeren liegt.

Ihre Veränderungen finde ich zureichend und vollkommen in dem Geiste und Sinne des Ganzen. Vielleicht, wenn das neue gleich mit dem alten entstanden wäre, möchten Sie hie und da mit Einem Strich geleistet haben, was jetzt mit mehrern geschieht, aber das kann wohl keinem fühlbar werden, der es zum erstenmal in seiner jetzigen Gestalt liest. Meine Grille mit etwas deutlicherer Pronunciation der HauptIdee abgerechnet wüßte ich nun in der Tat nichts mehr, was vermißt werden könnte. Stünde indessen nicht Lehrjahre auf dem Titel, so würde ich den didaktischen Teil in diesem achten Buch für fast zu überwiegend halten. Mehrere philosophische Gedanken haben jetzt offenbar an Klarheit und Faßlichkeit gewonnen.

In der unmittelbaren Szene nach Mignons Tod fehlt nun auch nichts mehr, was das Herz in diesem Augenblick fodern kann; nur hätte ich gewünscht, daß der Übergang zu einem neuen Interesse mit einem neuen Kapitel möchte bezeichnet worden sein.

Der Markese ist jetzt recht befriedigend eingeführt. Der Graf macht sich vortrefflich. Jarno und Lothario haben bei Gelegenheit der neuen Zusätze auch an Interesse gewonnen.

Nehmen Sie nun zu der glücklichen Beendigung dieser großen Krise meinen Glückwunsch an, und lassen Sie uns nun bei diesem Anlaß horchen, was für ein Publikum wir haben.

[...]

*Goethe*

⟨Weimar, 26. Oktober 1796⟩

[...]

Mit dem Weimarischen Publiko bin ich im Ganzen wegen des Almanachs ziemlich zufrieden, doch ist der Gang immer eben derselbe, die Xenien verkaufen die Tabulas votivas und was sonst gutes und ernsthaftes in dem Büchlein stehen mag. Daß man nicht überall mit uns zufrieden sein sollte, war ja die Absicht und daß man in Gotha ungehalten ist, ist recht gut, man hat dort mit der größten Gemütsruhe zugesehen, wenn man mir und meinen Freunden höchst unartig begegnete und da das literarische Faustrecht noch nicht abgeschafft ist, so bedienen wir uns der reinen Befugnis uns selbst Recht zu verschaffen und den nekrologischen Schnabel zu verrufen, der unserm armen Moritz, gleich nach dem Tode, die Augen aushackte; Ich erwarte nur daß mir jemand was merken läßt da ich mich denn so lustig und artig als möglich expektorieren werde.

Ich wünsche sehr zu hören daß der Wallenstein Sie ergriffe, es würde Ihnen und dem deutschen Theater recht wohl bekommen.

Ich habe diese Tage angefangen die Eingeweide der Tiere näher zu betrachten und wenn ich hübsch fleißig fortfahre, so hoff ich diesen Winter diesen Teil der organischen Natur recht gut durchzuarbeiten. Leben Sie recht wohl. Ich wünsche gar sehr Sie bald wieder zu sehen.

Weimar den 26ten Oktobr. 1796.                                        G


*Goethe*

⟨Weimar, 15. November 1796⟩
[...]

Das Angenehmste, was Sie mir aber melden können, ist Ihre Beharrlichkeit an Wallenstein und Ihr Glaube an die Möglichkeit einer Vollendung; denn nach dem tollen Wagestück mit den Xenien müssen wir uns bloß großer und würdiger Kunstwerke befleißigen und unsere proteische Natur, zu Beschämung aller Gegner, in die Gestalten des Edlen und Guten umwandeln.

Die drei ersten Gesänge meines epischen Gedichts sind fleißig durchgearbeitet, und abermals abgeschrieben. Ich freue mich darauf sie Humboldts gelegentlich vorzulesen.

[...] So viel vor heute mit einem herzlichen Lebe wohl. Weimar den 15ten Nov 1796.                                        G

*Schiller*

Jena 18. Nov. 96.

In Coppenhagen ist man auf die Xenien ganz grimmig, wie mir die Schimmelmann heute schreibt, die zwar eine liberalere Sentimentalität hat, und – wenn sie nur könnte, gerne gerecht gegen uns wäre. Daran dürfen wir überhaupt gar nicht denken, daß man unser Produkt seiner Natur nach würdigt; die es am besten mit uns meinen, bringen es nur zur Toleranz.

Mir wird bei allen Urteilen dieser Art, die ich noch gehört, die miserable Rolle des Verführten zu Teil, Sie haben doch noch den Trost des Verführers.

Es ist zwar sehr gut, und für mich besonders, jetzt etwas Bedeutendes und Ernsthaftes ins Publikum zu bringen, aber wenn ich bedenke, daß das Größeste und Höchste, selbst für sentimentalische Leser von Ihnen geleistet, noch ganz neuerdings im Meister und selbst im Almanach von Ihnen geleistet worden ist, ohne daß das Publikum seiner Empfindlichkeit über kleine Angriffe Herr werden könnte, so hoffe ich in der Tat kaum, es jemals, durch etwas in meiner Art Gutes und Vollendetes, zu einem bessern Willen zu bringen. Ihnen wird man Ihre Wahrheit, Ihre tiefe Natur nie verzeihen, und mir, wenn ich hier von mir reden darf, wird der starke Gegensatz meiner Natur gegen die Zeit und gegen die Masse, das Publikum nie zum Freund machen können. Es ist nur gut, daß dies auch so gar notwendig nicht ist, um mich in Tätigkeit zu setzen und zu erhalten. Ihnen kann es vollends gleichgültig sein, und jetzt besonders, da trotz alles Geschwätzes, der Geschmack der Bessern ganz offenbar eine solche Richtung nimmt, die zu der vollkommensten Anerkennung Ihres Verdienstes führen muß.

[...]

An den Almanach für das nächste Jahr wage ich jetzt noch gar nicht zu denken, und alle meine Hoffnung ist nach Ihnen gewendet. Denn das sehe ich nun ein, daß der Wallenstein mir den ganzen Winter und wohl fast den ganzen Sommer kosten kann, weil ich den widerspenstigsten Stoff zu behandeln habe, dem ich nur durch ein heroisches Ausharren etwas abgewinnen kann. Da mir außerdem noch so manche selbst der gemeinsten Mittel fehlen, wodurch man sich das Leben und die Menschen näher bringt, aus seinem engen Dasein heraus und auf eine größere Bühne tritt, so muß ich, wie ein Tier dem gewisse Organe fehlen, mit denen die ich habe mehr tun lernen, und die Hände gleichsam mit den Füßen ersetzen. In der Tat verliere ich darüber eine unsägliche Kraft und Zeit, daß ich die Schranken meiner zufälligen Lage überwinde, und mir eigene Werkzeuge zubereite, um einen so fremden Gegenstand als mir die lebendige und besonders die politische Welt ist, zu ergreifen. Recht ungeduldig bin ich, mit meiner tragischen Fabel vom Wallenstein nur erst soweit zu kommen, daß ich ihrer Qualifikation zur *Tragödie* vollkommen gewiß bin; denn wenn ich es anders fände, so würde ich zwar die Arbeit nicht ganz aufgeben, weil ich immer schon soviel daran gebildet habe, um ein würdiges dramatisches Tableau daraus zu machen, aber ich würde doch die Maltheser noch vorher ausarbeiten, die bei einer viel einfacheren Organisation entschieden zur Tragödie qualifiziert sind.

Leben Sie aufs beste wohl, wir sehnen uns alle recht herzlich, Sie zu sehen.

[…] Leben Sie wohl.                 S.


*Schiller*


Jena 28. Nov. 96.

Von Ihrer freundlichen Einladung werde ich schwerlich Gebrauch machen können, da ich die miserable JahrZeit und Witterung in allen Nerven spüre und mich nur so eben hinhalte. Dafür hoffe ich, wenn auch nur für Einen Tag, Sie bald zu sehen, von Ihren neuesten Entdeckungen und Bemerkungen zu hören, und Sie zugleich von meinem eigenen Zustand zu unterhalten.

Mit dem Wallenstein geht es zwar jetzt noch sehr langsam,

weil ich noch immer das meiste mit dem rohen Stoff zu tun habe, der noch nicht ganz beisammen ist, aber ich fühle mich ihm noch immer gewachsen, und in die Form habe ich manchen hellen bestimmten Blick getan. Was ich *will* und *soll*, auch was ich *habe*, ist mir jetzt ziemlich klar; es kommt nun noch bloß darauf an, mit dem was ich in mir und vor mir habe, das auszurichten, was ich will und was ich soll. In Rücksicht auf den *Geist*, in welchem ich arbeite, werden Sie wahrscheinlich mit mir zufrieden sein. Es will mir ganz gut gelingen, meinen Stoff außer mir zu halten und nur den Gegenstand zu geben. Beinahe möchte ich sagen, das Sujet interessiert mich gar nicht, und ich habe nie eine solche Kälte für meinen Gegenstand mit einer solchen Wärme für die Arbeit in mir vereinigt. Den Hauptcharakter so wie die meisten Nebencharaktere traktiere ich wirklich bis jetzt mit der reinen Liebe des Künstlers; bloß für den nächsten nach dem Hauptcharakter den jungen Picolomini bin ich durch meine eigene Zuneigung interessiert, wobei das Ganze übrigens eher gewinnen als verlieren soll.

Was die dramatische Handlung, als die Hauptsache, anbetrifft, so will mir der wahrhaft undankbare und unpoetische Stoff freilich noch nicht ganz parieren, es sind noch Lücken im Gange, und manches will sich gar nicht in die enge Grenzen einer Tragödien Ökonomie herein begeben. Auch ist das Proton-Pseudos in der Katastrophe, wodurch sie für eine tragische Entwicklung so ungeschickt ist, noch nicht ganz überwunden. Das eigentliche Schicksal tut noch zu wenig, und der eigne Fehler des Helden noch zuviel zu seinem Unglück. Mich tröstet hier aber einigermaßen das Beispiel des Macbeth, wo das Schicksal ebenfalls weit weniger Schuld hat als der Mensch, daß er zu Grunde geht.

Doch von diesen und andern Haken mündlich.

[...]

Leben Sie recht wohl und grüßen Sie Humboldts von uns.

Sch.

*Goethe*

〈Weimar, 7. Dezember 1796〉

[...]

Wenn ich aber aufrichtig sein soll, so ist das Betragen des Volks[10] ganz nach meinem Wunsche, denn es ist eine nicht genug gekannte und geübte Politik daß jeder, der auf einigen Nachruhm Anspruch macht seine Zeitgenossen zwingen soll alles was sie gegen ihn in Petto haben, von sich zu geben, den Eindruck davon vertilgt er durch Gegenwart, Leben und Wirken jederzeit wieder. Was halfs manchem bescheidnen, verdienstvollen und klugen Mann, den ich überlebt habe, daß er durch unglaubliche Nachgiebigkeit, Untätigkeit, Schmeichelei und Rücken und Zurechtlegen, einen leidlichen Ruf zeitlebens erhielt? gleich nach dem Tode sitzt der Advokat des Teufels neben dem Leichnam und der Engel der ihm Widerpart halten soll, macht gewöhnlich eine klägliche Gebärde.

Ich hoffe daß die Xenien auf eine ganze Weile wirken und den bösen Geist gegen uns in Tätigkeit erhalten sollen, wir wollen indessen unsere positiven Arbeiten fortsetzen und ihm die Qual der Negation überlassen. Nicht eher als bis sie wieder ganz ruhig sind und sicher zu sein glauben, müssen wir, wenn der Humor frisch bleibt sie noch einmal recht aus dem Fundament ärgern.

Lassen Sie mir so lange als möglich die Ehre als Verfasser der Agnes zu gelten, es ist recht schade, daß wir nicht in dunklern Zeiten leben, denn da würde die Nachwelt eine schöne Bibliothek unter meinem Namen aufzustellen haben, neulich versicherte mich jemand er habe eine ansehnliche Wette verloren, weil er mich hartnäckig für den Verfasser des Herrn Starke gehalten.

Auch mir geht ein Tag nach dem andern zwar nicht unbeschäftigt doch leider beinah unbenutzt herum, ich muß Anstalt machen meine Schlafstelle zu verändern damit ich morgens vor

10 Reaktionen auf die *Xenien*

157

Tage einige Stunden im Bette diktieren kann. Mögten Sie doch auch eine Art und Weise finden die Zeit, die nur eigentlich höher organisierten Naturen kostbar ist, besser zu nutzen. Leben Sie recht wohl, und grüßen alles, was Sie umgibt. Weimar den 7<u>ten</u> Dez. 96.

G

*Schiller*

⟨Jena, 16. Dezember 1796⟩

Der Dezember geht nach und nach vorbei und Sie kommen nicht. Ich fürchte bald, daß wir einander vor dem 97 Jahr nicht wieder sehen werden. Mich freut übrigens zu hören, daß Sie die Optica ernstlich vorgenommen, denn mir deucht, man kann diesen Triumph über die Widersacher nicht frühe genug beschleunigen. Für mich selbst ist es mir angenehm, durch Ihre Ausführung in dieser Materie klar zu werden.

Meine Arbeit rückt mit lebhaftem Schritt weiter. Es ist mir nicht möglich gewesen, so lange wie ich anfangs wollte, die Vorbereitung und den Plan von der Ausführung zu trennen. Sobald die festen Punkte einmal gegeben waren, und ich überhaupt nur einen sichern Blick durch das Ganze bekommen, habe ich mich gehen lassen, und so wurden, ohne daß ich es eigentlich zu Absicht hatte, viele Szenen im ersten Akt gleich ausgeführt. Meine Anschauung wird mit jedem Tage lebendiger und eins bringt das andere herbei.

Gegen den Dreikönig Tag denke ich soll der erste Akt, der auch bei weiten d⟨er⟩ längste wird, soweit fertig sein, daß Sie ihn lesen können. Denn ehe ich mich weiter hinein wage, möchte ich gerne wissen, ob es der gute Geist ist, der mich leitet. Ein böser ist es nicht, das weiß ich wohl gewiß, aber es gibt so viele Stufen zwischen beiden.

Ich bin, nach reifer Überlegung, bei der lieben Prosa geblieben, die diesem Stoff auch viel mehr zusagt.

Hier die noch restierenden HorenStücke, das bezeichnete bitte an H. von Knebel abgeben zu lassen.

Leben Sie aufs beste wohl. Bei uns ist alles ziemlich gesund.

Sch.


*Goethe*

⟨Weimar, 17. Dezember 1796⟩

Daß es mit Wallenstein so geht, wie Sie schreiben, ist in der Regel, und ich habe desto mehr Hoffnung darauf als er sich nun selbst zu produzieren anfängt, und ich freue mich den ersten Akt nach dem Neuen Jahre anzutreffen. Eher werde ich aber auch nicht kommen, da mir noch eine Reise bevorsteht, von der ich das weitere melde, sobald sie gewiß ist.

Die Optica gehen vorwärts, ob ich sie gleich jetzt mehr als Geschäft als Liebhaberei treibe, doch sind die Akten dergestalt instruiert daß es nicht schwer wird daraus zu referieren. Knebel nimmt Anteil daran, welches mir von großem Vorteil ist, damit ich nicht allein mir selbst sondern auch andern schreibe. Übrigens ist und bleibt es vorzüglich eine Übung des Geistes, eine Beruhigung der Leidenschaften und ein Ersatz für die Leidenschaften, wie uns Frau von Stael umständlich dargetan hat.

[...]

Leben Sie wohl, grüßen Sie alles; unsere Eisbahn ist sehr lustig. Jakobi ist bei mir, er hat sich recht wacker ausgebildet. Nächstens mehr. Weimar am 17ᵗᵉⁿ Dez. 1796.

G

Briefe aus dem Jahr 1797

*Schiller*

Jena 17. Jan. 97.

Ich mache eben Feierabend mit meinem Geschäft und sage Ihnen noch einen guten Abend, eh ich die Feder weglege. Ihr letzter Besuch, so kurz er auch war, hat eine gewisse Stagnation bei mir gehoben, und meinen Mut erhöht. Sie haben mich durch Ihre Beschreibungen wieder in die Welt geführt, von der ich mich ganz abgetrennt fühlte.

Besonders aber erfreut mich Ihre lebhafte Neigung zu einer fortgesetzten poetischen Tätigkeit. Ein neues schöneres Leben tut sich dadurch vor Ihnen auf, es wird sich auch mir nicht nur in dem Werke, es wird sich mir auch durch die Stimmung, in die es Sie versetzt, mitteilen, und mich erquicken. Ich wünschte besonders jetzt die Chronologie Ihrer Werke zu wissen, es sollte mich wundern, wenn sich an den Entwicklungen Ihres Wesens nicht ein gewisser notwendiger Gang der Natur im Menschen überhaupt nachweisen ließe. Sie müssen eine gewisse, nicht sehr kurze, Epoche gehabt haben, die ich Ihre analytische Periode nennen möchte, wo Sie durch die Teilung und Trennung zu einem Ganzen strebten, wo Ihre Natur gleichsam mit sich selbst zerfallen war und sich durch Kunst und Wissenschaft wieder herzustellen suchte. Jetzt deucht mir kehren Sie, ausgebildet und reif, zu Ihrer Jugend zurück, und werden die Frucht mit der Blüte verbinden. Diese zweite Jugend ist die Jugend der Götter und unsterblich wie diese.

[…]

S.

*Goethe*

⟨Weimar, 18. Januar 1797⟩

Die wenigen Stunden, die ich neulich mit Ihnen zugebracht habe, haben mich auf eine Reihe von Zeit nach unserer alten Art wieder recht lüstern gemacht; sobald ich nur einigermaßen hier verschiedenes ausgeführt und manches eingerichtet habe bringe ich wieder eine Zeit mit Ihnen zu, die, wie ich hoffe, in mehr als Einem Sinn für uns beide fruchtbar sein wird. Benutzen Sie ja Ihre besten Stunden um die Tragödie weiter zu bringen damit wir anfangen können uns zusammen darüber zu unterhalten.

Ich empfange so eben Ihren lieben Brief und leugne nicht daß mir die wunderbare Epoche in die ich eintrete, selbst sehr merkwürdig ist, ich bin darüber leider noch nicht ganz beruhigt, denn ich schleppe von der analitischen Zeit noch so vieles mit das ich nicht *los werden* und kaum *verarbeiten* kann. Indessen bleibt mir nichts übrig als auf diesem Strom mein Fahrzeug so gut zu lenken als es nur gehen will. Was bei dieser Disposition eine Reise für Wirkung tut habe ich schon die letzten 14 Tage gesehen, indessen läßt sich ins Ferne und Ganze nichts voraussagen, da diese regulierte Naturkraft so wie alle unregulierten durch nichts in der Welt geleitet werden kann, sondern wie sie sich selbst bilden muß auch aus sich selbst und auf ihre eigne Weise wirkt. Es wird uns dieses Phänomen zu manchen Betrachtungen Anlaß geben.

[…]

G

*Schiller*

Jena 24. Jan. 97.

Nur zwei Worte für heute. Ich hoffte, nach Ihrem letztern Brief, Sie schon seit etlichen Tagen hier zu sehen. Die paar heitern Tage haben mich auch wieder in die Luft gelockt und mir wohl getan. Mit der Arbeit gehts aber jetzt langsam, weil ich gerade in der schwersten Krise bin. Das seh ich jetzt klar, daß ich Ihnen nicht eher etwas zeigen kann, als bis ich über alles *mit mir selbst* im reinen bin. Mit mir selbst können Sie mich nicht einig machen, aber mein Selbst sollen Sie mir helfen, mit dem Objekte übereinstimmend zu machen. Was ich Ihnen also vorlege, muß schon mein Ganzes sein, ich meine just nicht mein ganzes Stück, sondern meine ganze Idee davon. Der radikale Unterschied unserer Naturen, in Rücksicht auf die Art, läßt überhaupt keine andere, recht wohltätige Mitteilung zu, als wenn das Ganze sich dem Ganzen gegenüber stellt; im einzelnen werde ich *Sie* zwar nicht irre machen können, weil Sie fester auf Sich selbst ruhen als ich, aber Sie würden mich leicht über den Haufen rennen können. Doch davon mündlich weiter.

Kommen Sie ja recht bald. Ich lege hier das neueste von Cellini bei, das neulich vergessen wurde.

Alles grüßt Sie. Die Humboldtin leidet doch viel bei ihren Wochen und es wird langwierig werden.

Leben Sie recht wohl.

S.

*Schiller*

Jena den 17. Febr. 97.

Ich wünsche, daß Sie neulich wohl mögen angekommen sein. Ihre Erscheinung war so kurz, ich habe mein Herz gar nicht ausleeren können. Aber es ist wirklich notwendig, daß man einander, wenn es nicht auf länger sein kann, manchmal nur auf einige Stunden sieht, um sich nicht fremder zu werden.

Jetzt wird meine Sehnsucht, Luft und Lebensart zu verändern, so laut und so dringend, daß ich es kaum mehr aushalten kann. Wenn ich mein Gartenhaus einmal besitze und keine große Kälte mehr nachkommt, so mache ich mich in vier Wochen hinaus. Eher komme ich auch mit meiner Arbeit nicht recht vorwärts, denn es ist mir, als konnte ich in diesen verwünschten 4 Wänden gar nichts hervorbringen.

[...]

Leben Sie recht wohl. Suchen Sie, daß Sie Sich sobald möglich von Ihren Geschäften losmachen und Ihr Werk[1] vollenden

Sch.

1 Das Epos *Hermann und Dorothea*

164

*Goethe*

⟨Jena, 27. Februar 1797⟩

Aus meinen betrübten Umständen muß ich Ihnen noch einen guten Abend wünschen. Ich bin wirklich mit Hausarrest belegt, sitze am warmen Ofen und friere von innen heraus der Kopf ist mir eingenommen und meine arme Intelligenz wäre nicht im Stande, durch einen freien Denkactus, den einfachsten Wurm zu produzieren, vielmehr muß sie dem Salmiak und dem Liquiriziensaft, als Dingen, die an sich den häßlichsten Geschmack haben, wider ihren Willen die Existenz zugestehn. Wir wollen hoffen daß wir, aus der Erniedrigung dieser realen Bedrängnisse, zur Herrlichkeit poetischer Darstellungen nächstens gelangen werden, und glauben dies um so sicherer als uns die Wunder der stetigen Naturwirkungen bekannt sind. Leben Sie recht wohl Hofrat Loder vertröstet mich auf einige Tage Geduld. d. 27ten Febr 97.

G

*Goethe*

⟨Jena, 4. März 1797⟩

Die Arbeit[2] rückt zu und fängt schon an Masse zu machen, worüber ich denn sehr erfreut bin und Ihnen als einem treuen Freunde und Nachbar diese Freude sogleich mitteile. Es kommt nur noch auf zwei Tage an, so ist der Schatz gehoben, und ist er nur erst einmal über der Erde, so findet sich alsdenn das Polieren von selbst. Merkwürdig ists wie das Gedicht gegen sein Ende sich ganz zu seinem Idyllischen Ursprung hinneigt

Jena am 4ten März. 1797.
Wie geht es Ihnen?                                    G

---

2  Arbeit an *Hermann und Dorothea*

*Schiller*

⟨Jena, 4. April 1797⟩

Aus der bisherigen Abwechslung und Geselligkeit bin ich auf einmal in die größte Einsamkeit versetzt und auf mich selbst zurückgeführt. Außer Ihnen und Humboldt hat mich auch alle weibliche Gesellschaft verlassen, und ich wende diese Stille dazu an, über meine tragisch-dramatische Pflichten nachzudenken. Nebenher entwerfe ich ein detailliertes Szenarium des ganzen Wallensteins, um mir die Übersicht der Momente und des Zusammenhangs auch durch die Augen mechanisch zu erleichtern.

[…]

Leben Sie recht wohl, mein teurer mir immer teurerer Freund. Mich umgeben noch immer die schönen Geister, die Sie mir hier gelassen haben, und ich hoffe immer vertrauter damit zu werden. Leben Sie recht wohl. Sch.

Jena 4. April 97.

*Goethe*

⟨Weimar, 19. April 1797⟩

[…]

Einen Gedanken über das epische Gedicht will ich doch gleich mitteilen. Da es in der größten Ruhe und Behaglichkeit angehört werden soll, so macht der *Verstand* vielleicht mehr als an andere Dichtarten seine Forderungen, und mich wunderte diesmal bei Durchlesung der Odyssee grade diese Verstandesforderungen so vollständig befriedigt zu sehen. Betrachtet man nun genau was von den Bemühungen der alten Grammatiker und Kritiker, so wie von ihrem Talent und Charakter erzählt wird, so sieht man deutlich daß es Verstands menschen waren, die nicht eher ruhten bis jene große Darstellungen mit ihrer Vorstellungsart überein kamen. Und so sind wir, wie denn auch

Wolf sich zu zeigen bemüht, unsern gegenwärtigen Homer den *Alexandrinern* schuldig das denn freilich diesen Gedichten ein ganz anderes Ansehen gibt.

[...]

Eine Haupteigenschaft des epischen Gedichts ist daß es immer vor und zurück geht, daher sind alle retardierende Motive episch. Es dürfen aber keine eigentliche *Hindernisse* sein welche eigentlich ins Drama gehören.

Sollte dieses Erfordernis des Retardierens, welches durch die beiden Homerischen Gedichte überschwenklich erfüllt wird, und welches auch in dem Plan des Meinigen[3] lag, wirklich wesentlich und nicht zu erlassen sein, so würden alle Plane die grade hin nach dem Ende zu schreiten völlig zu verwerfen oder als eine subordinierte historische Gattung anzusehen sein. Der Plan meines zweiten Gedichts[4] hat diesen Fehler, wenn es einer ist, und ich werde mich hüten bis wir hierüber ganz im klaren sind auch nur einen Vers davon niederzuschreiben. Mir scheint die Idee außerordentlich fruchtbar. Wenn sie richtig ist, muß sie uns viel weiter bringen und ich will ihr gern alles aufopfern.

Mit dem Drama scheint mirs umgekehrt zu sein, doch hievon nächstens mehr. Leben Sie recht wohl.

Weimar am 19ten April 1797.

G

*Schiller*

⟨Jena, 21. April 1797⟩

Ich wollte Ihnen über Ihren letzten Brief, der mir sehr vieles zu denken gegeben, manches schreiben, aber ein Geschäft, das mir diesen Abend unvermutet wegnimmt, hindert mich daran. Also nur ein paar Worte für heute.

3  *Hermann und Dorothea*
4  *Die Jagd*

Es wird mir aus allem, was Sie sagen, immer klarer, daß die Selbstständigkeit seiner Teile einen Hauptcharakter des epischen Gedichtes ausmacht. Die bloße, aus dem Innersten herausgeholte, *Wahrheit* ist der Zweck des epischen Dichters: er schildert uns bloß das ruhige Dasein und Wirken der Dinge nach ihren Naturen, sein Zweck liegt schon in jedem Punkt seiner Bewegung, darum eilen wir nicht ungeduldig zu einem Ziele sondern verweilen uns mit Liebe bei jedem Schritte. Er erhält uns die höchste Freiheit des Gemüts, und da er *uns* in einen so großen Vorteil setzt, so macht er dadurch sich selbst das Geschäft desto schwerer, denn wir machen nun alle Anfoderungen an ihn, die in der Integrität und in der allseitigen vereinigten Tätigkeit unserer Kräfte gegründet sind. Ganz im Gegenteil raubt uns der tragische Dichter unsre Gemütsfreiheit, und indem er unsre Tätigkeit nach einer einzigen Seite richtet und konzentriert, so vereinfacht er sich sein Geschäft um vieles, und setzt sich in Vorteil, indem er uns in Nachteil setzt.

Ihre Idee von dem retardierenden Gange des epischen Gedichts leuchtet mir ganz ein. Doch begreife ich noch nicht ganz, nach dem was ich von Ihrer neuen Epopee weiß, daß jene Eigenschaft bei dieser fehlen soll.

Ihre weitern Resultate, besonders für das Drama erwarte ich mit großer Begierde. Unterdessen werde ich dem Gesagten reiflicher nachdenken.

Leben Sie recht wohl. Mein kleiner Patient[5] hält sich noch immer recht brav, trotz des schlimmen Wetters. Meine Frau grüßt herzlich. Sch.

Jena 21. April. 97.

[5] Schillers Sohn Ernst

⟨Weimar, 22. April 1797⟩

Ich danke Ihnen für Ihre fortgesetzten Betrachtungen über das epische Gedicht, ich hoffe Sie werden bald nach Ihrer Art, in einer schönen Folge, die Natur und Wesen desselben entwikkeln, hier indessen einige meiner Vermutungen.

Ich suchte das Gesetz der Retardation unter ein höheres unterzuordnen, und da scheint es unter dem zu stehen welches gebietet: daß man von einem guten Gedicht den Ausgang wissen könne, ja wissen müsse und daß eigentlich das *Wie* bloß das Interesse machen dürfe. Dadurch erhält die Neugierde gar keinen Anteil an einem solchen Werke und sein Zweck kann, wie Sie sagen, in jedem Punkte seiner Bewegung liegen.

Die Odysse ist in ihren kleinsten Teilen beinah retardierend, dafür wird aber auch vielleicht funfzigmal versichert und beteuert daß die Sache einen glücklichen Ausgang haben werde. So viele den Ausgang antizipierenden Vorbedeutungen und Weissagungen stellen, wie mich dünkt das Gleichgewicht gegen die ewige Retardation wieder her. In meinem Herrmann bringt die Eigenschaft des Plans den besondern Reiz hervor daß alles ausgemacht und fertig scheint und durch die retrograde Bewegung gleichsam wieder ein neues Gedicht angeht.

So hat auch das epische Gedicht den großen Vorteil daß seine Exposition, sie mag noch so lang sein, den Dichter gar nicht geniert, ja daß er sie in die Mitte des Werks bringen kann, wie in der Odisse sehr künstlich geschehen ist. Denn auch diese retrograde Bewegung ist wohltätig; aber eben deshalb dünkt mich macht die Exposition dem Dramatiker viel zu schaffen, weil man von ihm ein ewiges Fortschreiten fordert und ich würde das den besten dramatischen Stoff nennen wo die Exposition schon ein Teil der Entwicklung ist.

Daß ich aber nunmehr dahin zurückkehre wo ich angefangen habe, so wollte ich Ihnen folgendes zur Prüfung unterwerfen:

Mein neuer Stoff hat keinen einzigen retardierenden Moment,

es schreitet alles von Anfang bis zu Ende in einer graden Reihe fort, allein er hat die Eigenschaft daß große Anstalten gemacht werden, daß man viele Kräfte mit Verstand und Klugheit in Bewegung setzt, daß aber die Entwicklung auf eine Weise geschieht, die den Anstalten ganz entgegen ist und auf einem ganz unerwarteten jedoch natürlichen Wege. Nun fragt sich ob sich ein solcher Plan auch für einen *epischen* ausgeben könne, da er unter dem allgemeinen Gesetz begriffen ist: daß das eigentliche *Wie* und nicht das *Was* das Interesse macht, oder ob man ein solches Gedicht nicht zu einer subordinierten Klasse historischer Gedichte rechnen müsse. Sehen Sie nun mein Werter, wie sich etwa diese zerstreute und flüchtige Gedanken besser ausarbeiten und verknüpfen. Ich habe jetzt keine interessantere Betrachtung als über die Eigenschaften der Stoffe in wie fern sie diese oder jene Behandlung fordern. Ich habe mich darinnen so oft in meinem Leben vergriffen, daß ich endlich einmal ins Klare kommen möge um wenigstens künftig von diesem Irrtum nicht mehr zu leiden. Zu mehrerer Deutlichkeit schicke ich nächstens meinen neuen Plan.

[…]

G

*Schiller*

Jena 25 April 97.

Daß die Foderung des Retardierens aus einem höhern epischen Gesetze folgt, dem auch noch wohl auf einem andern Wege Genüge geschehen kann, scheint mir außer Zweifel zu sein. Auch glaube ich, es gibt zweierlei Arten zu retardieren, die eine liegt in der Art des Wegs, die andre in der Art des Gehens, und diese deucht mir kann auch bei dem geradesten Weg und folglich auch bei einem Plan, wie der Ihrige ist, sehr gut statt finden.

Indessen möchte ich jenes höhere epische Gesetz doch nicht ganz so aussprechen, wie Sie getan haben. In *der* Formel: daß eigentlich nur das *Wie* und nicht das *Was* in Betrachtung komme pp dünkt es mir viel zu allgemein und auf alle pragmatische DichtungsArten ohne Unterschied anwendbar zu sein. Wenn ich meinen Gedanken darüber kurz heraus sagen soll, so ist er dieser. Beide der Epiker und d⟨er⟩ Dramatiker stellen uns eine Handlung dar, nur daß diese bei dem Letztern der Zweck, bei Ersterem bloßes Mittel zu einem absolutern ästhetischen Zwecke ist. Aus diesem Grundsatz kann ich mir vollständig erklären, warum der tragische Dichter rascher und direkter fortschreiten muß, warum der epische bei einem zögernden Gange seine Rechnung besser findet. Es folgt auch, wie mir deucht, daraus, daß der Epische sich solcher Stoffe wohl tut zu enthalten, die den Affekt sei es der Neugierde oder der Teilnahme schon für sich selbst stark erregen, wobei also die *Handlung* zu sehr als Zweck interessiert, um sich in den Grenzen eines bloßen Mittels zu halten. Ich gestehe, daß ich dieses letztere bei Ihrem neuen Gedicht einigermaßen fürchte, obgleich ich Ihrer poetischen Übermacht über den Stoff das Mögliche zutrauen darf.

Die Art wie Sie Ihre Handlung *entwickeln* wollen, scheint mir mehr der Komödie als dem Epos eigen zu sein. Wenigstens werden Sie viel zu tun haben, ihr das Überraschende, Verwunderung erregende zu nehmen, weil dieses nicht so recht episch ist.

Ich erwarte Ihren Plan mit großer Begierde. Etwas bedenklich kommt es mir vor, daß es Humboldten damit auf dieselbe Art ergangen ist wie mir, ungeachtet wir vorher nicht darüber kommuniziert haben. Er meint nämlich, daß es dem Plan an individueller epischer Handlung fehle. Wie Sie mir zuerst davon sprachen, so wartete auch ich immer auf die eigentliche Handlung, alles was Sie mir erzählten schien mir nur der Eingang und das Feld zu einer solchen Handlung zwischen einzelnen Hauptfiguren zu sein, und wie ich nun glaubte, daß diese Handlung angehen sollte, waren Sie fertig. Freilich begreife ich wohl, daß die Gattung, zu welcher der Stoff gehört, das Individuum mehr verläßt und mehr in die Masse und ein Ganzes zu gehen zwingt, da doch einmal der Verstand der Held darin ist, der weit mehr unter sich als in sich faßt.

[...]

Sch.

Was Sie den besten dramatischen Stoff nennen, (wo nämlich die Exposition schon ein Teil der *Entwicklung* ist) das ist z. B. in den Zwillingen des Shakespear geleistet. Ein ähnliches Beispiel von der Tragödie ist mir nicht bekannt, obgleich der Oedipus rex sich diesem Ideal ganz erstaunlich nähert. Aber ich kann mir solche dramatische Stoffe recht wohl denken, wo die Exposition gleich auch Fortschritt der Handlung ist. Gleich der Macbeth gehört darunter, ich kann auch die Räuber nennen.

Dem Epiker möchte ich eine Exposition gar nicht einmal zugeben; wenigstens nicht in dem Sinne, wie die des Dramatikers ist. Da er uns nicht so auf das Ende zutreibt, wie dieser, so rükken Anfang und Ende in ihrer Dignität und Bedeutung weit näher an einander, und nicht, weil sie zu etwas führt, sondern weil sie selber etwas ist, muß die Exposition uns interessieren. Ich glaube, daß man dem dramatischen Dichter hierin weit mehr nachsehen muß; eben weil er seinen Zweck in die Folge und an das Ende setzt, so darf man ihm erlauben, den Anfang mehr als Mittel zu behandeln. Er steht unter der Kategorie der Kausalität, der Epiker unter der Substantialität; dort kann und darf etwas als Ursache von was anderm dasein, hier muß alles sich selbst um seiner selbst willen geltend machen.

Ich danke Ihnen sehr für die Nachricht, die Sie mir von dem Duisburger Unternehmen gegeben haben, die ganze Erscheinung war mir so rätselhaft. Wenn es sonst tunlich wäre, so würde es mich sehr reizen, ein Zimmer mit solchen Figuren zu dekorieren.

Morgen endlich hoffe ich meinen Garten zu beziehen. Der Kleine hat sich wieder ganz erholt, und die Krankheit scheint es, hat seine Gesundheit noch mehr befestigt. Humboldt ist heute fort, ich sehe ihn mehrere Jahre nicht wieder, und überhaupt läßt

sich nicht erwarten, daß wir einander noch einmal so wiederse-
hen, wie wir uns jetzt verlassen. Das ist also wieder ein Verhältnis das als beschlossen zu betrachten ist und nicht mehr wieder-
kommen kann, denn zwei Jahre, so ungleich verlebt, werden gar
viel *an* uns und also auch *zwischen* uns verändern.

*Goethe*

〈Weimar, 26. April 1797〉

[…]

Mit dem was Sie in Ihrem heutigen Briefe über Drama und
Epos sagen bin ich sehr einverstanden; so wie ich immer gewohnt bin daß Sie mir meine Träume erzählen und auslegen. Ich
kann nun nichts weiter hinzufügen, sondern ich muß Ihnen meinen Plan schicken oder selbst bringen. Es werden dabei sehr
feine Punkte zur Sprache kommen, von denen ich jetzt im allgemeinen nichts erwähnen mag. Wird der Stoff nicht für rein
episch erkannt, ob er gleich in mehr als Einem Sinne bedeutend
und interessant ist, so muß sich dartun lassen in welcher andern
Form er eigentlich behandelt werden müßte. Leben Sie recht
wohl, genießen Sie Ihres Gartens und der Wiedergenesung Ihres
Kleinen.

Mit Humboldt habe ich die Zeit sehr angenehm und nützlich
zugebracht, meine naturhistorischen Arbeiten sind durch seine
Gegenwart wieder aus ihrem Winterschlafe geweckt worden,
Wenn sie nur nicht bald wieder in einen Frühlingsschlaf verfallen! Weimar am 26$^{\underline{ten}}$ April 1797.

G

Ich kann mich doch nicht enthalten noch eine Frage über unsere
dramatisch epische Angelegenheit zu tun. Was sagen Sie zu folgenden Sätzen:

Im Trauerspiel kann und soll das Schicksal, oder welches
einerlei ist, die entschiedne Natur des Menschen, die ihn blind

da oder dort hin führt, walten und herrschen, sie muß ihn niemals zu seinem Zweck, sondern immer von seinem Zweck abführen, der Held darf seines Verstandes nicht mächtig sein, der Verstand darf gar nicht in die Tragödie entrieren als bei Nebenpersonen zur Desavantage des Haupthelden. u. s. w.

Im Epos ist es grade umgekehrt, bloß der Verstand, wie in der Odyssee, oder eine zweckmäßige Leidenschaft, wie in der Ilias, sind epische Agenden. Der Zug der Argonauten als ein Abenteuer ist nicht episch.


*Schiller*

〈Jena, 16. Mai 1797〉

[…] Es wird doch zu arg mit diesem Herrn Frid. Schlegel. So hat er kürzlich dem Alexander Humboldt erzählt, daß er die Agnes[6], im Journal Deutschland, rezensiert habe und zwar sehr hart. Jetzt aber da er höre, sie sei *nicht* von Ihnen, so bedaure er, daß er sie so streng behandelt habe. Der Laffe meinte also, er müsse dafür sorgen, daß Ihr Geschmack sich nicht verschlimmere. Und diese Unverschämtheit kann er mit einer solchen Unwissenheit und Oberflächlichkeit paaren, daß er die Agnes wirklich für Ihr Werk hielt.

Das Geschwätz über die Xenien dauert noch immer fort; ich finde immer noch einen neuen Büchertitel, worin ein Aufsatz oder so was gegen die Xenien angekündigt wird. Neulich fand ich in einem Journal: Annalen der *leidenden Menschheit* einen Aufsatz gegen die Xenien.

Den Schluß des Cellini bitte ich nicht zu vergessen, und vielleicht fällt Ihnen beim Kramen in Ihren Papieren noch irgend etwas für die Horen oder für d〈en〉 Almanach in die Hände.

Leben Sie recht wohl. Meine Frau empfiehlt sich aufs beste. Jena 16. Mai 1797.                                                   Sch.

---

6 *Agnes von Lilien,* ein Roman von Schillers Schwägerin Caroline von Wolzogen

*Goethe*

⟨Weimar, 17. Mai 1797⟩
Es tut mir leid daß Sie vom nahen Bauwesen so viel dulden! es ist
ein böses Leiden und dabei ein reizender Zeitverderb, in seiner
Nähe arbeitende Handwerker zu haben, ich wünsche daß auch
diese Ereignisse Sie nicht allzusehr zerstreuen mögen.

Ich suche so viel als möglich aufzuräumen, um mir ein paar
ganz freie Wochen zu verdienen, und wo möglich die Stimmung
vom Schluß meines Gedichts zu finden; Von der übrigen lieben
deutschen Literatur habe ich rein Abschied genommen. fast bei
allen Urteilen waltet nur der gute oder der böse Wille gegen die
Person, und die Fratze des Parteigeists ist mir mehr zuwider als
irgend eine andere Karikatur.

Seitdem die Hoffnung das gelobte, obgleich jetzt sehr miß-
handelte, Land zu sehen bei mir wieder auflebt, bin ich mit aller
Welt Freund und mehr als jemals überzeugt: daß man in theoretischen und praktischen und besonders in unserm Falle in wissenschaftlichen und dichterischen, immer mehr mit sich selbst
eins zu werden und eins zu bleiben suchen müsse. Übrigens mag
alles gehen wie es kann.

Lassen Sie uns, so lange wir beisammen bleiben, auch unsere
Zweiheit immer mehr in Einklang bringen, damit selbst eine längere Entfernung unserm Verhältnis nichts anhaben könne.

Den Schluß des Cellini will ich in Jena gleich zum Anfange
vornehmen, vielleicht findet sich auch sonst noch etwas und
vielleicht wird Moses durch die Unterhaltung wieder lebendig.
Leben Sie recht wohl, grüßen Ihre liebe Frau und genießen der
freien Luft, die Ihnen doch früh oder spät gute Stimmungen ge-
währen wird.

Weimar am 17ten Mai 97.

G

175

Jena, 18. ⟨19.?⟩ Jun. 97.

Seit Ihrer Entfernung habe ich schon einen Vorschmack der großen Einsamkeit, in die mich Ihre völlige Abreise[7] versetzen
wird. Glücklicherweise ist mir das Wetter jetzt günstig und ich
kann viel im Freien leben. […]

Die Entscheidung, ob Sie weiter gehen werden als nach der
Schweiz, ist auch mir wichtig und ich erwarte sie mit Ungeduld.
Je mehr Verhältnissen ich jetzt abgestorben bin, einen desto größern Einfluß haben die wenigen auf meinen Zustand, und den
entscheidendsten hat Ihre lebendige Gegenwart. Die letzten
4 Wochen haben wieder Vieles in mir bauen und gründen helfen.
Sie gewöhnen mir immer mehr die Tendenz ab (die in allem
praktischen, besonders poetischen eine Unart ist) vom allgemeinen zum individuellen zu gehen, und führen mich umgekehrt
von einzelnen Fällen zu großen Gesetzen fort. Der Punkt ist immer klein und eng, von dem Sie auszugehen pflegen, aber er
führt mich ins Weite, und macht mir dadurch, in meiner Natur,
wohl, anstatt daß ich auf dem andern Weg, dem ich, mir selbst
überlassen, so gerne folge, immer vom weiten ins enge komme,
und das unangenehme Gefühl habe, mich am Ende ärmer zu sehen als am Anfang.

[…] Leben Sie recht wohl. Ich sehne mich bald wieder von
Ihnen zu hören.

Jena 18 Jun. 97.                                                    Schiller

---

7  Goethe plante eine dritte Italienreise, die dann nur bis in die Schweiz führte
   (vom 30. Juli bis 20. November 1797).

⟨Weimar, 22. Juni 1797⟩

Da es höchst nötig ist daß ich mir, in meinem jetzigen unruhigen Zustande, etwas zu tun gebe, so habe ich mich entschlossen an meinen Faust zu gehen und ihn, wo nicht zu vollenden, doch wenigstens um ein gutes Teil weiter zu bringen, indem ich das was gedruckt ist, wieder auflöse und, mit dem was schon fertig oder erfunden ist, in große Massen disponiere, und so die Ausführung des Plans, der eigentlich nur eine Idee ist, näher vorbereite. Nun habe ich eben diese Idee und deren Darstellung wieder vorgenommen und bin mit mir selbst ziemlich einig. Nun wünschte ich aber daß Sie die Güte hätten die Sache einmal, in schlafloser Nacht, durchzudenken, mir die Forderungen, die Sie an das Ganze machen würden, vorzulegen, und so mir meine eignen Träume, als ein wahrer Prophet, zu erzählen und zu deuten.

Da die verschiednen Teile dieses Gedichts, in Absicht auf die Stimmung, verschieden behandelt werden können, wenn sie sich nur dem Geist und Ton des Ganzen subordinieren, da übrigens die ganze Arbeit subjektiv ist, so kann ich in einzelnen Momenten daran arbeiten und so bin ich auch jetzt etwas zu leisten im Stande.

Unser Balladenstudium hat mich wieder auf diesen Dunst und Nebelweg gebracht, und die Umstände raten mir, in mehr als in Einem Sinne, eine Zeit lang darauf herum zu irren.

[…] Ich hätte gern Ihre liebe Frau, wenn sie hier geblieben wäre, mit den ihrigen, heute Abend bei mir gesehen. Wenn Sie sich nur auch einmal wieder entschließen könnten die jenaische Chaussee zu messen. Freilich wünschte ich Ihnen bessere Tage zu so einer Expedition.  Weimar d. 22 Juni 1797.

G

*Schiller*

Ihr Entschluß an den Faust zu gehen ist mir in der Tat überraschend, besonders jetzt, da Sie Sich zu einer Reise nach Italien gürten. Aber ich hab es einmal für immer aufgegeben, Sie mit der gewöhnlichen Logik zu messen, und bin also im Voraus überzeugt, daß Ihr Genius sich vollkommen gut aus der Sache ziehen wird.

Ihre Aufforderung an mich, Ihnen meine Erwartungen und Desideria mitzuteilen ist nicht leicht zu erfüllen; aber soviel ich kann, will ich Ihren Faden aufzufinden suchen, und wenn das auch nicht geht, so will ich mir einbilden, als ob ich die Fragmente von Faust zufällig fände, und solche auszuführen hätte. Soviel bemerke ich hier nur, daß der Faust, das Stück nämlich, bei aller seiner dichterischen Individualität die Foderung an eine Symbolische Bedeutsamkeit nicht ganz von sich weisen kann, wie auch wahrscheinlich Ihre eigene Idee ist. Die Duplizität der menschlichen Natur und das verunglückte Bestreben das Göttliche und das Physische im Menschen zu vereinigen verliert man nicht aus den Augen, und weil die Fabel ins Grelle und Formlose geht und gehen muß, so will man nicht bei dem Gegenstand stille stehen, sondern von ihm zu Ideen geleitet werden. Kurz, die Anfoderungen an den Faust sind zugleich philosophisch und poetisch, und Sie mögen sich wenden wie Sie wollen, so wird Ihnen die Natur des Gegenstandes eine philosophische Behandlung auflegen, und die Einbildungskraft wird sich zum Dienst einer Vernunftidee bequemen müssen.

Aber ich sage Ihnen damit schwerlich etwas neues, denn Sie haben diese Foderung in dem, was bereits da ist, schon in hohem Grad zu befriedigen angefangen.

Wenn Sie jetzt wirklich an d⟨en⟩ Faust gehen, so zweifle ich auch nicht mehr an seiner völligen Ausführung, welches mich sehr erfreut.

Meine Frau, die mir Ihren Brief bringt, und eben von ihrer

kleinen Reise mit dem Herrn Karl zurückkommt, verhindert mich heute mehr zu schreiben. Montag denke ich Ihnen eine neue Ballade zu senden, es ist jetzt eine ergiebige Zeit zur Darstellung von Ideen.   Leben Sie recht wohl.                    Sch.


*Goethe*

〈Weimar, 24. Juni 1797〉
Dank für Ihre ersten Worte über den wieder auflebenden Faust. Wir werden wohl in der Ansicht dieses Werkes nicht variieren, doch gibts gleich einen ganz andern Mut' zur Arbeit wenn man seine Gedanken und Vorsätze auch von außen bezeichnet sieht, und Ihre Teilnahme ist in mehr als Einem Sinne fruchtbar.

Daß ich jetzt dieses Werk angegriffen habe ist eigentlich eine Klugheitssache, denn da ich bei Meyers Gesundheitsumständen noch immer erwarten muß einen nordischen Winter zuzubringen, so mag ich, durch Unmut über fehlgeschlagene Hoffnung, weder mir noch meinen Freunden lästig sein und bereite mir einen Rückzug in diese Symbol- Ideen- und Nebelwelt mit Lust und Liebe vor.

Ich werde nur vorerst die großen erfundenen und halb bearbeiteten Massen zu enden und mit dem was gedruckt ist zusammen zu stellen suchen, und das so lange treiben bis sich der Kreis selbst erschöpft.

Leben Sie recht wohl fahren Sie fort mir etwas über Gegenstand und Behandlung zu sagen und schicken Sie mir die Ballade ja. Weimar d. 24 Juni 1797.

G

*Schiller*

Jena 26. Jun. 97.

[...]

Den Faust habe ich nun wieder gelesen und mir schwindelt
ordentlich vor der Auflösung. Dies ist indes sehr natürlich, denn
die Sache beruht auf einer Anschauung und solang man die nicht
hat, muß ein selbst nicht so reicher Stoff den Verstand in Verlegenheit setzen. Was mich daran ängstigt ist, daß mir der Faust
seiner Anlage nach auch eine Totalität der Materie nach zu erfodern scheint, wenn am Ende die Idee ausgeführt erscheinen soll,
und für eine so hoch aufquellende Masse finde ich keinen poetischen Reif, der sie zusammenhält.  Nun, Sie werden sich schon
zu helfen wissen.

Zum Beispiel, es gehörte sich meines Bedünkens, daß der
Faust in das handelnde Leben geführt würde, und welches Stück
Sie auch aus dieser Masse erwählen, so scheint es mir immer
durch seine Natur eine zu große Umständlichkeit und Breite zu
erfodern.

In Rücksicht auf die Behandlung finde ich die große Schwierigkeit zwischen dem Spaß und dem Ernst glücklich durchzu-
kommen, Verstand und Vernunft scheinen mir in diesem Stoff
auf Tod und Leben miteinander zu ringen. Bei der jetzigen frag-
mentarischen Gestalt des Fausts fühlt man dieses sehr aber man
verweist die Erwartung auf das entwickelte Ganze.  Der Teufel
behält durch seinen Realism vor dem Verstand, und der Faust
vor dem Herzen recht. Zuweilen aber scheinen sie ihre Rollen
zu tauschen und der Teufel nimmt die Vernunft gegen den Faust
in Schutz.

Eine Schwierigkeit finde ich auch darin, daß der Teufel durch
seinen Charakter, der realistisch ist, seine Existenz, die idealistisch
ist aufhebt. Die Vernunft nur kann ihn glauben, und der Verstand nur kann ihn so wie er da ist, gelten lassen und begreifen.

Ich bin überhaupt sehr erwartend, wie die Volksfabel sich
dem philosophischen Teil des Ganzen anschmiegen wird.

Hier sende ich meine Ballade. Es ist ein Gegenstück zu Ihren Kranichen[8]. Schreiben Sie mir doch, wie es ums Barometer steht, ich wünschte zu wissen, ob wir endlich dauerhaftes Wetter hoffen können.  Leben Sie recht wohl

S.

*Goethe*

⟨Weimar, 27. Juni 1797⟩

Der Ring des Polycrates ist sehr gut dargestellt. Der königliche Freund, vor dessen, wie vor des Zuhörers, Augen alles geschieht und der Schluß, der die Erfüllung in Suspenso läßt, alles ist sehr gut. Ich wünsche daß mir mein Gegenstück eben so geraten möge! Ihre Bemerkungen zu Faust waren mir sehr erfreulich. Sie treffen, wie es natürlich war, mit meinen Vorsätzen und Planen recht gut zusammen, nur daß ich mirs bei dieser barbarischen Komposition bequemer mache und die höchsten Forderungen mehr zu berühren als zu erfüllen denke. So werden wohl Verstand und Vernunft, wie zwei Klopffechter, sich grimmig herumschlagen, um abends zusammen freundschaftlich auszuruhen. Ich werde sorgen daß die Teile anmutig und unterhaltend sind und etwas denken lassen, bei dem Ganzen, das immer ein Fragment bleiben wird, mag mir die neue Theorie des epischen Gedichts zu statten kommen.

Das Barometer ist in steter Bewegung, wir können uns in dieser Jahrszeit keine beständige Wittrung versprechen. Man empfindet diese Unbequemlichkeit nicht eher als bis man Anforderungen an eine reine Existenz in freier Luft macht, der Herbst ist immer unsere beste Zeit.

Leben Sie recht wohl und fahren Sie fleißig fort Ihren Almanach auszustatten. Da ich durch meinen Faust bei dem Reimwesen gehalten werde, so werde ich gewiß auch noch einiges lie-

---

8  Ballade *Die Kraniche des Ibycus*

fern; es scheint mir jetzt auch ausgemacht daß meine Tiger und Löwen[9] in diese Form gehören, ich fürchte nur fast daß das eigentliche Interessante des Sujetes sich zuletzt gar in eine Ballade auflösen möchte. Wir wollen abwarten an welches Ufer der Genius das Schifflein treibt.

Den *Ring* schicke ich Mittwochs mit den Botenweibern. Weimar am 27. Juni 1797.

G

## Schiller

Jena 27. Jun. 97.

Ich lege hier 2 Gedichte[10] bei, die gestern für den Almanach eingeschickt worden sind. Sehen Sie sie doch an, und sagen mir in ein paar Worten, wie Ihnen die Arbeit vorkommt, und was Sie sich von dem Verfasser versprechen. Über die Produkte in dieser Manier habe ich kein reines Urteil, und ich wünschte gerade in diesem Fall recht klar zu sehen, weil mein Rat und Wink auf den Verfasser Einfluß haben wird.

Leben Sie recht wohl.   Es ist hier unfreundlich und regnet, auch hat der heutige Tag nicht viel geboren                S.

## Goethe

⟨Weimar, 28. Juni 1797⟩

Denen beiden mir überschickten Gedichten, die hier zurück kommen, bin ich nicht ganz ungünstig und sie werden im Publiko gewiß Freunde finden. Freilich ist die Africanische Wüste und der Nordpol weder durch sinnliches noch durch inneres Anschauen gemalt, vielmehr sind sie beide durch Negationen

9  Geplante Ballade *Die Jagd*
10  Hölderlins Hymne *An den Aether* und seine Elegie *Der Wanderer*

dargestellt, da sie denn nicht, wie die Absicht doch ist, mit dem hinteren deutsch-lieblichen Bilde genugsam kontrastieren. So sieht auch das andere Gedicht mehr naturhistorisch als poetisch aus, und erinnert einen an die Gemälde wo sich die Tiere alle um Adam im Paradiese versammeln. Beide Gedichte drücken ein sanftes, in Genügsamkeit sich auflösendes Streben aus. Der Dichter hat einen heitern Blick über die Natur, mit der er doch nur durch Überlieferung bekannt zu sein scheint. Einige lebhafte Bilder überraschen, ob ich gleich den quellenden Wald, als negierendes Bild gegen die Wüste, nicht gern stehen sehe. In einzelnen Ausdrücken wie in Versmaß wäre noch hie und da einiges zu tun.

Ehe man mehreres von dem Verfasser gesehen hätte, daß man wüßte ob er noch andere Moiens und Talent in andern Versarten hat, wüßte ich nicht was ihm zu raten wäre. Ich möchte sagen in beiden Gedichten sind gute Ingredienzchen zu einem Dichter, die aber allein keinen Dichter machen. Vielleicht täte er am besten wenn er einmal ein ganz einfaches Idyllisches Faktum wählte und es darstellte, so könnte man eher sehen wie es ihm mit der Menschenmalerei gelänge, worauf doch am Ende alles ankommt. Ich sollte denken der *Äther* würde nicht übel im Almanach und der *Wanderer* gelegentlich ganz gut in den Horen stehen.

Der *Ring*[11] den ich hier wieder zurückschicke, hält sich bei wiederholtem Lesen sehr gut, er wird vielmehr besser, wie es jedes Gedicht von Wert tun muß, indem es uns in die Stimmung nötigt die wir beim ersten Hören und Lesen nicht gleich mitbringen.

Leben Sie wohl bei diesen regnerischen nicht allein den Gartenbewohnern sondern auch der Heuernte feindseligen Wetter. Weimar d. 28 Juni 1797.

G

Für die Schwämme danke schönstens.

11 Schillers Ballade *Der Ring des Polykrates*

*Schiller*

Jena 30. Jun. 97.
Es freut mich, daß Sie meinem Freunde und Schutzbefohlenen
nicht ganz ungünstig sind. Das Tadelnswürdige an seiner Arbeit
ist mir sehr lebhaft aufgefallen, aber ich wußte nicht recht, ob
das Gute auch Stich halten würde, das ich darin zu bemerken
glaubte. Aufrichtig, ich fand in diesen Gedichten viel von meiner eigenen sonstigen Gestalt, und es ist nicht das erstemal, daß
mich der Verfasser an mich mahnte. Er hat eine heftige Subjek-
tivität, und verbindet damit einen gewissen philosophischen
Geist und Tiefsinn. Sein Zustand ist gefährlich, da solchen Naturen so gar schwer beizukommen ist. Indessen finde ich in
diesen neuern Stücken doch den Anfang einer gewissen Verbesserung, wenn ich sie gegen seine vormaligen Arbeiten halte;
denn kurz es ist Hölderlin, den Sie vor etlichen Jahren bei mir
gesehen haben. Ich würde ihn nicht aufgeben, wenn ich nur eine
Möglichkeit wüßte, ihn aus seiner eignen Gesellschaft zu bringen, und einen wohltätigen und fortdaurenden Einfluß von
außen zu öffnen. Er lebt jetzt als Hofmeister in einem Kauf-
mannsHause zu Frankfurth, und ist also in Sachen des Geschmacks und der Poesie bloß auf sich selber eingeschränkt
und wird in dieser Lage immer mehr in sich selbst hineinge-
trieben.

Für die Horen hat mir unsere Dichterin Mereau[12] jetzt ein
sehr angenehmes Geschenk gemacht, und das mich wirklich
überraschte. Es ist der Anfang eines Romans in Briefen, die mit
weit mehr Klarheit Leichtigkeit und Simplizität geschrieben
sind, als ich je von ihr erwartet hätte. Sie fängt darin an, sich von
Fehlern frei zu machen, die ich an ihr für ganz unheilbar hielt,
und wenn sie auf diesem guten Wege weiter fortgeht, so erleben
wir noch was an ihr. Ich muß mich doch wirklich drüber wun-

---

12 Sophie Mereau

dern, wie unsere Weiber jetzt, auf bloß dilettantischem Wege, eine gewisse Schreibgeschicklichkeit sich zu verschaffen wissen, die der Kunst nahe kommt.

[…]

S.

*Goethe*

⟨Weimar, 1. Juli 1797⟩

Ich will Ihnen nur auch gestehen daß mir etwas von Ihrer Art und Weise aus den Gedichten entgegensprach, eine ähnliche Richtung ist wohl nicht zu verkennen, allein sie haben weder die Fülle, noch die Stärke noch die Tiefe Ihrer Arbeiten, indessen rekommandiert diese Gedichte wie ich schon gesagt habe, eine gewisse Lieblichkeit, Innigkeit und Mäßigkeit und der Verfasser verdient wohl, besonders da Sie frühere Verhältnisse zu ihm haben, daß Sie das mögliche tun um ihn zu lenken und zu leiten.

Unsere Frauen sollen gelobt werden, wenn sie so fortfahren, durch Betrachtung und Übung, sich auszubilden. Am Ende haben die neuern Künstler sämtlich keinen andern Weg. Keine Theorie gibts, wenigstens keine allgemein verständliche, keine entschiedne Muster sind da, welche ganze Genres repräsentierten und so muß denn jeder durch Teilnahme und Anähnlichung und viele Übung sein armes Subjekt ausbilden.

[…]

Meinen Faust habe ich, in Absicht auf Schema und Übersicht, in der Geschwindigkeit recht vorgeschoben, doch hat die deutliche Baukunst die Luftphantome bald wieder verscheucht. Es käme jetzt nur auf einen ruhigen Monat an, so sollte das Werk zu männiglicher Verwunderung und Entsetzen, wie eine große Schwammfamilie, aus der Erde wachsen. Sollte aus meiner Reise nichts werden, so habe ich auf diese Possen mein einziges Vertrauen gesetzt. Ich lasse jetzt das Gedruckte wieder abschreiben, und zwar in seine Teile getrennt, da denn das neue desto besser mit dem alten zusammen wachsen kann.

[…]

G.

*Goethe*

⟨Weimar, 5. Juli 1797⟩

Faust ist die Zeit zurückgelegt worden die nordischen Phantome sind durch die südlichen Reminiszenzen auf einige Zeit zurückgedrängt worden, doch habe ich das Ganze als Schema und Übersicht sehr umständlich durchgeführt.

[…]

G

Wollten Sie mir doch eine Abschrift der Wallensteiner schicken? ich habe sie unsrer Herzogin versprochen, die sich schon mehrmal mit Interesse nach Ihrer Arbeit erkundigt hat.

*Goethe*

⟨Weimar, 19. Juli 1797⟩

Sie hätten mir zum Abschiede nichts Erfreulicheres und Heilsameres geben können als Ihren Aufenthalt der letzten acht Tage, ich glaube mich nicht zu täuschen wenn ich diesmal unser Zusammensein wieder für sehr fruchtbar halte, es hat sich so manches für die Gegenwart entwickelt und für die Zukunft vorbereitet, daß ich mit mehr Zufriedenheit abreise, indem ich unterweges recht tätig zu sein hoffe und bei meiner Rückkunft Ihrer Teilnehmung wieder entgegen sehe. Wenn wir so fortfahren verschiedene Arbeiten gleichzeitig durchzuführen, und, indem wir die größeren sachte fortleiten, uns durch kleinere immer aufmuntern und unterhalten, so kann noch manches zu Stande kommen.

Hier ist der Polycrates zurück, ich wünsche daß die Kraniche mir bald nachziehen mögen, auf den Sonnabend erfahren Sie das Nähere von meiner Abreise. Leben Sie recht wohl und grüßen Ihre liebe Frau. An Schlegel habe ich heute geschrieben.

Weimar                                            G
den 19 Juli 1797.

*Schiller*

Jena 21. Jul. 97.

Ich kann nie von Ihnen gehen, ohne daß etwas in mir gepflanzt worden wäre, und es freut mich, wenn ich für das Viele was Sie mir geben, Sie und Ihren innern Reichtum in Bewegung setzen kann. Ein solches auf wechselseitige Perfektibilität gebautes Verhältnis muß immer frisch und lebendig bleiben, und gerade desto mehr an Mannichfaltigkeit gewinnen, je harmonischer es wird und jemehr die Entgegensetzung sich verliert, welche bei so vielen andern allein die Einförmigkeit verhindert. Ich darf hoffen, daß wir uns nach und nach in allem verstehen werden, wovon sich Rechenschaft geben läßt, und in demjenigen, was seiner Natur nach nicht begriffen werden kann, werden wir uns durch die Empfindung nahe bleiben.

Die schönste und die fruchtbarste Art, wie ich unsre wechselseitige Mitteilungen benutze und mir zu eigen mache ist immer diese, daß ich sie unmittelbar auf die gegenwärtige Beschäftigung anwende, und gleich produktiv gebrauche. Und wie Sie in der Einleitung zum Laocoon sagen, daß in einem einzelnen Kunstwerk die Kunst ganz liege, so glaube ich muß man alles Allgemeine in der Kunst wieder in den besondersten Fall verwandeln, wenn die Realität der Idee sich bewähren soll. Und so, hoffe ich, soll mein Wallenstein und was ich künftig von Bedeutung hervorbringen mag das ganze System desjenigen, was bei unserm Commercio in meine Natur hat übergehen können, in Concreto zeigen und enthalten.

Das Verlangen nach dieser Arbeit regt sich wieder stark in mir, denn es ist hier schon ein bestimmteres Objekt, was den Kräften ihre Tätigkeit anweist und jeder Schritt ist hier schon bedeutender, statt daß ich bei neuen rohen Stoffen so oft leer greifen muß. Ich werde jetzt die Lieder zum Almanach zuerst fertig zu bringen suchen, weil mich die Komponisten so sehr mahnen, dann mein Glück an den Kranichen versuchen und mit dem September zu der Tragödie zurückkehren.

Die Nachrichten von Ihnen werden in die einfache Existenz, auf die ich jetzt eingeschränkt bin, einen fruchtbaren Wechsel bringen, und außer dem neuen was sie mir zuführen, auch das alte, was unter uns verhandelt worden, wieder in mir lebendig machen. Und so leben Sie wohl und denken meiner bei unserm Freunde, so wie Sie uns immer gegenwärtig sein werden. Meine Frau sagt Ihnen ein herzliches Lebewohl.

Sch.

Den Chor aus Prometheus bitte, nicht zu vergessen.

*Schiller*

Jena 28. Jul. 97.

[...] Auch machen mir jetzt die Gedichte der Freunde und Freundinnen, die Ausgabe der Agnes v. Lilien und die Ausrüstung der Horen viele und gar nicht erfreuliche Diversionen.

Schlegeln habe ich einige Anmerkungen über seinen Prometheus gemacht, worüber er sich in der Antwort die ich beilege weitläuftig aber nicht sehr befriedigend erklärt hat. Indessen ich habe das meinige getan, und zu helfen war überhaupt nicht.

Ich habe meinem neuen Friedberger Poeten Schmidt und auch Hölderlin von Ihrer nahen Ankunft in Francfurt Nachricht gegeben, es kommt nun darauf an, ob die Leutchen sich Mut fassen werden, vor Sie zu kommen. Es wäre mir sehr lieb und auch Ihnen würden diese poetischen Gestalten in dem prosaischen Frankfurt vielleicht nicht unwillkommen sein. Sie werden dort auch wohl den kaiserlichen Hauptmann v. Steigentesch finden und sehen was an ihm ist. Noch einmal empfangen Sie unsern Segen zur Reise, und leben Sie recht wohl      Sch.


*Goethe*


⟨Weimar, 29. Juli 1797⟩

Morgen werde ich denn endlich im Ernste hier abgehen gerade abermals 4 Wochen später als ich mir vorgenommen hatte bei der Schwierigkeit loszukommen sollte von rechtswegen meine Reise recht bedeutend werden ich fürchte aber daß sie den übrigen menschlichen Dingen gleichen wird. Von Frankfurth hören Sie bald wenigstens einige Worte.

Unsere Balladen-Versuche habe ich in diesen Tagen vorgelesen und guten Effekt davon gesehen. Bei Ihrem Handschuh hat man den Zweifel erregt ob man sagen könne *ein Tier lecke sich die Zunge* ich habe wirklich darauf nicht bestimmt zu antworten gewußt.

Schlegels Aufsatz kommt hier zurück es ist freilich mit den Gedichten wie mit den Handlungen man ist übel dran wenn man sie erst rechtfertigen soll.

Leben Sie recht wohl. Sie sagten neulich daß zur Poesie nur die Poesie Stimmung gäbe und da das sehr wahr ist, so sieht man wie viel Zeit der Dichter verliert wenn er sich mit der Welt abgibt besonders wenn es ihm an Stoff nicht fehlt. Es graut mir schon vor der empirischen Weltbreite doch wollen wir das Beste hoffen und wenn wir wieder zusammen kommen uns in manchen Erzählungen und Betrachtungen wieder erholen. Leben Sie recht wohl mit Ihrer lieben Frau und den Ihrigen. Weimar am 29 Juli 97.

G

*Goethe*

⟨Frankfurt, 9. August 1797⟩
Ohne den mindesten Anstoß bin ich vergnügt und gesund nach
Frankfurth gelangt und überlege in einer ruhigen und heitern
Wohnung nun erst: was es heiße in meinen Jahren in die Welt zu
gehen. In früherer Zeit imponieren und verwirren uns die Gegenstände mehr, weil wir sie nicht beurteilen noch zusammen-
fassen können, aber wir werden doch mit ihnen leichter fertig,
weil wir nur aufnehmen was in unserm Wege liegt und rechts
und links wenig achten. Später kennen wir die Dinge mehr, es
interessiert uns deren eine größere Anzahl und wir würden uns
gar übel befinden, wenn uns nicht Gemütsruhe und Methode in
diesen Fällen zu Hülfe käme. Ich will nun alles was mir in diesen
acht Tagen vorgekommen ist so gut als möglich zurecht stellen,
an Frankfurth selbst als einer vielumfassenden Stadt meine Sche-
mata probieren und mich dann zu einer weitern Reise vorbe-
reiten.

Sehr merkwürdig ist mir aufgefallen wie es eigentlich mit dem
Publiko einer großen Stadt beschaffen ist. Es lebt in einem be-
ständigen Taumel von Erwerben und Verzehren, und das was
wir Stimmung nennen, läßt sich weder hervorbringen noch mitteilen, alle Vergnügungen, selbst das Theater, sollen nur zerstreuen und die große Neigung des lesenden Publikums zu Jour-
nalen und Romanen entsteht eben daher, weil jene immer und
diese meist Zerstreuung in die Zerstreuung bringen.

Ich glaube sogar eine Art von Scheu gegen poetische Produktionen, oder wenigstens in so fern sie poetisch sind, bemerkt zu
haben, die mir aus eben diesen Ursachen ganz natürlich vorkommt. Die Poesie verlangt, ja sie gebietet Sammlung, sie iso-
liert den Menschen wider seinen Willen, sie drängt sich wiederholt auf und ist in der breiten Welt (um nicht zu sagen in der
großen) so unbequem wie eine treue Liebhaberin.

Ich gewöhne mich nun alles wie mir die Gegenstände vorkommen und was ich über sie denke aufzuschreiben, ohne die

genauste Beobachtung und das reifste Urteil von mir zu fordern, oder auch an einen künftigen Gebrauch zu denken. Wenn man den Weg einmal ganz zurückgelegt hat so kann man mit besserer Übersicht das vorrätige immer wieder als Stoff gebrauchen.
[...]

G

*Goethe*

Frankfurt am 16 ⟨und 17.⟩ August 1797.
Ich bin auf einen Gedanken gekommen, den ich Ihnen, weil er für meine übrige Reise bedeutend werden kann, sogleich mitteilen will, um Ihre Meinung zu vernehmen in wie fern er richtig sein möchte? und in wie fern ich wohl tue mich seiner Leitung zu überlassen? Ich habe indem ich meinen ruhigen und kalten Weg des Beobachtens, ja des bloßen Sehens ging, sehr bald bemerkt daß die Rechenschaft, die ich mir von gewissen Gegenständen gab, eine Art von Sentimentalität hatte, die mir dergestalt auffiel daß ich den Grunde nachzudenken sogleich gereizt wurde und ich habe folgendes gefunden: das was ich im allgemeinen sehe und erfahre schließt sich recht gut an alles übrige an, was mir sonst bekannt ist und ist mir nicht unangenehm, weil es in der ganzen Masse meiner Kenntnisse mitzählt, und das Kapital vermehren hilft. Dagegen wüßte ich noch nichts was mir auf der ganzen Reise nur irgend eine Art von *Empfindung* gegeben hätte, sondern ich bin heute so ruhig und unbewegt als ich es jemals, bei den gewöhnlichsten Umständen und Vorfällen gewesen. Woher denn also diese scheinbare Sentimentalität, die mir um so auffallender ist, weil ich seit langer Zeit in meinem Wesen gar keine Spur, außer der poetischen Stimmung, empfunden habe. Möchte nicht also hier selbst poetische Stimmung sein? bei einem Gegenstande der nicht ganz poetisch ist, wodurch ein gewisser Mittelzustand hervorgebracht wird.

Ich habe daher die Gegenstände, die einen solchen Effekt hervorbringen, genau betrachtet und zu meiner Verwunderung bemerkt daß sie eigentlich symbolisch sind. Das heißt, wie ich kaum zu sagen brauche, es sind eminente Fälle, die, in einer charakteristischen Mannigfaltigkeit, als Repräsentanten von vielen andern dastehen, eine gewisse Totalität in sich schließen, eine gewisse Reihe fordern, ähnliches und fremdes in meinem Geiste aufregen und so von außen wie von innen an eine gewisse Einheit und Allheit Anspruch machen. Sie sind also, was ein glückliches Sujet dem *Dichter* ist, glückliche Gegenstände für den *Menschen* und weil man, indem man sie mit sich selbst rekapituliert, ihnen keine *poetische* Form geben kann, so muß man ihnen doch eine *ideale* geben, eine *menschliche* im höhern Sinn, das ⟨man⟩ auch mit einem so sehr mißbrauchten Ausdruck sentimental nannte, und Sie werden also wohl nicht lachen, sondern nur lächeln, wenn ich Ihnen hiermit zu meiner eignen Verwunderung darlege, daß ich, wenn ich irgend von meinen Reisen etwas für Freunde oder fürs Publikum aufzeichnen soll, wahrscheinlich noch in Gefahr komme *empfindsame Reisen* zu schreiben. Doch ich würde, wie Sie mich wohl kennen, kein Wort auch das verrufenste nicht fürchten, wenn die Behandlung mich rechtfertigen, ja wenn ich so glücklich sein könnte einem verrufenen Namen seine Würde wieder zu geben.

Ich berufe mich auf das, was Sie selbst so schön entwickelt haben, auf das was zwischen uns Sprachgebrauch ist und fahre fort: Wann ist eine sentimentale Erscheinung (die wir nicht verachten dürfen wenn sie auch noch so *lästig* ist,) unerträglich? ich antworte wenn das Ideale unmittelbar mit dem gemeinen verbunden wird, es kann dies nur durch eine leere, gehalt- und formlose Manier geschehen, denn beide werden dadurch vernichtet, die Idee und der Gegenstand, jene die nur bedeutend sein und sich nur mit dem bedeutenden beschäftigen kann, und dieser, der recht wacker brav und gut sein kann ohne bedeutend zu sein.

Bis jetzt habe ich nur zwei solcher Gegenstände gefunden: den Platz auf dem ich wohne, der in Absicht seiner Lage und alles dessen was darauf vorgeht in einem jeden Momente symbolisch ist und den Raum meines großväterlichen Hauses, Hofes und Gartens, der aus dem beschränktesten patriarchalischen Zustande, in welchem ein alter Schultheiß von Frankfurth lebte, durch klug unternehmende Menschen zum nützlichsten Waren und Marktplatz verändert wurde. Die Anstalt ging durch sonderbare Zufälle bei dem Bombardement zu Grunde und ist jetzt, größtenteils als Schutthaufen, noch immer das doppelte dessen wert was vor 11 Jahren von den gegenwärtigen Besitzern an die Meinigen bezahlt worden. In so fern sich nun denken läßt daß das Ganze wieder von einem neuen Unternehmer gekauft und hergestellt werde, so sehn Sie leicht daß es, in mehr als Einem Sinne, als Symbol vieler tausend andern Fälle, in dieser gewerbreichen Stadt, besonders vor meinem Anschauen, dastehen muß.

Bei diesem Falle kommt denn freilich eine liebevolle Erinnrung dazu, wenn man aber durch diese Fälle aufmerksam gemacht, künftig bei weitern Fortschritten der Reise nicht sowohl aufs *merkwürdige* sondern aufs *bedeutende* seine Aufmerksamkeit richtete, so müßte man, für sich und andere, doch zuletzt eine schöne Ernte gewinnen. Ich will es erst noch hier versuchen was ich symbolisches bemerken kann, besonders aber an fremden Orten, die ich zum erstenmal sehe, mich üben. Gelänge das, so müßte man, ohne die Erfahrung in die Breite verfolgen zu wollen, doch, wenn man auf jedem Platz, in jedem Moment, so weit es einem vergönnt wäre, in die Tiefe ginge, noch immer genug Beute aus bekannten Ländern und Gegenden davon tragen.

Sagen Sie mir Ihre Gedanken hierüber in guter Stunde, damit ich erweitert, befestigt, bestärkt und erfreut werde die Sache ist wichtig, denn sie hebt den Widerspruch der zwischen meiner Natur und der unmittelbaren Erfahrung lag, den in früherer Zeit ich niemals lösen konnte, sogleich auf, und glücklich, denn ich gestehe Ihnen daß ich lieber gerad nach Hause zurückgekehrt wäre, um, aus meinem Innersten, Phantome jeder Art hervorzuarbeiten, als daß ich mich noch einmal, wie sonst (da mir das Aufzählen eines Einzelnen nun einmal nicht gegeben ist) mit der millionfachen Hydra der Empirie herumgeschlagen hätte; denn wer bei ihr nicht Lust oder Vorteil zu suchen hat der mag sich bei Zeiten zurückziehen.

So viel für heute ob ich gleich noch ein verwandtes wichtiges Kapitel abzuhandeln hätte, das ich nächstens vornehmen und mir auch Ihre Gedanken darüber erbitten werde. Leben Sie recht wohl, grüßen die Ihrigen und lassen von meinen Briefen, außer den Nächsten, niemand nichts wissen noch erfahren.

Frankfurth d. 17 August 1797.

G

*Schiller*

Jena 17 Aug. 97.

Die Vorstellung, welche Sie mir von Frankfurt und großen Städten uberhaupt geben, ist nicht tröstlich, weder für den Poeten, noch für den Philosophen, aber ihre Wahrheit leuchtet ein, und da es einmal ein festgesetzter Punkt ist, daß man nur für sich selber philosophiert und dichtet, so ist auch nichts dagegen zu sagen; im Gegenteil, es bestärkt einen auf dem eingeschlagenen guten Weg, und schneidet jede Versuchung ab, die Poesie zu etwas äußerm zu gebrauchen.

Soviel ist auch mir bei meinen wenigen Erfahrungen klar geworden, daß man den Leuten, im Ganzen genommen, durch die Poesie nicht wohl, hingegen recht übel machen kann, und mir deucht, wo das eine nicht zu erreichen ist, da muß man das andere einschlagen. Man muß sie inkommodieren, ihnen ihre Behaglichkeit verderben, sie in Unruhe und in Erstaunen setzen. Eins von beiden, entweder als ein Genius oder als ein Gespenst muß die Poesie ihnen gegenüber stehen. Dadurch allein lernen sie an die Existenz einer Poesie glauben und bekommen Respekt vor den Poeten. Ich habe auch diesen Respekt nirgends größer gefunden als bei dieser Menschenklasse, obgleich auch nirgends so unfruchtbar und ohne Neigung. Etwas ist in allen, was für den Poeten spricht, und Sie mögen ein noch so ungläubiger Realist sein, so müssen Sie mir doch zugeben, daß dieses X der Same des Idealismus ist, und daß dieser allein noch verhindert, daß das wirkliche Leben mit seiner gemeinen Empirie nicht alle Empfänglichkeit für das poetische zerstört. Freilich ist es wahr, daß die eigentliche schöne und ästhetische Stimmung dadurch noch lange nicht befördert wird, daß sie vielmehr gar oft dadurch verhindert wird, so wie die Freiheit durch die moralische Tendenzen; aber es ist schon viel gewonnen, daß ein Ausgang aus der Empirie geöffnet ist.

[...]

Schiller

## Goethe

Frankfurth 22 ⟨–24.⟩ Aug. 1797.

[...]

Über den eigentlichen Zustand eines aufmerksamen Reisenden habe ich eigne Erfahrungen gemacht und eingesehen worin sehr oft der Fehler der Reisebeschreibungen liegt. Man mag sich stellen wie man will so sieht man auf der Reise die Sache nur von Einer Seite und übereilt sich im Urteil, dagegen sieht man aber auch die Sache von dieser Seite lebhaft und das Urteil ist im gewissen Sinne richtig. Ich habe mir daher Akten gemacht, worin ich alle Arten von öffentlichen Papieren die mir eben jetzt begegnen, Zeitungen, Wochenblätter, Predigtauszüge, Verordnungen, Komödienzettel Preiskurrante einheften lasse und sodann auch sowohl das, was ich sehe und bemerke als auch mein augenblickliches Urteil einhefte, ich spreche sodann von diesen Dingen in Gesellschaft und bringe meine Meinung vor, da ich denn bald sehe in wie fern ich gut unterrichtet bin, und in wie fern mein Urteil mit dem Urteil wohl unterrichteter Menschen übereintrifft. Ich nehme sodann die neue Erfahrung und Belehrung auch wieder zu den Akten, und so gibt es Materialien, die mir künftig als Geschichte des äußern und innern interessant genug bleiben müssen. Wenn ich bei meinen Vorkenntnissen und meiner Geistesgeübtheit Lust behalte, dieses Handwerk eine Weile fortzusetzen, so kann ich eine große Masse zusammen bringen.

Ein paar Poetische Stoffe bin ich schon gewahr worden, die ich in einem feinen Herzen aufbewahren werde, und dann kann man niemals im ersten Augenblicke wissen was sich aus der rohen Erfahrung in der Folgezeit noch als wahrer Gehalt aussondert.

Bei allem dem leugne ich nicht daß mich mehrmals eine Sehnsucht nach dem Saalgrunde wieder anwandelt und, würde ich heute dahin versetzt, so würde ich gleich, ohne irgend einen Rückblick, etwa meinen Faust oder sonst ein poetisches Werk anfangen können.

An Wallenstein denken Sie wohl gegenwärtig, da der Almanach besorgt sein will, wenig oder nicht? lassen Sie mich doch davon, wenn Sie weiter vorwärts rücken, auch etwas vernehmen.

Das hiesige Theater ist in einem gewissen Sinne nicht übel, aber viel zu schwach besetzt, es hat freilich vor einem Jahre einen gar zu harten Stoß erlitten, ich wüßte wirklich nicht was für ein Stück von Wert und Würde man jetzt hier leidlich geben könnte

Frankfurth, den 23 Aug. 1797.
[...]

Gestern ist auch Hölterlein bei mir gewesen, er sieht etwas gedrückt und kränklich aus, aber er ist wirklich liebenswürdig und mit Bescheidenheit, ja mit Ängstlichkeit offen. Er ging auf verschiedene Materien, auf eine Weise ein die Ihre Schule verriet, manche Hauptideen hatte er sich recht gut zu eigen gemacht, so daß er manches auch wieder leicht aufnehmen konnte. Ich habe ihm besonders geraten kleine Gedichte zu machen und sich zu jedem einen menschlich interessanten Gegenstand zu wählen. Er schien noch einige Neigung zu den mittlern Zeiten zu haben

196

in der ich ihn nicht bestärken konnte. Hauptmann Steigendesch werde ich wohl nicht sehen, er geht hier ab und zu, meine Anfrage hat ihn einigemal verfehlt und ein Billet, das ich das letztemal für ihn zurück ließ, findet er vielleicht erst nach meiner Abreise. Grüßen Sie Ihre liebe Frau und unsere dichterische Freundinnen. Ich habe immer noch gehofft Ihnen noch etwas zum Musenalmanach zu schicken, vielleicht ist die schwäbische Luft ergiebiger. Eigentlich gehe ich von hier aus erst in die Fremde und erwarte um desto sehnlicher einen Brief von Ihnen bei Cotta.                                                                    G

## Schiller

Jena 7. ⟨und 8.⟩ Sept. 97.
Endlich fange ich an, mich wieder zu fühlen und meine Stimmung wieder zu finden. Nach Abgang meines letzten Briefs an Sie hatte sich mein Übel noch verschlimmert, ich habe mich lange nicht so schlimm befunden, bis endlich ein Vomitiv die Sachen wieder in Ordnung brachte. Fast alle meine Beschäftigungen stockten indessen und die wenigen leidlichen Augenblicke, die ich hatte, nahm der Almanach in Anspruch. Solch eine Beschäftigung hat durch ihren ununterbrochenen und unerbittlich gleichen Rhythmus etwas wohltätiges, da sie die Willkür aufhebt und sich streng wie die Tagszeit, meldet. Man nimmt sich zusammen, weil es sein muß, und bei bestimmten Foderungen, die man an sich macht, geschieht die Sache auch nicht schlechter. [...]
Ihren vorletzten Brief vom 16 August erhielt ich viel später, da Bötticher, der ihn zu besorgen hatte, abwesend war. Das sentimentale Phänomen in Ihnen befremdet mich gar nicht, und mir dünkt, Sie selbst haben es sich hinlänglich erklärt. Es ist ein Bedürfnis poetischer Naturen, wenn man nicht überhaupt Menschlicher Gemüter sagen will, so wenig leeres als möglich um sich zu leiden, soviel Welt, als nur immer angeht, sich durch die Emp-

findung anzueignen, die Tiefe aller Erscheinungen zu suchen, und überall ein Ganzes der Menschheit zu fodern. Ist der Gegenstand als Individuum leer und mithin in poetischer Hinsicht Gehaltlos, so wird sich das IdeenVermögen daran versuchen und ihn von seiner symbolischen Seite fassen, und so eine Sprache für die Menschheit daraus machen. Immer aber ist das Sentimentale (in gutem Sinn) ein Effekt des poetischen Strebens, welches, sei es aus Gründen die in dem Gegenstand, oder solchen, die in dem Gemüt liegen, nicht ganz erfüllt wird. Eine solche poetische Foderung, ohne eine reine poetische Stimmung und ohne einen poetischen Gegenstand scheint Ihr Fall gewesen zu sein, und was Sie mithin an Sich erfuhren, ist nichts als die allgemeine Geschichte der sentimentalischen Empfindungsweise und bestätiget alles das, was wir darüber miteinander festgesetzt haben.

Nur eins muß ich dabei noch erinnern. Sie drücken Sich so aus, als wenn es hier sehr auf den Gegenstand ankäme, was ich nicht zugeben kann. Freilich der Gegenstand muß etwas *bedeuten*, so wie der poetische etwas *sein* muß; aber zuletzt kommt es auf das *Gemüt* an, ob ihm ein Gegenstand etwas bedeuten soll, und so deucht mir das Leere und Gehaltreiche mehr im Subjekt als im Objekt zu liegen. Das Gemüt ist es, welches hier die Grenze steckt, und das Gemeine oder Geistreiche kann ich auch hier wie überall nur in der Behandlung nicht in der Wahl des Stoffes finden. Was Ihnen die zwei angeführten Plätze gewesen sind, würde Ihnen unter andern Umständen, bei einer mehr aufgeschlossenen poetischen Stimmung jede *Straße*, *Brücke*, jedes *Schiff*, ein *Pflug* oder irgend ein anderes mechanisches Werkzeug vielleicht geleistet haben.

Entfernen Sie aber ja diese sentimentalen Eindrücke nicht, und geben Sie denselben einen Ausdruck so oft Sie können. Nichts, außer dem poetischen, reinigt das Gemüt so sehr von dem Leeren und Gemeinen, als diese Ansicht der Gegenstände, eine Welt wird dadurch in das einzelne gelegt, und die flachen Erscheinungen gewinnen dadurch eine unendliche Tiefe. Ist es auch nicht poetisch, so ist es, wie Sie selbst es ausdrücken, menschlich; und das menschliche ist immer der Anfang des poetischen, das nur der Gipfel davon ist.

[…]

Es war mir sehr angenehm, daß Hölderlin sich Ihnen noch präsentiert hat, er schrieb mir nichts davon, daß ers tun wollte und muß sich also auf einmal ein Herz gefaßt haben. Hier ist auch wieder ein poetisches Genie, von Schlegels Art und Weise; Sie werden ihn im Almanach finden. Er hat Schlegels[13] Pygmalion nachgeahmt und in demselben Geschmack einen symbolischen Phaethon geliefert. Das Produkt ist närrisch genug, aber die Versifikation und einzelne gute Gedanken geben ihm doch einiges Verdienst.

Leben Sie recht wohl und fahren Sie fort wie bisher mich Ihrem Geiste folgen zu lassen. Herzliche Grüße von meiner Frau. Ihr Kleiner höre ich ist ganz wieder hergestellt.

Sch

*Schiller*

Jena 14. ⟨und 15.⟩ Sept. 97.
Zu meiner Freude erfahre ich aus Ihrem Stuttgardter Briefe, daß Sie sich auf meinem vaterländischen Boden gefallen, und daß die Personen, die ich Ihnen empfahl, mich nicht zum Lügner gemacht haben. […] Ich denke mir die Sache so.[14]

Zweierlei gehört zum Poeten und Künstler: daß er sich über das Wirkliche erhebt und daß er innerhalb des Sinnlichen stehen bleibt. Wo beides verbunden ist, da ist ästhetische Kunst. Aber in einer ungünstigen formlosen Natur verläßt er mit dem Wirklichen nur zu leicht auch das Sinnliche und wird idealistisch und, wenn sein Verstand schwach ist, gar phantastisch: oder will er

---

13  August Wilhelm Schlegel
14  Die ästhetischen Erörterungen der vorausgegangenen Briefe werden fortgesetzt.

und muß er, durch seine Natur genötigt, in der Sinnlichkeit bleiben, so bleibt er gern auch bei dem Wirklichen stehen und wird, in beschränkter Bedeutung des Worts, realistisch, und wenn es ihm ganz an phantasie fehlt, knechtisch und gemein. In beiden Fällen also ist er nicht ästhetisch.

Die Reduktion empirischer Formen auf ästhetische ist die schwierige Operation, und hier wird gewöhnlich entweder der Körper oder der Geist, die Wahrheit oder die Freiheit fehlen. Die alten Muster, sowohl im poetischen als im plastischen, scheinen mir vorzüglich *den* Nutzen zu leisten, daß sie eine empirische Natur die bereits auf eine ästhetische reduziert ist, aufstellen, und daß sie, nach einem tiefen Studium, über das Geschäft jener Reduktion selbst Winke geben können.

Aus Verzweiflung, die empirische Natur, womit er umgeben ist, nicht auf eine ästhetische reduzieren zu können, verläßt der neuere Künstler von lebhafter Phantasie und Geist, sie lieber ganz, und sucht bei der Imagination Hülfe gegen die Empirie, gegen die Wirklichkeit. Er legt einen poetischen Gehalt in sein Werk, das sonst leer und dürftig wäre, weil ihm derjenige Gehalt fehlt, der aus den Tiefen des Gegenstandes geschöpft werden muß.

15. September.

[...]

Ich bin sehr neugierig auf das neue poetische Genre, woraus Sie mir bald etwas senden wollen. Der reiche Wechsel Ihrer Phantasie erstaunt und entzückt mich, und wenn ich Ihnen auch nicht folgen kann, so ist es schon ein Genuß und Gewinn für mich, Ihnen nachzusehen. Von diesem neuen Genre erwarte ich mir etwas sehr anmutiges, und begreife schon im Voraus, wie geschickt es dazu sein muß, ein poetisches Leben und einen geistreichen Schwung in die gemeinsten Gegenstände zu bringen.

[...]

Schiller.

*Schiller*

Jena 22. Sept. 97.

[…]

Ich wäre sehr begierig gewesen, den Eindruck, den Ihr Herrmann auf meine Stuttgardter Freunde gemacht, zu beobachten.
An einer gewissen Innigkeit des Empfangens hat es sicher nicht
gefehlt, aber so wenige Menschen können das Nackende der
menschlichen Natur ohne Störung genießen. Indessen zweifle
ich gar nicht, daß Ihr Herrmann schlechterdings über alle diese
Subjektivitäten triumphieren wird, und dieses durch die schönste Eigenschaft bei einem poetischen Werk, nämlich durch sein
Ganzes, durch die reine Klarheit seiner Form und durch den
völlig erschöpften Kreis menschlicher Gefühle.

Mein letzter Brief hat Ihnen schon gemeldet, daß ich die
Glocke liegen lassen mußte. Ich gestehe daß mir dieses, da es
einmal so sein mußte, nicht so ganz unlieb ist. Denn indem ich
diesen Gegenstand noch ein Jahr mit mir herumtrage und warm
halte, muß das Gedicht, welches wirklich keine kleine Aufgabe
ist, erst seine wahre Reife erhalten. Auch ist dieses einmal das
Balladenjahr, und das nächste hat schon ziemlich den Anschein
das Liederjahr zu werden, zu welcher Klasse auch die Glocke
gehört.

Indessen habe ich die letzten 8 Tage doch für den Almanach
nicht verloren. Der Zufall führte mir noch ein recht artiges
Thema zu einer Ballade zu, die auch größtenteils fertig ist und
den Almanach, wie ich glaube, nicht unwürdig beschließt. Sie
besteht aus 24 achtzeiligen Strophen und ist überschrieben: *Der
Gang nach dem Eisenhammer*, woraus Sie sehen daß ich auch
das Feuerelement mir vindiziert habe, nachdem ich Wasser und
Luft bereist habe. Der nächste Posttag liefert es Ihnen, nebst
dem ganzen Almanach, gedruckt.

Ich wünsche nun sehr, daß die *Kraniche* in der Gestalt, worin
Sie sie jetzt lesen, Ihnen Genüge tun mögen. Gewonnen haben
sie ganz unstreitig durch die Idee, die Sie mir zu der Exposition

gegeben. Auch denke ich hatte die neue Strophe, die ich den Furien noch gewidmet, zur genauen Bezeichnung derselben anfänglich noch gefehlt.

Kants kleinen Traktat habe ich auch gelesen, und obgleich der Inhalt nichts eigentlich neues liefert, mich über seine trefflichen Einfälle gefreut. Es ist in diesem alten Herrn noch etwas so wahrhaft jugendliches, das man beinah ästhetisch nennen möchte, wenn einen nicht die greuliche Form, die man einen philosophischen Kanzleistil nennen möchte, in Verlegenheit setzte. Mit Schloßern kann es sich zwar so verhalten, wie Sie meinen, indessen hat seine Stellung gegen die kritischen Philosophen so etwas bedenkliches, daß der Charakter kaum aus dem Spiele bleiben kann. Auch kann man, deucht mir, bei allen Streitigkeiten, wo der Supernaturalism von denkenden Köpfen gegen die Vernunft verteidiget wird, in die Ehrlichkeit ein Mißtrauen setzen, die Erfahrung ist gar zu alt und es läßt sich überdem auch gar wohl begreifen.

Wir genießen jetzt hier sehr schöne Herbsttage, bei Ihnen mag wohl noch ein Rest vom Sommer zu spüren sein. In meinem Garten werden schon große Anstalten gemacht, ihn für die künftigen Jahre recht zu verbessern. Übrigens hatten wir keine schlechte Obsternte, wobei Karl uns nicht wenig Spaß machte.

Wir zweifeln, bei dem zweifelhaften Ansehen des Kriegs und Friedens, noch immer an der nahen Ausführung Ihrer italienischen Reise, und geben zuweilen der Hoffnung Raum, daß wir Sie früher als wir erwarten durften, wieder bei uns sehen könnten.

Leben Sie recht wohl und Meiern sagen Sie die freundschaftlichsten Grüße von uns. Herzlich wünschen wir Ihnen Glück zu Ihrer Wieder-Vereinigung. Meine Frau grüßt Sie aufs beste.

Sch.

*Goethe*

Stäfe am 25 ⟨und 26.⟩ Sept. 1797.

[…]

Nun soll es in einigen Tagen nach dem *Vierwaldstädter See* gehen. Die großen Naturszenen, die ihn umgeben muß ich mir, da wir so nahe sind, wieder zum Anschauen bringen, denn die Rubrik dieser ungeheuern Felsen darf mir unter meinem Reise-Kapiteln nicht fehlen. Ich habe schon ein paar tüchtige Akten-faszikel gesammelt, in die alles, was ich erfahren habe, oder was mir sonst vorgekommen ist, sich eingeschrieben oder eingeheftet befindet, bis jetzt noch der bunteste Stoff von der Welt, aus den ich auch nicht einmal, wie ich früher hoffte, etwas für die Horen herausheben könnte.

Ich hoffe diese Reisesammlung noch um vieles zu vermehren und kann mich dabei an so mancherlei Gegenständen prüfen. Man genießt doch zuletzt, wenn man fühlt, daß man so manches subsumieren kann, die Früchte der großen und anfangs un-fruchtbarscheinenden Arbeiten, mit denen man sich in seinem Leben geplagt hat.

[…]

Aus meinen frühern Briefen werden Sie gesehen haben daß es mir in Stuttgard ganz wohl und behaglich war. Ihrer ist viel und von vielen und immer aufs beste gedacht worden. Für uns beide, glaub ich, war es ein Vorteil, daß wir später und gebildeter zu-sammentrafen.

Sagen Sie mir doch in dem nächsten Briefe wie Sie sich auf künftigen Winter einzurichten gedenken? ob Ihr Plan auf den Garten, das Griesbachische Haus, oder Weimar gerichtet ist. Ich wünsche Ihnen die behaglichste Stelle, damit Sie nicht bei Ihren andern Übeln auch noch mit der Wittrung zu kämpfen haben.

[…]

G

*Schiller*

[...]

Jetzt, da ich den Almanach hinter mir habe, kann ich mich endlich wieder zu dem Wallenstein wenden. Indem ich die fertig gemachten Szenen wieder ansehe, bin ich im Ganzen zwar wohl mit mir zufrieden, nur glaube ich einige Trockenheit darin zu finden, die ich mir aber ganz wohl erklären und auch wegzuräumen hoffen kann. Sie entstand aus einer gewissen Furcht, in meine ehemalige rhetorische Manier zu fallen, und aus einem zu ängstlichen Bestreben, dem Objekte recht nahe zu bleiben. Nun ist aber das Objekt schon an sich selbst etwas trocken, und bedarf mehr als irgend eines der poetischen Liberalität; es ist daher hier nötiger als irgendwo, wenn beide Abwege, das *Prosaische* und das *Rhetorische* gleich sorgfältig vermieden werden sollen, eine recht reine *poetische* Stimmung zu erwarten.

Ich sehe zwar noch eine ungeheure Arbeit vor mir, aber soviel weiß ich, daß es keine faux frais sein werden, denn das Ganze ist poetisch organisiert und ich darf wohl sagen, der Stoff ist in eine reine tragische Fabel verwandelt. Der Moment der Handlung ist so prägnant, daß alles was zur Vollständigkeit derselben gehört, natürlich ja in gewissem Sinn notwendig darin liegt, daraus hervor geht. Es bleibt nichts blindes darin, nach allen Seiten ist es geöffnet. Zugleich gelang es mir, die Handlung gleich von Anfang in eine solche Präzipitation und Neigung zu bringen, daß sie in stetiger und beschleunigter Bewegung zu ihrem Ende eilt. Da der Hauptcharakter eigentlich retardierend ist, so tun die Umstände eigentlich alles zur Krise und dies wird, wie ich denke, den tragischen Eindruck sehr erhöhen.

Ich habe mich dieser Tage viel damit beschäftigt, einen Stoff zur Tragödie aufzufinden, der von der Art des Oedipus Rex wäre und dem Dichter die dämlichen Vorteile verschaffte. Diese Vorteile sind unermeßlich, wenn ich auch nur des einzigen erwähne, daß man die zusammengesetzteste Handlung, welche der Tragischen Form ganz widerstrebt, dabei zum Grunde legen kann, indem diese Handlung ja schon geschehen ist, und mithin ganz jenseits der Tragödie fällt. Dazu kommt, daß das Geschehene, als unabänderlich, seiner Natur nach viel fürchterlicher ist, und die Furcht daß etwas *geschehen sein* möchte, das Gemüt ganz anders affiziert, als die Furcht, daß etwas geschehen möchte.

Der Oedipus ist gleichsam nur eine tragische Analysis. Alles ist schon da, und es wird nur herausgewickelt. Das kann in der einfachsten Handlung und in einem sehr kleinen Zeitmoment geschehen, wenn die Begebenheiten auch noch so kompliziert und von Umständen abhängig waren. Wie begünstiget das nicht d⟨en⟩ Poeten.

Aber ich fürchte, der Oedipus ist seine eigene Gattung und es gibt keine zweite Species davon: am allerwenigsten würde man, aus weniger fabelhaften Zeiten, ein Gegenstück dazu auffinden können. Das Orakel hat einen Anteil an der Tragödie, der schlechterdings durch nichts andres zu ersetzen ist; und wollte man das Wesentliche der Fabel selbst, bei veränderten Personen und Zeiten beibehalten, so würde lächerlich werden, was jetzt furchtbar ist.

Ich habe lange nichts von Ihnen gehört, und sehe dem nächsten Brief mit Ungeduld entgegen. Vielleicht erfahre ich daraus auch etwas näheres über Ihre Reise und Ihren künftigen Aufenthalt. […]

Sch.


*Goethe*

Stäfe am 14 ⟨und 17.⟩ Oktobr. 1797.
An einem sehr regnichten Morgen bleibe ich, werter Freund, in meinem Bette liegen, um mich mit Ihnen zu unterhalten und Ihnen Nachricht von unserm Zustande zu geben, damit Sie, wie bisher uns mit Ihrem Geiste begleiten, und uns von Zeit zu Zeit mit Ihren Briefen erfreuen mögen.

[…]

Wenn ich Ihnen nun von meinem Zustande sprechen soll, so kann ich sagen daß ich bisher mit meiner Reise alle Ursache habe zufrieden zu sein, bei der Leichtigkeit die Gegenstände aufzunehmen, bin ich reich geworden ohne beladen zu sein, der Stoff inkommodiert mich nicht weil ich ihn gleich zu ordnen oder zu verarbeiten weiß, und ich fühle mehr Freiheit als jemals mannigfaltige Formen zu wählen um das Verarbeitete für mich oder andere darzustellen. […]

Was werden Sie nun aber sagen wenn ich Ihnen vertraue daß, zwischen allen diesen prosaischen Stoffen, sich auch ein poetischer hervorgetan hat, der mir viel Zutrauen einflößt. Ich bin fast überzeugt daß die Fabel vom *Tell* sich werde episch behandeln lassen, und es würde dabei, wenn es mir, wie ich vorhabe, gelingt, der sonderbare Fall eintreten daß das Märchen durch die Poesie erst zu seiner vollkommenen Wahrheit gelangte, an statt daß man sonst um etwas zu leisten die Geschichte zur Fabel machen muß. Doch darüber künftig mehr. Das beschränkte höchst bedeutende Local, worauf die Begebenheit spielt, habe ich mir wieder recht genau vergegenwartigt, so wie ich die Charaktere, Sitten und Gebrauche der Menschen in diesen Gegenden, so gut als in der kurzen Zeit möglich, beobachtet habe, und es kommt nun auf gut Glück an ob aus diesem Unternehmen etwas werden kann.

[…]

Ich bin auch jetzt überzeugt daß man recht gut nach Italien gehen könnte denn alles setzt sich in der Welt nach einem Erdbeben, Brand und Überschwemmung so geschwind als möglich in seine alte Lage, und ich würde persönlich die Reise ohne Bedenken unternehmen wenn mich nicht andere Betrachtungen abhielten. Vielleicht sehen wir uns also sehr bald wieder und die Hoffnung mit Ihnen das erbeutete zu teilen und zu einer immer größern theoretischen und praktischen Vereinigung zu gelangen ist eine der schönsten, die mich nach Hause lockt. Wir wollen sehen was wir noch alles unterweges mitnehmen können. So hat

Basel wegen der Nähe von Frankreich einen besondern Reiz für mich, auch sind schöne Kunstwerke sowohl ältere als ausgewanderte daselbst befindlich.

[…]

Stäfe am 17 Oktobr. 1797.

[…] Nun sind alle unsre Schätze beisammen und wir können nun, auch von dieser Seite beruhigt und erfreut, unsern Weg antreten.

G

*Schiller*

Jena 20. 8br. ⟨Oktober⟩ 97.

Vor einigen Tagen überschickte uns Böttiger zwei schöne Exemplare Ihres Herrmanns, womit wir sehr erfreuet wurden. Er ist also nunmehr in der Welt und wir wollen hören, wie sich die Stimme eines Homerischen Rhapsoden in dieser neuen politisch rhetorischen Welt ausnehmen wird. Ich habe das Gedicht nun wieder mit dem alten ungeschwächten Eindruck und mit neuer Bewegung gelesen, es ist schlechterdings vollkommen in seiner Gattung, es ist pathetisch mächtig und doch reizend in höchstem Grad, kurz es ist schön was man sagen kann.

Auch den Meister habe ich ganz kürzlich wieder gelesen, und es ist mir noch nie so auffallend gewesen, was die äußere Form doch bedeutet. Die Form des Meisters, wie überhaupt jede Romanform ist schlechterdings nicht poetisch, sie liegt ganz nur im Gebiete des Verstandes, steht unter allen seinen Foderungen und partizipiert auch von allen seinen Grenzen. Weil es aber ein echt poetischer Geist ist, der sich dieser Form bediente, und in dieser Form die poetischsten Zustände ausdrückte, so entsteht ein sonderbares Schwanken zwischen einer prosaischen und poetischen Stimmung, für das ich keinen rechten Namen weiß. Ich möchte sagen, es fehlt dem Meister (dem Roman nämlich) an einer gewissen poetischen Kühnheit, weil er, als Roman, es dem Verstande immer recht machen will – und es fehlt ihm wieder an einer eigentlichen Nüchternheit, (wofür er doch gewissermaßen die Foderung rege macht) weil er aus einem poetischen Geiste geflossen ist. Buchstabieren Sie das zusammen wie Sie können, ich teile Ihnen bloß meine Empfindung mit.

Da Sie auf einem solchen Punkte stehen, wo Sie das Höchste von sich fodern müssen und objektives mit subjektivem absolut in Eins zerfließen muß, so ist es durchaus nötig dafür zu sorgen, daß dasjenige was Ihr Geist in Ein Werk legen kann, immer auch die reinste Form ergreife, und nichts davon in einem unreinen Medium verloren gehe. Wer fühlt nicht alles das im Meister, was den Herrmann so bezaubernd macht! Jenem fehlt nichts, gar nichts von Ihrem Geiste, er ergreift das Herz mit allen Kräften der Dichtkunst und gewährt einen immer sich erneuenden Genuß, und doch führt mich der Herrmann (und zwar bloß durch seine rein poetische Form) in eine göttliche Dichterwelt, da mich der Meister aus der wirklichen Welt nicht ganz herausläßt.

Da ich doch einmal im Kritisieren bin, so will ich noch eine Bemerkung machen, die mir bei dem neuen Lesen sich aufdrang. Es ist offenbar zuviel von der Tragödie im Meister; ich meine das Ahndungsvolle, das Unbegreifliche, das subjektiv wunderbare, welches zwar mit der poetischen Tiefe und Dunkelheit aber nicht mit der Klarheit sich verträgt, die im Roman herrschen muß und in diesem auch so vorzüglich herrscht. Es inkommodiert, auf diese Grundlosigkeiten zu geraten, da man überall festen Boden unter sich zu fühlen glaubt, und weil sich sonst alles so schön vor dem Verstand entwirret, auf solche Rätsel zu geraten. Kurz mir deucht, Sie hätten sich hier eines Mittels bedient, zu dem der Geist des Werks Sie nicht befugte.

Übrigens kann ich Ihnen nicht genug sagen, wie mich der Meister auch bei diesem neuen Lesen bereichert, belebt, entzückt hat – es fließt mir darin eine Quelle, wo ich für jede Kraft der Seele und für diejenige besonders, welche die vereinigte Wirkung von allen ist, Nahrung schöpfen kann.

Sie werden bei Ihrer Zurückkunft aus den Gebirgen ein Paquet Briefe von mir, nebst dem Almanach, vorgefunden haben. Von dem Schicksal des letztern im Publikum habe ich noch nichts in Erfahrung bringen können. Aber gottlob ich hab ihn auch schon vergessen und lebe nun wieder im Wallenstein.

Seit einigen Tagen sind wir wieder in die Stadt gezogen, wo der weite Raum meiner hohen Zimmer einen recht angenehmen Eindruck auf mich macht. Mein kleiner Ernst, der sehr kränklich gewesen, erholt sich wieder, und sonst geht es ganz leidlich gut mit uns allen. Von Humboldt habe ich seit Monaten keine Nachricht, und kann ihm, da ich seine Adresse nicht weiß, auch nicht schreiben. Sollten Sie ihn sehen oder ihm schreiben, so bitte ich ihm das zu sagen. Wir erwarten Sie mit Maier in wenigen Wochen hier, und mit welcher Sehnsucht brauche ich Ihnen nicht zu sagen.

Leben Sie recht wohl, grüßen Sie Meiern, meine Frau grüßt Sie beide aufs beste, und dankt recht schön für das Taschenbuch

S.


*Schiller*

Jena 30. 8br. ⟨Oktober⟩ 97.

Gottlob, daß ich wieder Nachricht von Ihnen habe, diese 3 Wochen, da Sie in den Gebirgen, abgeschnitten von uns, umherzogen, sind mir lang geworden. Desto mehr erfreute mich Ihr lieber Brief und alles was er enthielt — Die Idee von dem Wilh⟨elm⟩ Tell ist sehr glücklich, und genau überlegt konnten Sie, nach dem Meister und nach d⟨em⟩ Herrmann nur einen solchen, völlig lokal-charakteristischen Stoff, mit der gehörigen Originalität Ihres Geistes und der Frischheit der Stimmung behandeln. Das Interesse, welches aus einer streng umschriebenen charakteristischen Lokalität und einer gewissen historischen Gebundenheit entspringt, ist vielleicht das einzige, was Sie Sich durch jene beiden vorhergegangenen Werke nicht weggenommen haben.

Diese 2 Werke sind auch dem Stoff nach ästhetisch frei, und so gebunden auch in beiden das Local aussieht und ist, so ist es doch ein rein poetischer Boden und repräsentiert eine ganze Welt. Bei dem Tell wird ein ganz andrer Fall sein, aus der bedeutenden Enge des gegebenen Stoffes wird da alles geistreiche Leben hervorgehen. Es wird darin liegen, daß man, durch die Macht des Poeten, recht sehr beschränkt und in dieser Beschränkung innig und intensiv gerührt und beschäftigt wird. Zugleich öffnet sich aus diesem schönen Stoffe wieder ein Blick in eine gewisse Weite des Menschengeschlechts, wie zwischen hohen Bergen eine Durchsicht in freie Fernen sich auftut.

Wie sehr wünschte ich, auch dieses Gedichtes wegen, bald wieder mit Ihnen vereinigt zu sein. Sie würden sich vielleicht jetzt eher gewöhnen, mit mir darüber zu sprechen, da die Einheit und Reinheit Ihres Herrmanns durch Ihre Mitteilungen an mich, während der Arbeit, so gar nicht gestört worden ist. Und ich gestehe daß ich nichts auf der Welt weiß, wobei ich mehr gelernt hätte, als jene Kommunikationen, die mich recht ins Innre der Kunst hineinführten.

[...]

S.


*Goethe*

⟨Weimar, 22. November 1797⟩
[...]

Ich habe gestern zum erstenmal wieder in Ihrer Loge gesessen und wünsche Sie bald wieder darin einführen zu können. Da ich ganz als Fremder der Vorstellung zusah; so habe ich mich verwundert wie weit unsere Leute wirklich sind! Auf einem gewissen ebnen Wege der Natur und Prosa machen sie ihre Sachen über die Maße gut; aber leider im Momente wo nur eine Tinktur von Poesie eintritt, wie doch bei dem gelindesten pathetischen immer geschieht sind sie gleich Null oder falsch. [...]

Leben Sie recht wohl unsere Schätze werden nun nach und nach ausgepackt und schon sind zur Aufstellung Anstalten gemacht bis Sie kommen wird alles in der schönsten Ordnung sein. Weimar am 22 Nov. 1797.

G

*Schiller*

Jena 24. Nov. 97.

Ich habe noch nie so augenscheinlich mich überzeugt, als bei meinem jetzigen Geschäft, wie genau in der Poesie Stoff und Form, selbst äußere, zusammen hängen. Seitdem ich meine prosaische Sprache in eine poetische = rhythmische verwandle, befinde ich mich unter einer ganz andern Gerichtsbarkeit als vorher, selbst viele Motive, die in der prosaischen Ausführung recht gut am Platz zu stehen schienen, kann ich jetzt nicht mehr brauchen; sie waren bloß gut für den gewöhnlichen Hausverstand, dessen Organ die Prosa zu sein scheint, aber der Vers fodert schlechterdings Beziehungen auf die Einbildungskraft, und so mußte ich auch in mehreren meiner Motive poetischer werden. Man sollte wirklich alles, was sich über das gemeine erheben muß, in Versen wenigstens anfänglich konzipieren, denn das Platte kommt nirgends so ins Licht, als wenn es in gebundener Schreibart ausgesprochen wird.

[...]

Leben Sie bestens wohl und sorgen Sie, daß ich bald etwas von Ihren ästhetischen Sätzen zu lesen bekomme.   An Meiern viele Grüße.

S.

## Goethe

[...]

〈Weimar〉 Den 25 Nov.

Für Brief und Paket, die ich so eben erhalte danke ich schönstens und sage nur noch geschwind, und aus dem Stegreife, daß ich nicht allein Ihrer Meinung bin sondern noch viel weiter gehe. Alles poetische sollte rhythmisch behandelt werden! das ist meine Überzeugung, und daß man nach und nach eine poetische Prosa einführen konnte zeigt nur daß man den Unterschied zwischen Prosa und Poesie gänzlich aus den Augen verlor. Es ist nicht besser als wenn sich jemand in seinem Park einen trocknen See bestellte und der Gartenkünstler diese Aufgabe dadurch aufzulösen suchte daß er einen Sumpf anlegte. Diese Mittelgeschlechter sind nur für Liebhaber und Pfuscher, so wie die Sümpfe für Amphibien. Indessen ist das Übel in Deutschland so groß geworden daß es kein Mensch mehr sieht, ja daß sie vielmehr, wie jenes kröpfige Volk, den gesunden Bau des Halses für eine Strafe Gottes halten. Alle dramatische Arbeiten (und vielleicht Lustspiel und Farce zuerst) sollten rhythmisch sein und man würde alsdenn eher sehen wer was machen kann. Jetzt aber bleibt dem Theaterdichter fast nichts übrig als sich zu akkommodieren, und in diesem Sinne konnte man Ihnen nicht verargen wenn Sie Ihren Wallenstein in Prosa schreiben wollten; sehen Sie ihn aber als ein selbstständiges Werk an; so muß er notwendig rhithmisch werden.

Auf alle Fälle sind wir genötigt unser Jahrhundert zu vergessen wenn wir nach unsrer Überzeugung arbeiten wollen. Denn so eine Saalbaderei in Prinzipien, wie sie im allgemeinen jetzt gelten, ist wohl noch nicht auf der Welt gewesen und was die neuere Philosophie gutes stiften wird ist noch erst abzuwarten.

Die Poesie ist doch eigentlich auf die Darstellung des empyrisch pathologischen Zustandes des Menschen gegründet, und wer gesteht denn das jetzt wohl unter unsern fürtrefflichen Kennern und sogenannten Poeten? Hat ein Mann wie Garve, der doch auch zeitlebens gedacht haben will, und für eine Art von

Philosophen galt, denn nur die geringste Ahndung eines solchen Axioms? Hält er *Sie* nicht darum nur für einen würdigen Dichter, weil Sie sich den Spaß gemacht haben die Aussprüche der Vernunft mit dichterischem Munde vorzutragen, was wohl zu erlauben, aber nicht zu loben ist. Wie gerne wollte ich diesen prosaischen Naturen erlauben vor den sogenannten unsittlichen Stoffen zurück zu schaudern, wenn sie nur ein Gefühl für das höhere poetisch sittliche z.B. im Polikrates und Ibykus hätten und davon entzückt würden.

Lassen Sie uns, besonders da Meyer auch einen grimmigen Rigorism aus Italien mitgebracht hat, immer strenger in Grundsätzen und sichrer und behaglicher in der Ausführung werden! Das letzte kann nur geschehen wenn wir während der Arbeit unsere Blicke nur innerhalb des Rahmens fixieren.

[…]

Möchten Sie doch mit Ihrem Wallenstein recht glücklich sein damit wir Sie desto eher bei uns sehen.

Ein herzliches Lebewohl und Gruß an die Ihrigen.

G

*Goethe*

⟨Weimar, 29. November 1797⟩
Da Sie so viel Gutes von meiner Elegie[15] sagen, so tut es mir um so mehr leid daß sich eine ähnliche Stimmung lange Zeit bei mir nicht eingefunden hat. Jenes Gedicht ist bei meinem Eintritt in die Schweitz gemacht, seit der Zeit aber ist mein tätiges, produktives Ich, auf so manche angenehme und unangenehme Weise, beschränkt worden, daß es noch nicht wieder hat zur Fassung kommen können, diese müssen wir den⟨n⟩ jetzt wieder in aller Demut erwarten.

[…]

15 *Amyntas*

*Goethe*

⟨Weimar, 2. Dezember 1797⟩

Es wird für uns, sowohl praktisch als theoretisch, von der größten Bedeutung sein was es noch für einen Ausgang mit Ihrem
Wallenstein nimmt. Sollte Sie der Gegenstand nicht am Ende
noch gar nötigen einen Zyklus von Stücken aufzustellen? Daß
der Rhithmus in die Breite lockt ist ganz natürlich, denn jede
poetische Stimmung mag sichs und andern gern bequem und behaglich machen, mich verlangt sehr etwas davon zu hören.

[...]

Leben Sie recht wohl und erfreuen uns bald mit Ihrer Ankunft und grüßen Sie Ihre liebe Frau recht herzlich. Weimar am
2 Dezember 1797.

G

*Goethe*

⟨Weimar, 6. Dezember 1797⟩

Wenn Sie überzeugt sind daß ein Winteraufenthalt in Jena Ihrer
Gesundheit und Ihren Arbeiten vorteilhafter sei, so macht es
mir um so mehr Freude da ich mich genötigt sehen werde nach
dem neuen Jahr hinüber zu gehen, um nur einigermaßen zur
Sammlung und Fassung zu kommen und wie sonderbar müßte
mir Jena erscheinen wenn ich Sie drüben nicht anträfe? Ich freue
mich nunmehr auf diesen Aufenthalt, da ich sonst, wenn ich Sie
hüben hatte lassen müssen nur zwiespältig mit mir selbst gewesen wäre.

Halten Sie sich ja zu Ihrem Wallenstein, ich werde wohl zunächst an meinen Faust gehen, teils um diesen Tragelaphen los
zu werden, teils um mich zu einer höhern und reinern Stimmung, vielleicht zum Tell, vorzubereiten. Dabei soll gelegentlich
an den nächsten Almanach gedacht werden, vielleicht fällt auch
etwas für die Horen ab.

[…] Die schönen Sachen von Meyer zu sehen wären wohl eine Dezember Spazierfahrt wert. Möchte Ihre Gesundheit sie Ihnen doch erlauben. Weimar am 6 Dezembr 97.

G

*Schiller*

Jena 8 Dez. 93. ⟨97.⟩

[…]

An den Wallenstein werde ich mich so sehr halten als ich kann, aber das pathologische Interesse der Natur an einer solchen Dichterarbeit hat viel angreifendes für mich. Glücklicherweise alteriert meine Kränklichkeit nicht meine Stimmung, aber sie macht, daß ein lebhafter Anteil mich schneller erschöpft und in Unordnung bringt. Gewöhnlich muß ich daher Einen Tag der glücklichen Stimmung mit fünf oder sechs Tagen des Drucks und des Leidens büßen. Dies hält mich erstaunlich auf, wie Sie denken können. Doch gebe ich die Hoffnung nicht auf, den Wallenstein noch in dem nächsten Sommer in Weimar spielen zu sehen […].

[…]

Leben Sie recht wohl und überstehen noch glücklich den Rest dieses Monats. Bei mir ist jetzt alles wohl. Meine Frau grüßt Sie aufs beste. Dem alten Meier freue ich mich auch etwas von dem Wallenstein zu zeigen

S.

*Goethe*

〈Weimar, 9. Dezember 1797〉

[…]

Ich kann mir den Zustand Ihres Arbeitens recht gut denken. Ohne ein lebhaftes pathologisches Interesse ist es auch mir niemals gelungen irgend eine Tragische Situation zu bearbeiten und ich habe sie daher lieber vermieden als aufgesucht. Sollte es wohl auch einer von den Vorzügen der Alten gewesen sein? daß das höchste pathetische auch nur ästhetisches Spiel bei ihnen gewesen wäre, da bei uns die Naturwahrheit mit wirken muß um ein solches Werk hervorzubringen. Ich kenne mich zwar nicht selbst genug um zu wissen ob ich eine wahre Tragödie schreiben könnte, ich erschrecke aber bloß vor dem Unternehmen und bin beinahe überzeugt daß ich mich durch den bloßen Versuch zerstören könnte.

[…]

Noch habe ich vierzehn Tage zu tun um manches einzuleiten, die neuen Theaterkontrakte in Ordnung zu bringen und was andere Dinge mehr sind. Dann will ich aber auch gleich zu meiner Tages Einsamkeit des jenaischen Schlosses und zu unsern Abendgesprächen eilen.

Meyern werde ich wohl nicht mitbringen, denn ich habe die Erfahrung wieder erneuert: daß ich nur in einer absoluten Einsamkeit arbeiten kann, und daß nicht etwa nur das Gespräch, sondern sogar schon die häusliche Gegenwart geliebter und geschätzter Personen meine poetische Quellen ganzlich ableitet. Ich würde jetzt in einer Art von Verzweiflung sein, weil auch jede Spur eines produktiven Interesse bei mir verschwunden ist, wenn ich nicht gewiß wäre es in den ersten 8 Tagen in Jena wiederzufinden.

[…]

G

*Schiller*

[...]

Sollte es wirklich an dem sein, daß die Tragödie, ihrer pathetischen Gewalt wegen, Ihrer Natur nicht zusagte? In allen Ihren Dichtungen finde ich die ganze tragische Gewalt und Tiefe, wie sie zu einem vollkommenen Trauerspiel hinreichen würde, im Wilh. Meister liegt, was die Empfindung betrifft mehr als Eine Tragödie; ich glaube, daß bloß die strenge gerade Linie, nach welcher der tragische Poet fortschreiten muß, Ihrer Natur nicht zusagt, die sich überall mit einer freieren Gemütlichkeit äußern will. Alsdann glaube ich auch, eine gewisse Berechnung auf den Zuschauer, von der sich der tragische Poet nicht dispensieren kann, der Hinblick auf einen Zweck, den äußern Eindruck, der bei dieser Dichtungsart nicht ganz erlassen wird, geniert Sie, und vielleicht sind Sie gerade nur deswegen weniger zum Tragödiendichter geeignet, weil Sie so ganz zum Dichter in seiner generischen Bedeutung erschaffen sind. Wenigstens finde ich ⟨in⟩ Ihnen *poetischen* Eigenschaften des Tragödiendichters im reichlichsten Maß, und wenn Sie wirklich dennoch keine ganz wahre Tragödie sollten schreiben können, so müßte der Grund in den nicht poetischen Erfodernissen liegen.

[...]

Leben Sie recht wohl. Herzlich freue ich mich auf unsre Abende. Meine Frau ist sehr neugierig auf die Kometen, die an dem Himmel Amors und Hymens herum laufen. Grüßen Sie Meiern.

S.

*Goethe*

⟨Weimar, 23. Dezember 1797⟩
In der Beilage erhalten Sie meinen Aufsatz[16], den ich zu beher-
zigen, anzuwenden, zu modifizieren und zu erweitern bitte. Ich
habe mich seit einigen Tagen dieser Kriterien beim Lesen der
Ilias und des Sophokles bedient, so wie bei einigen epischen und
tragischen Gegenständen die ich in Gedanken zu motivieren
versuchte und sie haben mir sehr brauchbar ja entscheidend ge-
schienen.

Es ist mir dabei recht aufgefallen wie es kommt daß wir Mo-
derne und die Genres so sehr zu vermischen geneigt sind, ja daß
wir gar nicht einmal im Stand sind sie von einander zu unterscheiden. Es scheint nur daher zu kommen weil die Künstler die
eigentlich die Kunstwerke innerhalb ihren reinen Bedingungen
hervorbringen sollten, dem Streben der Zuschauer und Zuhörer
alles völlig wahr zu finden nachgeben. Meyer hat bemerkt daß
man alle Arten der bildenden Kunst hat bis zur Malerei hin-
antreiben wollen, indem diese durch Haltung und Farben die
Nachahmung als völlig wahr darstellen kann. So sieht man auch
im Gang der Poesie daß alles zum Drama, zur Darstellung des
*vollkommen Gegenwärtigen* sich hindrangt. So sind die Romane in Briefen völlig dramatisch, man kann deswegen mit recht
förmliche Dialoge, wie auch Richardson getan hat, einschalten;
erzählende Romane mit Dialogen untermischt würden dagegen
zu tadeln sein.

Sie werden hundertmal gehört haben daß man nach Lesung
eines guten Romans gewünscht hat den Gegenstand auf dem
Theater zu sehen, und wie viel schlechte Dramen sind daher entstanden. Eben so wollen die Menschen jede interessante Situation gleich in Kupfer gestochen sehen, damit nur ja ihrer Imagination keine Tätigkeit übrig bleibe so soll alles sinnlich wahr
vollkommen gegenwärtig dramatisch sein und das dramatische

16  *Über epische und dramatische Dichtung*

selbst soll sich dem wirklich wahren völlig an die Seite stellen. Diese⟨n⟩ eigentlich kindischen, barbarischen, abgeschmackte⟨n⟩ Tendenzen sollte nun der Künstler aus allen Kräften widerstehn, Kunstwerk von Kunstwerk durch undurchdringliche Zauberkreise sondern, jedes bei seiner Eigenschaft und seinen Eigenheiten erhalten, so wie es die Alten getan haben, und dadurch eben solche Künstler wurden und waren; aber wer kann sein Schiff von den Wellen sondern auf denen es schwimmt? Gegen Strom und Wind legt man nur kleine Strecken zurück.

[…] wann ich kommen kann weiß ich noch nicht die Theaterangelegenheiten halten mich fürcht ich länger als ich glaubte so lebhaft auch mein Wunsch ist Sie wiederzusehen nochmals ein Lebe Wohl. Weimar am 23 Dez. 1797.

G

*Schiller*

⟨Jena, 26. Dezember 1797⟩

[…]

Ich möchte noch ein zweites Hilfsmittel zur Anschaulichmachung dieses Unterschieds in Vorschlag bringen. Die dramatische Handlung bewegt sich vor mir, um die epische bewege ich mich selbst, und sie scheint gleichsam stille zu stehen. Nach meinem Bedünken liegt viel in diesem Unterschied. Bewegt sich die Begebenheit vor mir, so bin ich *streng* an die sinnliche Gegenwart gefesselt, meine Phantasie verliert alle Freiheit, es entsteht und erhält sich eine fortwährende Unruhe in mir, ich muß immer beim Objekte bleiben, alles Zurücksehen, alles Nachdenken ist mir versagt, weil ich einer fremden Gewalt folge. Beweg ich mich um die Begebenheit, die mir nicht entlaufen kann, so kann ich einen ungleichen Schritt halten, ich kann nach meinem subjektiven Bedürfnis mich länger oder kürzer verweilen, kann Rückschritte machen oder Vorgriffe tun u.s.f. Es stimmt dieses auch sehr gut mit dem Begriff des *Vergangenseins*, welches als stillstehend gedacht werden kann, und mit dem Begriff des *Erzählens*, denn der Erzähler weiß schon am Anfang und in der Mitte das Ende, und ihm ist folglich jeder Moment der Handlung gleichgeltend, und so behält er durchaus eine ruhige Freiheit.

Daß der Epiker seine Begebenheit als vollkommen vergangen, der Tragiker die seinige als vollkommen gegenwärtig zu behandeln habe, leuchtet mir sehr ein.

Ich setze noch hinzu. Es entsteht daraus ein reizender Widerstreit der Dichtung als Genus mit der Spezies derselben, der in der Natur wie in der Kunst immer sehr geistreich ist. Die Dichtkunst, als solche, macht alles sinnlich gegenwärtig und so nötigt sie auch den Epischen Dichter das Geschehene zu vergegenwärtigen, nur daß der Charakter des Vergangenseins nicht verwischt werden darf. Die Dichtkunst, als solche, macht alles gegenwärtige vergangen und entfernt alles nahe (durch Idealität) und so nötigt sie den Dramatiker, die individuell auf uns eindringende Wirklichkeit von uns entfernt zu halten und dem Gemüt eine poetische Freiheit gegen den Stoff zu verschaffen. Die Tragödie in ihrem höchsten Begriffe wird also immer zu dem epischen Charakter *hinauf*streben und wird nur dadurch zur Dichtung. Das Epische Gedicht wird eben so zu dem Drama *herunter*streben und wird nur dadurch den poetischen Gattungsbegriff ganz erfüllen; just das, was beide zu poetischen Werken macht, bringt beide einander nahe. Das Merkmal, wodurch sie spezifiziert und einander entgegen gesetzt werden, bringt immer einen von beiden Bestandteilen des poetischen Gattungsbegriffs ins Gedränge, bei der Epopee die *Sinnlichkeit*, bei der Tragödie die *Freiheit*, und es ist also natürlich, daß das Contrepoids gegen diesen Mangel immer eine Eigenschaft sein wird, welche das spezifische Merkmal der entgegengesetzten Dichtart ausmacht. Jede wird also der andern den Dienst erweisen, daß sie die *Gattung* gegen die *Art* in Schutz nimmt. Daß dieses wechselseitige Hinstreben zu einander nicht in eine Vermischung und Grenzverwirrung ausarte, das ist eben die eigentliche Aufgabe der

Kunst, deren höchster Punkt überhaupt immer dieser ist, Charakter mit Schönheit, Reinheit mit Fülle, Einheit mit Allheit pp zu vereinbaren.

Ihr *Hermann* hat wirklich eine gewisse Hinneigung zur Tragödie, wenn man ihm den reinen strengen Begriff der Epopee gegenüber stellt. Das Herz ist inniger und ernstlicher beschäftigt, es ist mehr pathologisches Interesse als poetische Gleichgültigkeit darin, so ist auch die Enge des Schauplatzes, die Sparsamkeit der Figuren, der kurze Ablauf der Handlung der Tragödie zugehörig. Umgekehrt schlägt Ihre Iphigenie offenbar in das epische Feld hinüber, sobald man ihr den strengen Begriff der Tragödie entgegenhält. Von dem Tasso will ich gar nicht reden. Für eine Tragödie ist in der Iphigenie ein zu ruhiger Gang, ein zu großer Aufenthalt, die Katastrophe nicht einmal zu rechnen, welche der Tragödie widerspricht. Jede Wirkung, die ich von diesem Stücke teils an mir selbst teils an andern erfahren, ist generisch poetisch, nicht tragisch gewesen, und so wird es immer sein wenn eine Tragödie, auf epische Art, verfehlt wird. Aber an Ihrer Iphigenia ist dieses Annähern ans epische ein Fehler, nach meinem Begriff, an Ihrem Hermann ist die Hinneigung zur Tragödie offenbar kein Fehler, wenigstens dem Effekte nach ganz und gar nicht. Kommt dieses etwa davon, weil die Tragödie zu einem *bestimmten*, das Epische Gedicht zu einem allgemeinen und freien Gebrauche da ist?

Für heute nichts mehr. Ich bin noch immer keiner ordentlichen Arbeit fähig, nur ihr Brief und Aufsatz konnten mir unterdessen Beschäftigung geben. Leben Sie recht wohl

S.

*Goethe*

⟨Weimar, 27. Dezember 1797⟩

So leid es mir tut zu hören daß Sie noch nicht ganz zur Tätigkeit hergestellt sind, ist es mir doch angenehm daß mein Brief und Aufsatz Sie einigermaßen beschäftigt hat. Ich danke für den Ihrigen der eine Sache noch weiter führt an der uns so viel gelegen sein muß. Leider werden wir Neuern wohl auch gelegentlich als Dichter geboren und wir plagen uns in der ganzen Gattung herum ohne recht zu wissen woran wir eigentlich sind, denn die spezifischen Bestimmungen sollten, wenn ich nicht irre, eigentlich von außen kommen und die Gelegenheit das Talent determinieren. Warum machen wir so selten ein Epigramm im griechischen Sinne? weil wir so wenig Dinge sehen die eins verdienen. Warum gelingt uns das Epische so selten? Weil wir keine Zuhörer haben und warum ist das Streben nach Theatralischen Arbeiten so groß? weil bei uns das Drama die einzig sinnlich reizende Dichtart ist, von deren Ausübung man einen gewissen gegenwärtigen Genuß hoffen kann.

[...] Mochten Sie sich doch recht bald erholen und ich zur Freiheit gelangen Sie nächstens besuchen zu können. Weimar am 27 Dez. 1797.

G

*Schiller*

Jena 29 Dez. 97.

[...]

Wenn das Drama wirklich durch einen so schlechten Hang des Zeitalters in Schutz genommen wird, wie ich nicht zweifle, so müßte man die Reforme beim Drama anfangen, und durch Verdrängung der gemeinen Naturnachahmung der Kunst Luft und Licht verschaffen. Und dies, deucht mir, möchte unter anderm am besten durch Einführung symbolischer Behelfe geschehen, die in allem dem, was nicht zu der wahren Kunstwelt des Poeten gehört, und also nicht dargestellt sondern bloß bedeutet werden soll, die Stelle des Gegenstandes verträten. Ich habe mir diesen Begriff vom Symbolischen in der Poesie noch nicht recht entwickeln können, aber es scheint mir viel darin zu liegen. Würde der Gebrauch desselben bestimmt, so müßte die natürliche Folge sein, daß die Poesie sich reinigte, ihre Welt enger und bedeutungsvoller zusammenzöge, und innerhalb derselben desto wirksamer würde.

Ich hatte immer ein gewisses Vertrauen zur Oper, daß aus ihr wie aus den Chören des alten Bacchusfestes das Trauerspiel in einer edlern Gestalt ⟨sich⟩ loswickeln sollte. In der Oper erläßt man wirklich jene servile Naturnachahmung, und obgleich nur unter dem Namen von Indulgenz könnte sich auf diesem Wege das ideale auf das Theater stehlen. Die Oper stimmt durch die Macht der Musik und durch eine freiere harmonische Reizung der Sinnlichkeit das Gemüt zu einer schönern Empfängnis, hier ist wirklich auch im Pathos selbst ein freieres Spiel weil die Musik es begleitet, und das Wunderbare, welches hier einmal geduldet wird, müßte notwendig gegen den Stoff gleichgültiger machen.

[...]

Möchten Sie nun bald frei sein und mir Tätigkeit, Mut und Leben mitbringen. Leben Sie recht wohl.

Sch.

Briefe aus dem Jahr 1798

*Goethe*

⟨Weimar, 3. Januar 1798⟩

Es ist mir dabei ganz wohl zu Mute, daß wir zum Neuenjahre einander so nahe sind, ich wünsche nur daß wir uns bald wieder sehen und einige Zeit in der Kontinuation zusammen leben. Ich möchte Ihnen manche Sachen mitteilen und vertrauen, damit eine gewisse Epoche meines Denkens und Dichtens schneller zur Reife komme.

[…]

Wenn uns als Dichtern, wie den Taschenspielern, daran gelegen sein müßte, daß niemand die Art, wie ein Kunststückchen hervorgebracht wird einsehen dürfte; so hätten wir freilich gewonnen Spiel, so wie jeder der das Publikum zum besten haben mag, indem er mit dem Strome schwimmt, auf Glück rechnen kann. In Herrmann und Dorothea habe ich, was das Material betrifft, den Deutschen einmal ihren Willen getan und nun sind sie äußerst zufrieden. Ich überlege jetzt ob man nicht auf eben diesem Wege ein dramatisches Stück schreiben könnte? das auf allen Theatern gespielt werden müßte und das jedermann für fürtrefflich erklärte, ohne daß es der Autor selbst dafür zu halten brauchte.

Dieses und so vieles andere muß bis zu unserer Zusammenkunft verschoben bleiben. […]

G


*Schiller*

Jena 5. Januar 98

[…]

Jetzt da ich meine Arbeit von einer fremden Hand reinlich geschrieben vor mir habe und sie mir fremder ist, macht sie mir wirklich Freude. Ich finde augenscheinlich, daß ich über mich selbst hinausgegangen bin, welches die Frucht unsres Umgangs ist; denn nur der vielmalige kontinuierliche Verkehr mit einer, so objektiv mir entgegenstehenden, Natur, mein lebhaftes Hinstreben darnach und die vereinigte Bemühung, sie anzuschauen und zu denken konnte mich fähig machen, meine subjektiven Grenzen soweit auseinander zu rücken. Ich finde, daß mich die Klarheit und die Besonnenheit, welche die Frucht einer spätern Epoche ist, nichts von der Wärme einer frühern gekostet hat. Doch es schickte sich besser, daß ich das aus Ihrem Munde hörte, als daß Sie es von mir erfahren.

Ich werde es mir gesagt sein lassen, keine andre als historische Stoffe zu wählen, frei erfundene würden meine Klippe sein. Es ist eine ganz andere Operation das realistische zu idealisieren, als das ideale zu realisieren, und letzteres ist der eigentliche Fall bei freien Fiktionen. Es steht in meinem Vermögen, eine gegebene bestimmte und beschränkte Materie zu beleben, zu erwärmen und gleichsam aufquellen zu machen, während daß die objektive Bestimmtheit eines solchen Stoffs meine Phantasie zügelt und meiner Willkür widersteht.

[…]

S.

*Goethe*

⟨Weimar, 6. Januar 1798⟩

Ich wünsche Ihnen Glück zu Ihrer Zufriedenheit mit dem fertigen Teil Ihres Werkes. Bei der Klarheit, mit der Sie die Forderungen übersehen, die Sie an sich zu machen haben, zweifle ich nicht an der völligen Gültigkeit Ihres Zeugnisses. Das günstige Zusammentreffen unserer beiden Naturen hat uns schon manchen Vorteil verschafft und ich hoffe dieses Verhältnis wird immer gleich fortwirken. Wenn ich Ihnen zum Repräsentanten mancher Objekte diente, so haben Sie mich von der allzustrengen Beobachtung der äußern Dinge und ihrer Verhältnisse auf mich selbst zurückgeführt, Sie haben mich die Vielseitigkeit des innern Menschen mit mehr Billigkeit anzuschauen gelehrt, Sie haben mir eine zweite Jugend verschafft und mich wieder zum Dichter gemacht, welches zu sein ich so gut als aufgehört hatte.

Sehr sonderbar spüre ich noch immer den Effekt meiner Reise. Das Material, das ich darauf erbeutet, kann ich zu nichts brauchen und ich bin außer aller Stimmung gekommen irgend etwas zu tun. Ich erinnere mich aus früherer Zeit eben solcher Wirkungen und es ist mir aus manchen Fällen und Umständen recht wohl bekannt: daß Eindrücke bei mir sehr lange im Stillen wirken müssen, bis sie zum poetischen Gebrauche sich willig finden lassen. Ich habe auch deswegen ganz pausiert und erwarte nur was mir mein erster Aufenthalt in Jena bringen wird.

[…]

Ich wünsche in gar vielen Rücksichten daß Ihr Wallenstein bald fertig werden möge. Lassen Sie uns sowohl während der Arbeit, als auch hinterdrein die dramatischen Forderungen nochmals recht durcharbeiten. Sein Sie künftig in Absicht des Plans und der Anlage genau und vorausbestimmend, so müßte es nicht gut sein wenn Sie, bei Ihren geübten Talenten und dem innern Reichtum, nicht alle Jahr ein paar Stücke schreiben wollten. Denn das scheint mir offenbar beim dramatischen Dichter notwendig daß er oft auftrete, die Wirkung die er gemacht hat immer wieder erneuere und wenn er das Talent hat darauf fortbaue.

[…] Ich verschiebe meine Ankunft lieber noch einige Zeit um in der Kontinuation mit Ihnen erfreuliche und fruchtbare Tage verleben zu können.

W. d. 6. Jan 98                                                           G

*Schiller*

Jena 9. Januar 98

[…]

Heute kann ich Ihnen bloß einen guten Abend sagen. Ich habe die Nacht nicht geschlafen und werde mich gleich zu Bette legen. Wie ists Ihnen bei dem greulichen Wetter? Ich fühle es in allen Nerven. Es ist mir für Sie selbst lieb, daß Sie jetzt nicht hier sind.

Leben Sie recht wohl                                        S.


*Schiller*

Jena 26. Jan. 98.

[…]

Wir werden, wie sichs von selbst versteht, beim Aufhören[1] keinen Eklat machen, und da sich die Erscheinung des 12ten Stücks 1797 ohnehin bis auf den März verzögert, so werden sie von selbst selig einschlafen. Sonst hätten wir auch in dieses 12te Stück einen tollen politisch-religiösen Aufsatz können setzen lassen, der ein Verbot der Horen veranlaßt hätte, und wenn Sie mir einen solchen wissen, so ist noch Platz dafür.

Mit meiner Gesundheit geht es zwar seit gestern wieder besser, aber die Stimmung zur Arbeit hat sich noch nicht wieder eingefunden. Unterdessen habe ich mir mit Niebuhrs und Volneys Reise nach Syrien und Egypten die Zeit vertrieben, und ich rate wirklich jedem der bei den jetzigen schlechten politischen Aspekten den Mut verliert, eine solche Lecture; denn erst so sieht man, welche Wohltat es bei alledem ist, in Europa geboren zu sein. Es ist doch wirklich unbegreiflich, daß die belebende Kraft im Menschen nur in einem so kleinen Teil der Welt wirksam ist, und jene ungeheuren Völkermassen für die menschliche

---

1  Die *Horen* werden 1798 eingestellt.

229

Perfektibilität ganz und gar nicht zählen. Besonders merkwürdig ist es mir, daß es jenen Nationen und überhaupt allen Nicht-Europäern auf der Erde nicht sowohl an moralischen als an ästhetischen Anlagen gänzlich fehlt. Der Realism, so wie auch der Idealism zeigt sich bei ihnen, aber beide Anlagen fließen niemals in eine menschlich schöne Form zusammen. Ich hielt es wirklich für absolut unmöglich den Stoff zu einem epischen oder tragischen Gedichte in diesen VölkerMassen zu finden, oder einen solchen dahin zu verlegen.

Leben Sie wohl für heute.  Meine Frau grüßt Sie bestens

S.


*Goethe*

〈Weimar, 7. Februar 1798〉

[…]

Da ich von aller Produktion gleichsam abgeschnitten bin, so treibe ich mich in allerlei praktischen herum, obgleich mit wenig Freude. Es wäre möglich sehr viele Ideen, in ihren ganzen Umfang, auszuführen wenn nicht die Menschen die Determination, die sie von den Umständen borgen, auch schon für Ideen hielten, woraus denn gewöhnlich die größten Pfuschereien entstehen, und bei Verwendung von weit mehr Mühe, Sorge, Geld und Zeit doch zuletzt nichts das eine gewisse Gestalt hätte hervorgebracht werden kann. Mit stiller, aber desto lebhafterer Sehnsucht sehe ich dem Tage entgegen, der mich wieder zu Ihnen bringen soll. […]

Leben Sie recht wohl es ist spät geworden und ich kann nur noch Sie und Ihre Frauenzimmer bestens grüßen. Weimar am 7 Febr 1798.

G

*Goethe*

⟨Weimar, 10. Februar 1798⟩

[...]

Die Philosophie wird mir deshalb immer werter weil sie mich täglich immer mehr lehrt mich von mir selbst zu scheiden, das ich um so mehr tun kann da meine Natur, wie getrennte Quecksilberkugeln, sich so leicht und schnell wieder vereinigt. Ihr Verfahren ist mir darin eine schöne Beihülfe und ich hoffe bald durch mein Schema der Farbenlehre uns Gelegenheit zu neuen Unterhaltungen zu geben.

[...] Leben Sie recht wohl. Ich wünsche guten Success Ihrer Arbeiten.

Weimar am 10 Febr 1798.                                                    G


*Schiller*

Jena 23. Febr. 98

Bei der Art wie Sie jetzt Ihre Arbeiten[2] treiben haben Sie immer den schönen doppelten Gewinn, *erstlich* die Einsicht in den Gegenstand und dann *zweitens* die Einsicht in die Operation des Geistes, gleichsam eine Philosophie des Geschäfts, und das letzte ist fast der größere Gewinn, weil eine Kenntnis der Geisteswerkzeuge und eine deutliche Erkenntnis der Methode den Menschen schon gewissermaßen zum Herrn über alle Gegenstände macht. Ich freue mich sehr darauf, wenn Sie hieher kommen, gerade über dieses allgemeine in Behandlung der Empirie recht viel zu lernen und nachzudenken. Vielleicht entschließen Sie Sich dieses Allgemeine, an der Spitze Ihres Werks, recht ausführlich abzuhandeln, und dadurch dem Werke, sogar unabhängig von seinem besondern Inhalt, einen absoluten Wert für alle

2  Goethes Farbenlehre

231

diejenigen, welche über Naturgegenstände nachdenken, zu verschaffen. Baco sollte Sie billig dazu veranlassen.

[…]

S.


*Goethe*

⟨Weimar, 21. und 25. Februar 1798⟩
Jedem der Mittwochs oder Sonnabends früh in mein Zimmer
kommt wird auf die Finger gesehen ob er nicht einen Brief von
Ihnen bringe und da ich heute dieses ersehnte Frühstück entbeh-
ren mußte so hat mir ein blaues Couvert am Abend desto mehr
Freude gemacht.

[…]
Ich erinnere mich kaum was ich heute früh über den rationel-
len Empirism schrieb, mir scheint es aber als wenn er auf seinem
höchsten Punkte auch nur kritisch werden könnte. Er muß gewisse Vorstellungsarten neben einander stehen lassen ohne daß
er sich untersteht eine auszuschließen oder eine über das Gebiet der andern auszubreiten. In der ganzen Geschichte der Farbenlehre scheint mir dies der Fehler daß man die drei Eintei-
lungen nicht machen wollte und daß man die empirischen
Enunciationen, die auf eine Abteilung der Erfahrungen paßten
auf die andere ausdehnen wollte da denn zuletzt nichts mehr
paßte.

Eben so scheint es mir mit Ideen zu sein die man aus dem Reiche des Denkens in das Erfahrungsreich hinüberbringt sie pas-
sen auch nur auf Einen Teil der Phänomene und ich möchte
sagen, die Natur ist deswegen unergründlich weil sie nicht Ein
Mensch begreifen kann, obgleich die ganze Menschheit sie wohl
begreifen könnte. Weil aber die liebe Menschheit niemals beisammen ist so hat die Natur gut Spiel sich vor unsern Augen zu
verstecken.

In Schelings Ideen habe ich wieder etwas gelesen und es ist

immer merkwürdig sich mit ihm zu unterhalten doch glaube ich zu finden daß er das was den Vorstellungsarten die er in Gang bringen möchte widerspricht, gar bedächtig verschweigt und was habe ich denn an einer Idee die mich nötigt meinen Vorrat von Phänomenen zu verkümmern.

Von der andern Seite sind die Mathematiker, welche ungeheure Vorteile haben der Natur zu Leibe zu gehen auch oft in dem Falle das interessanteste zu tuschen. Ein alter Hofgärtner pflegte zu sagen die Natur läßt sich wohl forcieren aber nicht zwingen und alles was wir theoretisch gegen sie vornehmen sind Approximationen bei denen die Bescheidenheit nicht genug zu empfehlen ist. Es war mir neulich sehr interessant Lamberts Photometrie durchzugehen der wirklich liebenswürdig erscheint indem er seinen Gegenstand für unerreichbar erklärt und zugleich die äußerste Mühe anwendet ihm beizukommen.

Das soll nun alles besonders wenn ich meine Arbeit erst vorlegen kann zu den besten Gesprächen Anlaß geben

––––––––––

So weit war ich am Mittwoch gekommen, was ich gestern diktierte hat gar keine Gestalt. Und doch soll dies Blatt heute Abend zu Ihnen. Die Herrschaft ist nach Gotha. Diesen ganzen ruhigen Tag habe ich mit neuen Bibliotheks Einrichtungen zugebracht, wobei noch nichts gewonnen ist als was sich von selbst verstünde.

Leben Sie recht wohl und erfreuen mich Mittwoch wieder mit einem Briefe. Weimar am 25 Febr 98.

G

*Schiller*

Jena 27. Febr. 98.

Dieser Februar ist also hingegangen, ohne Sie zu mir zu bringen, und ich habe, erwartend und hoffend bald den Winter überstanden. Desto heitrer seh ich ins Frühjahr hinein, dem ich wirklich mit neuerwachtem Verlangen mich entgegen sehne. Es beschäftigt mich jetzt zuweilen auf eine angenehme Weise, in meinem Gartenhause und Garten Anstalten zur Verbesserung meines dortigen Aufenthalts zu treffen. Eine von diesen ist besonders wohltätig und wird eben so angenehm sein: ein Bad nämlich, das ich reinlich und niedlich in einer von den Gartenhütten mauren lasse. Die Hütte wird zugleich um einen Stock erhöht und soll eine freundliche Aussicht in das Tal der Leitra erhalten. Auf der entgegengesetzten Lambrechtischen Seite ist schon im vorigen Jahr an die Stelle der Hütte eine ganz massivgebaute Küche getreten. Sie werden also, wenn Sie uns im Garten besuchen allerlei nützliche Veränderungen darin finden. Möchten wir nur erst wieder dort beisammen sein!

Ich lege doch jetzt ganz unvermerkt eine Strecke nach der andern in meinem Pensum zurück und finde mich so recht in dem tiefsten Wirbel der Handlung. Besonders bin ich froh, eine Situation hinter mir zu haben, wo die Aufgabe war, das ganz gemeine moralische Urteil über das Wallensteinische Verbrechen auszusprechen und eine solche an sich triviale und unpoetische Materie poetisch und geistreich zu behandeln, ohne die Natur des moralischen zu vertilgen. Ich bin zufrieden mit der Ausführung und hoffe unserm lieben moralischen Publikum nicht weniger zu gefallen, ob ich gleich keine Predigt daraus gemacht habe. Bei dieser Gelegenheit habe ich aber recht gefühlt, wie leer das eigentliche moralische ist, und wieviel daher das Subjekt leisten mußte, um das Objekt in der poetischen Höhe zu erhalten.

In Ihrem letzten Briefe frappierte mich der Gedanke, daß die Natur, obgleich von keinem einzelnen gefaßt, von der Summe aller Individuen gefaßt werden könnte. Man kann wirklich, deucht mir, jedes Individuum als einen eigenen *Sinn* betrachten, der die Natur im Ganzen eben so eigentümlich auffaßt als ein einzelnes Sinnenorgan des Menschen und eben so wenig durch einen andern sich ersetzen läßt, als das Ohr durch das Auge und s.w. Wenn nur jede individuelle Vorstellungs- und Empfindungsweise auch einer reinen und vollkommenen Mitteilung fähig wäre, denn die Sprache hat eine, der Individualität ganz entgegengesetzte Tendenz, und solche Naturen, die sich zur allgemeinen Mitteilung ausbilden büßen gewöhnlich soviel von ihrer Individualität ein, und verlieren also sehr oft von jener sinnlichen Qualität zum Auffassen der Erscheinungen. Überhaupt ist mir das Verhältnis der allgemeinen Begriffe und der auf diesen erbauten Sprache zu den Sachen und Fällen und Intuitionen ein Abgrund, in den ich nicht ohne Schwindeln schauen kann. Das wirkliche Leben zeigt in jeder Minute die Möglichkeit einer solchen Mitteilung des Besondern und Besondersten durch ein allgemeines Medium, und der Verstand, als solcher, muß sich beinah die Unmöglichkeit beweisen.

Leben Sie recht wohl. Ich lege Humboldts letzten Brief bei, den ich mir zur Beantwortung bald zurückerbitte. Meine Frau grüßt Sie aufs beste.   Meiern viele Grüße.

S.


*Goethe*


⟨Weimar, 3. März 1798⟩

Zu dem Bürger Dekrete[3], das Ihnen aus dem Reiche der Toten zugesendet worden, kann ich nur in so fern Glück wünschen als es Sie noch unter den Lebendigen angetroffen hat, warten Sie ja noch eine Weile ehe Sie Ihre verewigten großen Mitbürger besu-

---

3  Die Urkunde zu Schillers französischem Bürgerrecht war bereits 1792 unterzeichnet worden von Männern (u. a. von Danton), die inzwischen getötet oder in den Selbstmord getrieben worden waren.

chen. Herr Campe scheint an der gefährlichsten aller Tollheiten, so wie noch mancher gute Deutsche, krank zu liegen. Leider ist dagegen so wenig als gegen eine andere Pest zu tun und zu sagen.

Das schöne Wetter ruft mich jeden Tag zu Ihnen und ich benutze mein Hiersein so gut ich kann. Ich habe die Insekten wieder vorgenommen und auch meine Mineralien geordnet. […]

G

## Schiller

Jena 6 März 98

Aus Ihren, mir neu eröffneten, Vorsätzen muß ich schließen, daß Sie noch eine gute Weile lang auf dem wissenschaftlichen Felde bleiben werden, welches mir für die poetische Ausübung leid tut, sosehr ich auch den Nutzen und die Notwendigkeit davon einsehe. […,]

S.

## Goethe

⟨Jena, vermutlich 4. April 1798⟩

Ich muß doch noch einmal wegen Schlegels anfragen, dessen ich schon in einem Briefe erwähnte. Haben Sie, auch für die Zukunft seine Verbannung[4] fest beschlossen, so lassen wir alles ruhen und ich werde mich darnach benehmen. Möchten Sie aber vielleicht ihm einen sparsamen Zutritt gönnen, so wäre jetzt, da Tischbein Sie zu besuchen wünscht, die beste Gelegenheit, und, da S⟨chlegel⟩ nach Ostern fortgeht, für den Sommer keine Zudringlichkeit zu befürchten. Da ich diese Personen sehen muß und Tischbein zu besuchen nicht vermeiden kann, so wünscht ich

---

4  Es war zwischen Schiller und den Gebrüdern Schlegel zu einem Zerwürfnis gekommen.

Ihre Gesinnungen zu vernehmen, weil man von mir immer eine Mittlerschaft erwartet. Wünsche übrigens gute Fortschritte.

G

*Schiller*

Jena 28. Jun. 98.

[...]

Wenn mir Schlegel noch etwas bedeutendes für den Almanach bestimmen will, so habe ich gar nichts gegen die Einrückung dieser Gelegenheitsverse. Sollen Sie aber sein einziger Beitrag sein, den er nicht einmal ausdrücklich dafür schickt, so könnte es das Ansehen haben, als wenn wir nach allem griffen, was von ihm zu haben ist, und in dieser Not sind wir nicht. Ich habe so wenig honnete Behandlung von dieser Familie erfahren, daß ich mich wirklich in Acht nehmen muß, ihnen keine Gelegenheit zu geben, sich bedeutend zu machen. Denn das wenigste was ich riskierte wäre dieses, daß Frau Schlegel jedermann versicherte, ihr Mann arbeite nicht mit an dem Almanach, aber um ihn doch zu haben, hätte ich die zwei gedruckte Gedichte aufgegriffen.

[...]

S.

*Schiller*

Jena 23. Jul. 98

[...]

Was sagen Sie zu dem neuen Schlegelischen Athenäum[5], und besonders zu den Fragmenten? Mir macht diese naseweise, entscheidende, schneidende und einseitige Manier physisch wehe.

[...]

Sch.

---

5  Die Zeitschrift *Athenäum*. Darin *Fragmente* von Friedrich und August Wilhelm Schlegel.

*Goethe*

⟨Weimar, 25. Juli 1798⟩

[...]

Das Schlegelsche Ingrediens, in seiner ganzen Individualität scheint mir denn doch in der Olla potrida unsers deutschen Journalwesens nicht zu verachten. Diese allgemeine Nichtigkeit, Parteisucht fürs äußerst mittelmäßige, diese Augendienerei, diese Katzenbuckelgebärden, diese Leerheit und Lahmheit in der nur wenige gute Produkte sich verlieren, hat an einem solchen Wespenneste wie die Fragmente sind einen fürchterlichen Gegner auch ist Freund Ubique, der das erste Exemplar erhielt, schon geschäftig herumgegangen um durch einzelne vorgelesene Stellen das Ganze zu diskreditieren. Bei allem was Ihnen daran mit Recht mißfällt kann man den⟨n⟩ doch den Verfassern einen gewissen Ernst, eine gewisse Tiefe und von der andern Seite Liberalität nicht ableugnen. Ein Dutzend solcher Stücke wird zeigen wie reich und wie perfektibel sie sind.

[...]

G


*Schiller*

Jena 27 Jul. 98.

[...]

Einen gewissen Ernst und ein tieferes Eindringen in die Sachen kann ich den beiden Schlegeln, und dem jüngern ins besondere nicht absprechen. Aber diese Tugend ist mit sovielen egoistischen und widerwärtigen Ingredienzien vermischt daß sie sehr viel von ihrem Wert und Nutzen verliert. Auch gestehe ich, daß ich in den ästhetischen Urteilen dieser beiden eine solche Dürre, Trockenheit und sachlose Wortstrenge finde, daß ich oft zweifelhaft bin, ob sie wirklich auch zuweilen einen Gegenstand darunter denken. Die eignen poetischen Arbeiten des ältern[6] bestätigen mir meinen Verdacht, denn es ist mir absolut unbegreiflich, wie dasselbe Individuum, das Ihren Genius wirklich faßt und Ihren Herrmann z. B., wirklich fühlt, die ganz antipodische Natur seiner eigenen Werke, diese dürre und herzlose Kälte auch nur ertragen, ich will nicht sagen, schön finden kann. Wenn das Publikum eine glückliche Stimmung für das Gute und Rechte in der Poesie bekommen kann, so wird die Art wie diese beiden es treiben, jene Epoche eher verzögern als beschleunigen, denn diese Manier erregt weder Neigung und Vertrauen noch Respekt, wenn sie auch bei den Schwätzern und Schreiern Furcht erregt, und die Blößen, welche die Herrn sich, in ihrer einseitigen und übertreibenden Art, geben wirft auf die gute Sache selbst einen fast lächerlichen Schein.

[…]

S.

## Goethe

⟨Weimar, 28. Juli 1798⟩

[…]

Was noch allenfalls zu Gunsten der Schlegel zu sagen wäre wollen wir auf eine mündliche Unterhandlung versparen. Ich wünsche die Fragmente eigents mit Ihnen durchzugehen, als Veranlassung zum interessanten Gespräch werden sie gewiß sehr dienen, selbst indem sie zum Widerspruch aufregen. Wie glücklich würde ich mich finden wenn ich schon wieder in Ihrer Nähe wäre.

An Cotta ist die erste Sendung fort, hierbei teile ich die zweite mit, und wünsche sie auf den Mittwoch wieder zu erhalten. Zeigen Sie mir ja an was Sie über den Stoff und über den Vortrag denken.

[…]

G

6  August Wilhelm Schlegel

*Schiller*

Jena 21. Aug 98.

[...]

Daß ich Ihnen die zwei letzten Akte vom W⟨allenstein⟩ vorlas, und mich von Ihrem Beifall überzeugen konnte, ist eine wahre Wohltat für mich gewesen, und wird mir den Mut geben und erhalten, den ich zur Vollendung des Stücks noch so nötig brauche.

Auf der andern Seite hingegen könnte es mich beinah traurig machen, daß ich nun nichts mehr *vor mir* habe, worauf ich mich bei dieser Arbeit so recht freuen kann; denn Ihnen das fertige Werk vorzulesen und Ihrer Zufriedenheit gewiß zu sein, war im Grund meine beste Freude, denn bei dem Publikum wird einem das wenige Vergnügen durch soviele Mißtöne verkümmert.

[...]

Sch.

*Schiller*

Jena 24. Aug. 98

[...]

Ich bin verlangend Ihre neuen Ideen über das Epische und Tragische zu hören. Mitten in einer tragischen Arbeit fühlt man besonders lebhaft, wie erstaunlich weit die beiden Gattungen auseinander gehen. Ich fand dies auf eine mir selbst überraschende Weise bei der Arbeit an meinem fünften Akte, die mich von allem ruhig menschlichen völlig isolierte, weil hier ein Augenblick fixiert werden mußte, der notwendig vorübergehend sein muß. Dieser so starke Absatz, den meine Gemütsstimmung hier gegen alle übrigen freieren Menschlichen Zustände machte, erweckte mir beinahe eine Furcht, mich auf einem zu pathologischem Wege zu befinden, weil ich das meinem Individuum zuschrieb, was die Natur des Geschäfts mit sich brachte. Aber so ist es mir ein Beweis mehr, daß die Tragödie nur einzelne außerordentliche Augenblicke der Menschheit, das Epos dagegen, wobei jene Stimmung nicht wohl vorkommen kann das Beharrliche ruhig fortbestehende Ganze derselben behandelt und deswegen auch den Menschen in jeder Gemütsfassung anspricht.

Ich lasse meine Personen viel sprechen, sich mit einer gewissen Breite herauslassen; Sie haben mir darüber nichts gesagt und scheinen es nicht zu tadeln. Ja Ihr eigener Usus sowohl im Drama als im Epischen spricht mir dafür. Es ist zuverlässig, man könnte mit weniger Worten auskommen, um die tragische Handlung auf- und abzuwickeln, auch möchte es der Natur handelnder Charaktere gemäßer scheinen. Aber das Beispiel der Alten, welche es auch so gehalten haben und in demjenigen was Aristoteles die Gesinnungen und Meinungen nennt, gar nicht wortkarg gewesen sind, scheint auf ein höheres poetisches Gesetz hinzudeuten, welches eben hierin eine Abweichung von der Wirklichkeit fodert. Sobald man sich erinnert, daß alle poetische Personen symbolische Wesen sind, daß sie, als poetische Gestalten, immer das allgemeine der Menschheit darzustellen und auszusprechen haben, und sobald man ferner daran denkt, daß der Dichter so wie der Künstler überhaupt auf eine öffentliche und ehrliche Art von der Wirklichkeit sich entfernen und daran erinnern soll daß ers tut, so ist gegen diesen Gebrauch nichts zu sagen. Außerdem würde, deucht mir, eine kürzere und lakonischere Behandlungsweise nicht nur viel zu arm und trocken ausfallen, sie würde auch viel zu sehr realistisch, hart und in heftigen Situationen unausstehlich werden, dahingegen eine breitere und vollere Behandlungsweise immer eine gewiße Ruhe und Gemütlichkeit, auch in den gewaltsamsten Zuständen die man schildert, hervorbringt.

[…]

Sch.

*Schiller*

<br />

Jena 31. Aug. 98

[...]

Zur nunmehrigen völligen Ausfertigung des 1sten Stücks der Propyläen wünsche ich Glück. Ich bin recht verlangend es im Druck zu lesen und mich dann mit Ruhe darüber zu machen. Auf einen Beitrag von mir für das Vierte Stück dürfen Sie sicher rechnen, denn ich brauche zur Beendigung des Wallensteins allerhöchstens noch den Rest dieses Jahrs. Die Ausarbeitung des Stücks fürs Theater, als eine bloße Verstandes Sache, kann ich schon mit einem andern besonders theoretischen Geschäft zugleich vornehmen.

Ich freue mich den Theaterbau[7] mit anzusehen, und glaube Ihnen, daß der Anblick der Bretter allerlei wecken wird. Es ist mir neulich aufgefallen was ich in einer Zeitschrift oder Zeitung las, daß das Hamburger Publikum sich über die Wiederholung der Iflandischen Stücke beklage und sie satt sei. Wenn dies einen analogischen Schluß auf andre Städte erlaubt, so würde mein Wallenstein einen günstigen Moment treffen. Unwahrscheinlich ist es nicht, daß das Publikum sich selbst nicht mehr sehen mag, es fühlt sich in gar zu schlechter Gesellschaft. Die Begierde nach jenen Stücken scheint mir auch mehr durch einen Überdruß an den Ritterschauspielen erzeugt oder wenigstens verstärkt worden zu sein, man wollte sich von Verzerrungen erholen. Aber das lange Angaffen eines Alltagsgesichts muß endlich freilich auch ermüden.

[...]

<br />

Sch.

---

7   Umbau des Weimarer Theaters. Eröffnung am 12. Oktober 1798 mit *Wallensteins Lager.*

<br />

<br />

242

*Schiller*

Jena 9. 8br. ⟨Oktober⟩ 98

[...]

Sie haben es mit den Veränderungen[8], die Sie in meinem Text vorgenommen ganz gnädig gemacht. Von einigen ist mir die Ursache nicht gleich klar, doch darüber werden wir sprechen. Solche Kleinigkeiten führen oft zu den nützlichsten Bemerkungen.

Leben Sie recht wohl. Ich freue mich nur, daß Lust und Humor Sie bei dieser mechanischen Hetzerei nicht verlassen.

Meine Frau grüßt aufs beste.

S.


*Goethe*

⟨Weimar, 8. Dezember 1798⟩

Wie sehr wünschte ich grade über die vorliegende Frage[9] mit Ihnen einen Abend zu konversieren, denn sie ist doch um vieles wichtiger als jene Quästion: in welcher Ordnung die Rüstung erscheinen soll? Ich fasse mich nur kurz zusammen und gehe über alles hinaus, worüber wir einig sind.

Ich halte nach vielfältiger Überlegung das astrologische Motiv für besser als das neue.

Der *astrologische Aberglaube* ruht auf dem dunkeln Gefühl eines ungeheuren Weltganzen. Die Erfahrung spricht, daß die nächsten Gestirne einen entschiedenen Einfluß auf Witterung, Vegetation u. s. w. haben man darf nur stufenweise immer aufwärts steigen und es läßt sich nicht sagen, wo diese Wirkung aufhört. Findet doch der Astronom überall Störungen eines Gestirns durchs andere. Ist doch der Philosoph geneigt, ja genötigt eine Wirkung auf das Entfernteste anzunehmen. So darf der

8 Goethe hatte unmittelbar vor der Premiere noch einige kleinere Texteingriffe vorgenommen.
9 Die Frage lautet: Soll Astrologie für Wallenstein eine Rolle spielen?

243

Mensch im Vorgefühl seiner selbst nur immer etwas weiter schreiten und diese Einrichtung aufs sittliche, auf Glück und Unglück ausdehnen. Diesen und ähnlichen Wahn möchte ich nicht einmal Aberglauben nennen, er liegt unserer Natur so nahe, ist so leidlich und läßlich als irgend ein Glaube.

[...]

G

*Schiller*

Jena den 11. Dez. 98

Es ist eine rechte Gottesgabe um einen weisen und sorgfältigen Freund, das habe ich bei dieser Gelegenheit aufs neue erfahren. Ihre Bemerkungen sind vollkommen richtig und Ihre Gründe überzeugend. Ich weiß nicht welcher böse Genius über mir gewaltet, daß ich das astrologische Motiv im Wallenstein nie recht ernsthaft anfassen wollte, da doch eigentlich meine Natur die Sachen lieber von der ernsthaften als leichten Seite nimmt. Die Eigenschaften des Stoffes müssen mich anfangs zurückgeschreckt haben. Ich sehe aber jetzt vollkommen ein, daß ich noch etwas bedeutendes für diese Materie tun muß und es wird auch wohl gehen, ob es gleich die Arbeit wieder verlängert.

Leider fällt diese für mich so dringende Epoche des Fertig werdens in eine sehr ungünstige Zeit, ich kann jetzt gewöhnlich über die andere Nacht nicht schlafen, und muß viel Kraft anwenden, mich in der nötigen Klarheit der Stimmung zu erhalten. Könnte ich nicht durch meinen Willen etwas mehr, als andere in ähnlichen Fällen können, so würde ich jetzt ganz und gar pausieren müssen.

Indessen hoffe ich Ihnen doch die Piccolomini zum Christgeschenk noch schicken zu können.

Möchten nur auch Sie diese nächsten schlimmen Wochen heiter und froh durchleben und dann im Januar wieder munter zu uns und Ihren hiesigen Geschäften zurückkehren.

Ich bin neugierig zu erfahren, was Sie für das 4te Stück der Propylæen ausgedacht.

Leben Sie recht wohl. Ich erhalte einen Abendbesuch von meinem Hausherrn, der mich hindert mehr zu sagen.

Die Frau grüßt Sie herzlich.

Meiern viele Grüße.

S.

*Goethe*

⟨Weimar, 12. Dezember 1798⟩

Es freut mich, daß ich Ihnen etwas habe wieder erstatten können von der Art in der ich Ihnen so manches schuldig geworden bin. Ich wünschte nur daß mein guter Rat zu einer günstigen Jahrszeit hätte anlangen können, damit Sie dadurch schneller gefördert wären, denn ich muß Sie wirklich bedauern daß die Zeit der Vollendung in diese Tage fällt, die eben unsere Freunde nicht sind.

[...]

Ob Ihr erstes Stück[10] Weihnachten fertig wird oder nicht, wird meinen Januaraufenthalt entscheiden, im ersten Fall hoffe ich Sie bei mir zu sehen im zweiten denke ich Sie zu besuchen. Für heute leben Sie wohl und grüßen Ihre liebe Frau.

Weimar am 12 Dez. 1798.

G

10  Die Piccolomini

*Goethe*

⟨Weimar, 19. Dezember 1798⟩

[…]

Kants Anthropologie ist mir ein sehr wertes Buch und wird es künftig noch mehr sein, wenn ich es in geringem Dosen wiederholt genieße, denn im ganzen wie es da steht ist es nicht erquicklich. Von diesem Gesichtspunkte aus sieht sich der Mensch immer im pathologischen Zustande und da man, wie der alte Herr selbst versichert, vor dem 60sten Jahr nicht vernünftig werden kann, so ist es ein schlechter Spaß sich die übrige Zeit seines Lebens für einen Narren zu erklären. Doch wird, wenn man zu guter Stunde ein Paar Seiten drinne liest, die geistreiche Behandlung immer reizend sein. Übrigens ist mir alles verhaßt was mich bloß belehrt, ohne meine Tätigkeit zu vermehren oder unmittelbar zu beleben.

Meinen Zustand in diesen Tagen kann ich auch nicht rühmen. Zu einer solchen Zeit sollte man eigentlich in einer großen Stadt sein, wo man von außen gereizt würde und sich selbst vergäße.

Mechanische Arbeiten gehen nicht vom Flecke und geistige gelingen nicht. Schon diesem Briefe merke ich an daß ich meine Gedanken nicht wie sonst beisammen habe.

[…] Leben Sie recht wohl bis auf bessere Tage ich will noch sehen mich von manchem einzelnen zu befreien damit man nach dem neuen Jahre an irgend etwas ganzes gehen kann.

Weimar d. 19 Dez. 1798.

G


*Schiller*

Jena 22 ⟨21.⟩ Dez. 98

Ich bin sehr verlangend Kants Anthropologie zu lesen, die pathologische Seite die er am Menschen immer herauskehrt und die bei einer Anthropologie vielleicht am Platze sein mag, ver-

246

folgt einen fast in allem was er schreibt, und sie ists, die seiner praktischen Philosophie ein so grämliches Ansehen gibt. Daß dieser heitre und joviale Geist seine Flügel nicht ganz von dem Lebensschmutz hat losmachen können, ja selbst gewisse düstere Eindrücke der Jugend pp nicht ganz verwunden hat ist zu verwunden und zu beklagen. Es ist immer noch etwas in ihm, was einen, wie bei Luthern, ein ein⟨en⟩ Mönch erinnert, der sich zwar sein Kloster geöffnet hat, aber die Spuren desselben nicht ganz vertilgen konnte.

[…]

S.

*Goethe*

⟨Weimar, 25. Dezember 1798⟩

Viel Glück zu der abgenötigten Vollendung der Arbeit denn ich will Ihnen gar nicht leugnen daß mir in der letzten Zeit alle Hoffnung zu vergehen anfing. Bei der Art, wie Sie diese Jahre her den Wallenstein behandelt haben ließ sich gar keine innere Ursache mehr denken, wodurch er fertig werden konnte so wenig als das Wachs gerinnen kann so lange es in dem Feuer steht. Sie werden selbst erst finden wenn Sie diese Sache hinter sich haben was für Sie gewonnen ist. Ich sehe es als etwas unendliches an.

[…]

G

Briefe aus dem Jahr 1799

*Goethe*

<Weimar, 25. Januar 1799>
Sagen Sie mir doch mit einigen Worten wertester Freund wie Sie
geschlafen haben und wie Sie sich befinden? Vielleicht können
Sie noch nicht bestimmen ob Sie in die Probe[1] kommen werden;
auf alle Fälle, wenn Sie eine Vermehrung des Übels befürchten,
so halten Sie sich heute und morgen zu hause, ich will indessen,
so gut es gehen will, Ihre Stelle vertreten und Ihnen morgen wie
die Sache abgelaufen ist, referieren.
[…]

G

*Schiller*

Jena 5. März. 99.
Es hat mich diesen Winter oft geschmerzt, Sie nicht so heiter
und mutvoll zu finden, als sonst, und eben darum hätte ich mir
selbst etwas mehr Geistesfreiheit gewünscht, um Ihnen mehr
sein zu können. Die Natur hat Sie einmal bestimmt, hervorzubringen; jeder andere Zustand, wenn er eine Zeitlang anhält,
streitet mit Ihrem Wesen. Eine so lange Pause, als Sie dasmal in
der Poesie gemacht haben, darf nicht mehr vorkommen, und Sie
müssen darin ein Machtwort aussprechen und ernstlich wollen.
Schon deswegen ist mir Ihre Idee zu einem didaktischen Gedichte[2] sehr willkommen gewesen; eine solche Beschäftigung
knüpft die wissenschaftliche Arbeiten an die poetischen Kräfte
an und wird Ihnen den Übergang erleichtern, an dem es jetzt
allein zu fehlen scheint.
    Wenn ich mir übrigens die Masse von Ideen und Gestalten
denke, die Sie in den zu machenden Gedichten zu verarbeiten

---

1  Gemeint ist die Probe für die Aufführung der *Piccolomini* in Weimar.
2  Der Plan zu einem lehrhaften Gedicht über die *Natur*

haben und die in Ihrer Phantasie lebendig liegen, so daß ein einziges Gespräch sie hervorrufen kann, so begreife ich gar nicht, wie Ihre Tätigkeit auch nur einen Augenblick stocken kann. Ein einziger dieser Plane würde schon das halbe Leben eines andern Menschen tätig erhalten. Aber Ihr Realism zeigt sich auch hier; wenn wir andern uns mit Ideen tragen und schon darin eine Tätigkeit finden, so sind Sie nicht eher zufrieden, als bis Ihre Ideen Existenz bekommen haben.

[…]

Leben Sie recht wohl und erheitern Sie Sich trotz des widerkehrenden Winters, der hier sehr traurig aussieht. Herzlich grüßen wir Sie beide.

S.

*Goethe*

⟨Weimar, 9. März 1799⟩

Die zwei Akte Wallensteins sind fürtrefflich und taten beim ersten lesen auf mich eine so lebhafte Wirkung, daß sie gar keinen Zweifel zuließen.

Wenn sich der Zuschauer bei den Piccolominis aus einem gewissen künstlichen, und hie und da willkürlich scheinendem Gewebe nicht gleich herausfinden, mit sich und andern nicht völlig eins werden kann, so gehen diese neuen Akte nun schon gleichsam als naturnotwendig vor sich hin. Die Welt ist gegeben in der das alles geschieht, die Gesetze sind aufgestellt nach denen man urteilt, der Strom des Interesses, der Leidenschaft, findet sein Bette schon gegraben in dem er hinabrollen kann. Ich bin nun auf das übrige sehr verlangend, das mir nach Ihrer neuen Anlage ganz neu sein wird

Nachdem ich heute früh Ihre beiden Akte mit wahrem Anteil und inniger Rührung gelesen, kommt mir das dritte Stück vom *Athenäum* zu, in das ich mich einlasse und worüber mir die Zeit verstreicht. Die Botenstunde schlägt und hier nur noch gute

Nachricht: daß ich, durch Ihren Zuruf ermuntert, diese Tage meine Gedanken auf dem Trojanischen Feld[3] fest gehalten habe. Ein großer Teil des Gedichts, dem es noch an innerer Gestalt fehlte, hat sich bis in seine kleinsten Zweige organisiert und weil nur das unendlich endliche mich interessieren kann, so stelle ich mir vor daß ich mit dem Ganzen, wenn ich alle meine Kräfte drauf wende, bis Ende Septembers fertig sein kann. Ich will diesen Wahn so lange als möglich bei mir zu erhalten suchen.

Wallenstein schicke ich morgen wieder zurück.

Grüßen Sie Ihre liebe Frau der ich eine bessere Gesundheit wünsche und rücken Sie dem Schlusse des Trauerspiels glücklich immer näher.

Weimar am 9 März 1799.

G

*Goethe*

⟨Weimar, 18. März 1799⟩

Zu dem vollendeten Werke wünsche ich von Herzen Glück es hat mir ganz besonders genug getan ob ich es gleich an einem bösen zerstreuten Morgen nur gleichsam oben hin gekostet habe. Für den theatralischen Effekt ist es hinreichend ausgestattet die neuen Motive die ich noch nicht kannte sind sehr schön und zweckmäßig.

Können Sie künftig den Piccolominis etwas von der Masse abnehmen so sind beide Stücke ein unschätzbares Geschenk für die deutsche Bühne und man muß sie durch lange Jahre aufführen. Freilich hat das letzte Stück den großen Vorzug daß alles aufhört politisch zu sein und bloß menschlich wird ja das historische selbst ist nur ein leichter Schleier wodurch das reinmenschliche durchblickt. Die Wirkung aufs Gemüt wird nicht gehindert noch gestört.

---

3   Goethe plante ein Epos mit dem Titel *Achilleis*, das unvollendet blieb.

252

Mit dem Monolog der Prinzessin würde ich auf alle Fälle den Akt schließen. Wie sie fortkommt bleibt immer der Phantasie überlassen. Vielleicht wär es in der Folge gut wenn der Stallmeister schon im ersten Stücke eingeführt würde.

Der Schluß des ganzen durch die Adresse des Briefs erschreckt eigentlich besonders in der weichen Stimmung in der man sich befindet. Der Fall ist auch wohl einzig daß man nachdem alles was Furcht und Mitleiden zu erregen fähig ist erschöpft war mit Schrecken schließen konnte.

Ich sage nichts weiter und freue mich nur auf den Zusammengenuß dieses Werks. Donnerstag hoffe ich noch abzugehen Mittwoch Abend erfahren Sie die Gewißheit wir wollen alsdann das Stück zusammen lesen und ich will mich in gehöriger Fassung daran erfreuen.

Leben Sie recht wohl ruhen Sie nun aus und lassen Sie uns auf die Feiertage beiderseits ein neues Leben beginnen. Grüßen Sie Ihre liebe Frau und gedenken mein.

Über die den Musen abgetrotzte Arbeit will ich noch nicht triumphieren es ist noch die große Frage ob sie etwas taugt auf alle Fälle mag sie als Vorbereitung gelten.

G

*Schiller*

Jena 19. März 99

Ich habe mich schon lange vor dem Augenblick gefürchtet, den ich so sehr wünschte, meines Werks los zu sein; und in der Tat befinde ich mich bei meiner jetzigen Freiheit schlimmer als der bisherigen Sklaverei. Die Masse, die mich bisher anzog und fest hielt, ist nun auf einmal weg, und mir dünkt als wenn ich bestimmungslos im luftleeren Raum hinge. Zugleich ist mir, als wenn es absolut unmöglich wäre, daß ich wieder etwas hervorbringen könnte; ich werde nicht eher ruhig sein, bis ich meine Gedanken wieder auf einen bestimmten Stoff mit Hoffnung und Neigung gerichtet sehe. Habe ich wieder eine Bestimmung, so werde ich dieser Unruhe los sein, die mich jetzt auch von kleineren Unternehmungen abzieht. Ich werde Ihnen, wenn Sie hier sind, einige tragische Stoffe, von freier Erfindung, vorlegen, um nicht in der ersten Instanz, in dem Gegenstande, einen Mißgriff zu tun. Neigung und Bedürfnis ziehen mich zu einem frei phantasierten, nicht historischen, und zu einem bloß leidenschaftlichen und menschlichen Stoff, denn Soldaten Helden und Herrscher habe ich vor jetzt herzlich satt.

Wie beneide ich Sie um Ihre jetzige nächste Tätigkeit. Sie stehen auf dem reinsten und höchsten poetischen Boden, in der schönsten Welt bestimmter Gestalten, wo alles gemacht ist und alles wieder zu machen ist. Sie wohnen gleichsam im Hause der Poesie, wo Sie von Göttern bedient werden. […]

Sch.


*Goethe*

⟨Weimar, 19. Juni 1799⟩

Mir wird, ich gestehe es gern, jeder Zeitverlust immer bedenklicher und ich gehe mit wunderlichen Projekten um wenigstens noch einige Monate dieses Jahres für die Poesie zu retten, woraus denn aber wohl schwerlich was werden könnte. Verhältnisse nach außen machen unsere Existenz und rauben sie zugleich und doch muß man sehen wie man so durchkommt, denn sich, wie Wieland getan hat, gänzlich zu isolieren ist auch nicht ratsam.

Ich wünsche daß Sie an Ihrer Arbeit[4] möglichst fortfahren. Die erste Zeit da uns selbst die Idee noch neu ist geht immer alles frischer und besser.

[…]

Leben Sie wohl und nutzen die 14 Tage bis wir uns wieder sehen so gut als möglich. Ich will zufrieden sein wenn ich nur

---

4  Schiller arbeitet an *Maria Stuart*.

etwas davon bringe. Indessen habe ich angefangen Pyrmonter zu trinken. Grüßen Sie Ihre liebe Frau und empfehlen Ihr meine Julie.  Weimar am 19 Juni 1799.

G

*Schiller*

Jena 15. Jul. 99

[...]

Ihre lange Abwesenheit macht, daß auch ich keine Anregung von außen erhalte und bloß in meinem Geschäft lebe. Mit den Philosophen, wie Sie wissen, kann man jetzt nur in der Karte spielen, und mit den Poeten wie ich höre nur *kegeln*. Denn man sagt, daß Kotzebue, der aber jetzt abwesend ist, dieses einzige gesellschaftliche Vergnügen hier genossen habe.

[...]
Sch.

*Schiller*

Jena 19. Jul. 99.

Ich habe mir vor einigen Stunden durch Schlegels Lucinde[5] den Kopf so taumelig gemacht, daß es mir noch nachgeht. Sie müssen dieses Produkt wundershalber doch ansehen. Es charakterisiert seinen Mann, so wie alles Darstellende, besser als alles was er sonst von sich gegeben, nur daß es ihn mehr ins fratzenhafte malt. Auch hier ist das ewig formlose und fragmentarische, und eine höchst seltsame Paarung des *Nebulistischen* mit dem *Charakteristischen*, die Sie nie für möglich gehalten hätten. Da er fühlt, wie schlecht er im poetischen fortkommt, so hat er sich ein Ideal seiner selbst aus der *Liebe* und dem *Witz* zusammengesetzt. Er bildet sich ein, eine heiße unendliche Liebesfähigkeit

---

5 Roman von Friedrich Schlegel

mit einem entsetzlichen Witz zu vereinigen und nachdem er sich
so konstituiert hat, erlaubt er sich alles, und die Frechheit erklärt
er selbst für seine Göttin.

Das Werk ist übrigens nicht ganz durchzulesen, weil einem
das hohle Geschwätz gar zu übel macht. Nach den Rodomon-
taden von Griechheit, und nach der Zeit, die Schlegel auf das
Studium derselben gewendet, hätte ich gehofft, doch ein klein
wenig an die Simplizität und Naivetät der Alten erinnert zu werden, aber diese Schrift ist der Gipfel moderner Unform und Unnatur, man glaubt ein Gemengsel aus Woldemar', aus Sternbald,
und aus einem frechen französischen Roman zu lesen.

[…]

Sch.

## Goethe

⟨Weimar, 20. Juli 1799⟩

Ich danke Ihnen daß Sie mir von der wunderlichen Schleglischen
Produktion einen nähern Begriff geben, ich hörte schon viel darüber reden. Jedermann liests, jedermann schilt darauf und man
erfährt nicht was eigentlich damit sei. Wenn mirs einmal in die
Hände kommt will ichs auch ansehen.

[…]

G

## Goethe

⟨Weimar, 10. August 1799⟩

[…]

Es ist keine Frage daß Sie unendlich gewinnen würden wenn
Sie eine Zeitlang in der Nähe eines Theaters sein könnten.[6] In

6  Schiller erwägt die Übersiedlung nach Weimar. Sie erfolgt dann im Dezember
1799.

der Einsamkeit steckt man diese Zwecke immer zu weit hinaus. Wir wollen gerne das unsrige dazu beitragen um das Vorhaben zu erleichtern. Die größte Schwierigkeit ist wegen eines Quartiers. Da Thouret wahrscheinlich erst zu Ende des Septembers kommt, so wird man ihn wohl den Winter über fest halten. Das wegen Gespenstern berüchtigte Gräfl. Wertherische Haus, das für jemanden, der das Schauspiel fleißig besuchen will bequem genug liegt, ist so viel ich weiß zu vermieten, es wäre wohl der Mühe wert das Gebäude zu entzaubern.

Lassen Sie uns der Sache weiter nachdenken. Leben Sie indessen recht wohl und grüßen Ihre liebe Frau.   Weimar am 10 August 1799.

G

## Schiller

Jena 25. 8br. ⟨Oktober⟩ 99

Seit dem Abend als ich Ihnen zuletzt schrieb ist mein Zustand sehr traurig gewesen. Es hat sich noch in derselben Nacht mit meiner Frau verschlimmert und ihre Zufälle sind in ein förmliches Nervenfieber übergegangen das uns sehr in Angst setzt. Sie hat zwar für die große Erschöpfung die sie ausgestanden noch viel Kräfte, aber sie phantasiert schon seit drei Tagen, hat diese ganze Zeit über keinen Schlaf und das Fieber ist oft sehr stark. Wir schweben noch immer in großer Angst, obgleich Starke jetzt noch vielen Trost gibt. Wenn auch das Ärgste nicht erfolgt, so ist eine lange Schwächung unvermeidlich.

Ich habe in diesen Tagen sehr gelitten wie Sie wohl denken können, doch wirkte die heftige Unruhe, Sorge und Schlaflosigkeit nicht auf meine Gesundheit, wenn die Folgen nicht noch nachkommen. Meine Frau kann nie allein bleiben, und will niemand um sich leiden als mich und meine Schwiegermutter. Ihre Phantasien gehen mir durchs Herz und unterhalten eine ewige Unruhe.

Das Kleine befindet sich gottlob wohl. Ohne meine Schwiegermutter die teilnehmend ruhig und besonnen ist, wüßte ich mir kaum zu helfen.

Leben Sie recht wohl. Ich würde sehr getröstet sein, Sie bald zu sehen, ob ich Sie gleich bei so unglücklichen Umständen nicht einladen darf.

Schiller

*Goethe*

⟨Weimar, 26. Oktober 1799⟩

Ihr Brief, wertester Freund hat mich auf das unangenehmste übe⟨r⟩rascht. Unsere Zustände sind so innig verwebt daß ich das, was Ihnen begegnet, an mir selbst fühle. Möge das Übel sich bald ins bessere wenden und wir wollen die unvermeidlichen Folgen zu übertragen suchen.

Ich würde Sie gleich besuchen, wenn ich nicht gegenwärtig von so vielerlei Seiten gedrängt wäre. Ohne Ihnen hülfreich sein zu können würde ich in Jena mich nur unruhig fühlen, indem hier so manches Geschäft an meine Mitwirkung Anspruch macht.

Ich wünsche nichts sehnlicher, als bald etwas tröstliches von Ihnen zu hören. Möge nur nicht auch Ihre Gesundheit bei diesen Umständen leiden; Schreiben Sie mir doch auch zwischen den Botentagen, wenn Sie Gelegenheit finden.

Weimar am 26 Okt. 1799.

G

*Schiller*

⟨Jena,⟩ Montag Abends 28 8br. ⟨Oktober 1799⟩

Ich finde nur ein paar Augenblicke Zeit um Ihnen zu melden, daß es sich seit Gestern Abend ruhiger anläßt, daß die Nacht erträglich gewesen und die Phantasien nicht mehr so unruhig sind, obgleich die liebe gute Frau noch immer im Delirio ist. Der Friesel ist heraus und die Kräfte sind noch gut. Stark gibt gute Hoffnung und meint daß es sich auf den Donnerstag wohl anfangen werde zu bessern –

Mit meiner Gesundheit geht es noch recht gut, obgleich ich in 6 Tagen drei Nächte ganz durchwacht habe.

Leben Sie recht wohl, ich schreibe übermorgen wieder.

Sch.


*Schiller*

⟨Jena,⟩ 30. Oktobr. 99

Ich ergreife die Gelegenheit die ich eben erhalte, nach Weimar zu schreiben, Ihnen wissen zu lassen, daß nach Starkens Urteil meine Frau jetzt zwar außer Gefahr ist, das Fieber fast ganz aufgehört hat, aber leider die Besinnung noch nicht da ist, vielmehr heftige Accesse von Verrückung des Gehirns öfters eintreten. Indessen auch darüber beruhigt uns der Arzt, aber Sie können denken, daß wir uns in einem traurigen Zustand befinden. Ich habe mich zwar bis jetzt noch erträglich gehalten, aber heute nach der Vierten Nacht, die ich binnen 7 Tagen durchwacht habe, finde ich mich doch sehr angegriffen.

Leben Sie recht wohl, und geben Sie mir auch einmal wieder Nachricht von Sich

S.


*Goethe*

⟨Niederroßla, 31. Oktober 1799⟩

Sie haben mir durch die Nachricht daß es mit Ihrer lieben Frauen wo nicht besser doch hoffnungsvoller stehe, eine besondere Beruhigung gegeben so daß ich diese paar Tage der Kirchweihe in Niederroßla mit einiger Zufriedenheit beiwohnen konnte. Heute will ich nach Buttstädt fahren, wo Pferdemarkt ist und komme abends wieder nach Hause wo ich in Ihrem Briefe von gestern gute Nachrichten zu finden hoffe.

Sobald es die Umstände einigermaßen erlauben besuche ich Sie denn ich habe mancherlei mit Ihnen abzureden und wenn Mahomet fertig werden soll, so muß ich wieder einige Zeit in Jena zubringen. Ich wünsche daß die Sachen so stehen daß Sie der Kranken meinen Gruß wieder bringen können. Möchte diese Sorge keinen Eindruck auf Ihre eigne Gesundheit machen.

Niederroßla am 31 Oktobr 1799

G

*Schiller*

⟨Jena, 2. Dezember 1799⟩

Ich muß Ihnen heut einen schriftlichen guten Abend sagen, denn meine Packanstalten, und übrigen Arrangements werden mich wie ich fürchte bis um 10 Uhr beschäftigen.

Morgen nach 10 Uhr hoffe ich Sie noch einen Augenblick vor der Abreise zu sehen. Mit der Frau ist es gottlob heute gut geblieben. Ich selbst aber besinne mich kaum.

Anbei sende ich was Ihnen gehört. Beiliegende Karten bitte auf Büttners Bibliothek zu senden

Schiller

*Goethe*

⟨Jena, 6. Dezember 1799⟩

Die Paar Tage nach Ihrer Abreise habe ich in der beliebten, beinah absoluten Einsamkeit zugebracht. Ein Besuch bei Melisch, ein Abend bei Loders und eine Vorlesung der Genoveva von Tieck auf meinem Zimmer haben einige Diversion gemacht.

[...]

Sie sehen daß ich noch der reinen Jenaischen Ruhe genieße, indem die Weimarische Sozietätswoge wahrscheinlich schon bis an Sie heran spült. Sonntag Nachmittag lasse ich anfragen wo ich Sie treffe. Leben Sie recht wohl und grüßen die Ihrigen.

Jena am 6 Dez. 1799.

G

*Goethe*

⟨Weimar, 23. Dezember 1799⟩

Ich dächte Sie entschlössen sich auf alle Fälle um halb neun Uhr zu mir zu kommen. Sie finden geheizte und erleuchtete Zimmer, wahrscheinlich einige zurückgebliebene Freunde, etwas Kaltes und ein Glas Punsch. Alles Dinge, die in diesen langen Winternächten nicht zu verachten sind.

Am 23 Dez. 1799.

G

Briefe aus dem Jahr 1800

*Schiller*

⟨Weimar, 1. Januar 1800⟩

Ich begrüße Sie zum neuen Jahr und neuen Säkulum und hoffe
zu vernehmen, daß Sie es gesund angetreten haben. Werden Sie
in die Oper gehen? So kann ich Sie dort vielleicht sehen, denn
ich bin Willens mir heute eine Zerstreuung zu machen. Vohs und
Heide waren eben bei mir, sie machen kein groß Rühmen von
dem Gustav Wasa und einzelnen Details nach zu urteilen muß
das Stück greuliche Motive enthalten.

Leben Sie recht wohl. Meine Frau sagt Ihnen den schönsten
Gruß zum neuen Jahr.

Sch.


*Goethe*

⟨Weimar, 1. Januar 1800⟩

Ich war im Stillen herzlich erfreut gestern Abend mit Ihnen das
Jahr und da wir einmal 99ger sind auch das Jahrhundert zu schließen. Lassen Sie den Anfang wie das Ende sein und das künftige
wie das vergangene.

Ich bin heute bei Goors zu Tische, wo man spät wegkommt.
Ich werde Sie aber auf alle Fälle in der Oper aufsuchen.

Leben Sie recht wohl und bringen Ihrer lieben Frauen zum
neuen Jahr auch die besten Grüße und Wünsche.

Weimar am 1 Jan. 1800.

G

*Schiller*

⟨Weimar, 7. Januar 1800⟩

Das Geschäft[1] das Sie heut übernommen ist nicht begeisternd, ob es gleich nach meiner Erfahrung etwas anziehendes für den armen Poeten hat, seine Ideen auch nur soweit versinnlicht zu sehen.

Ich habe heute Ihre Iphigenie durchgesehen und zweifle gar nicht mehr an einem guten Erfolg der Vorstellung. Es braucht nur gar weniges an dem Text zu diesem Gebrauch verändert zu werden, besonders in Hinsicht auf den Mythologischen Teil, der für das Publikum in Massa zu kalt ist. Auch ein paar Gemeinsprüche würde ich dem dramatischen Interesse aufzuopfern raten ob sie gleich ihren Platz sehr wohl verdienen. Mündlich mehr. Ich werde mich gegen 7 einstellen. Vorher muß ich Hufeland aus Jena erwarten, der sich angemeldet hat. Leben Sie recht wohl

S.

*Goethe*

⟨Weimar, 23. März 1800⟩

Da ich mich einmal entschlossen habe krank zu sein, so übt auch der Medikus, dem ich so lange zu entgehen gesucht habe, sein despotisches Recht aus. Wie sehr wünschte ich daß Sie wieder zu den Gesunden gehörten, damit ich mich bald Ihres Besuchs zu erfreuen hätte.

Ich brauche diese schlechte Zeit um die Pflanzensammlung in Ordnung zu bringen, von der ich hoffen kann daß sie Ihnen Freude machen wird. Je mehr das Einzelne verwirrt, desto angenehmer ists wenn unser Bestreben, die Gegenstände in einem

---

1 Gemeint sind die Proben zur Aufführung von *Mahomet*. Ein Stück von Voltaire in der Bearbeitung Goethes.

gewissen Zusammenhange zu sehen, einigermaßen gefördert wird. Ich lege Ihnen den Ausfall auf das weimarische Theater mit bei. Nichtigkeit und Anmaßung kann sich wohl nicht besser bezeichnen.

Leben Sie recht wohl, und lassen mich wissen wie Sie sich befinden.

Am 23 Mrz 1800. G

*Schiller*

Weimar 5. Mai 1800.
Haben Sie Dank für Ihren lieben Brief, es war mir gar ungewohnt, solange nichts von Ihnen zu sehen und zu hören. So sehr ich Sie aber auch hier vermisse, so freut mich doch um Ihrentwillen die Zerstreuung, die Sie Sich nach dem langen Winter machen, und die Sie gewiß heiterer zurückführen wird. In Ihrer Abwesenheit habe ich mich, was das physische betrifft, recht gut gehalten, ich bin viel im freien gewesen und fange nachgerade an, mich wie einen gesunden zu betrachten.

[…]

Sch.

*Schiller*

Weimar 13. 7br ⟨September⟩ 1800
Ich wünsche Ihnen Glück zu dem Schritte, den Sie in Ihrem Faust getan. Lassen Sie Sich aber ja nicht durch den Gedanken stören, wenn die schönen Gestalten und Situationen kommen, daß es Schade sei, sie zu verbarbarisieren. Der Fall könnte Ihnen im 2ten Teil des Faust noch öfters vorkommen, und es möchte einmal für allemal gut sein, Ihr poetisches Gewissen darüber zum Schweigen zu bringen. Das Barbarische der Behandlung, das Ihnen durch den Geist des ganzen aufgelegt wird, kann den

höhern Gehalt nicht zerstören und das Schöne nicht aufheben, nur es anders spezifizieren und für ein anderes Seelenvermögen zubereiten. Eben das Höhere und Vornehmere in den Motiven wird dem Werk einen eigenen Reiz geben, und Helena ist in diesem Stück ein Symbol für alle die Schönen Gestalten, die sich hinein verirren werden. Es ist ein sehr bedeutender Vorteil, von dem Reinen mit Bewußtsein ins Unreinere zu gehen, anstatt von dem Unreinen einen Aufschwung zum Reinen zu suchen wie bei uns übrigen Barbaren der Fall ist. Sie müssen also in Ihrem Faust überall Ihr *Faustrecht* behaupten.

[...]

Mit meiner Arbeit[2] geht es noch sehr langsam, doch geschieht kein Rückschritt. Bei der Armut an Anschauungen und Erfahrungen nach Außen, die ich habe, kostet es mir jederzeit eine eigene Methode und viel Zeitaufwand einen Stoff sinnlich zu beleben. Dieser Stoff ist keiner von den leichten und liegt mir nicht nahe.

Ich lege Ihnen einige Novitäten aus Berlin bei, die Sie belustigen werden: besonders werden Sie Sich der Protektion erfreuen, welche Woltmann Ihnen widerfahren läßt.

Leben Sie recht wohl und bleiben auf dem angefangenen Wege.

Sch.

*Goethe*

⟨Jena, 23. September 1800⟩

[...]

Meine Helena ist die Zeit auch etwas vorwärts gerückt. Die Hauptmomente des Plans sind in Ordnung und da ich in der Hauptsache Ihre Beistimmung habe, so kann ich mit desto besserm Mute an die Ausführung gehen.

---

2  *Die Jungfrau von Orleans*

Ich mag mich diesmal gern zusammenhalten und nicht in die Ferne blicken; aber das sehe ich schon daß, von diesem Gipfel aus, sich erst die rechte Aussicht über das Ganze zeigen wird.

Ich wünsche auch von Ihnen zu hören daß es vorwärts gehe. […]

G

*Goethe*

⟨Jena, 18. November 1800⟩

Wohin sich die arme Poesie zuletzt noch flüchten soll weiß ich nicht hier ist sie abermals in Gefahr von Philosophen, Naturforschern und Konsorten sehr in die Enge getrieben zu werden. Zwar kann ich nicht leugnen daß ich die Herren selbst einlade und auffordere und der bösen Gewohnheit des theoretisierens aus freiem Willen nachhänge und also kann ich niemand anklagen als mich selbst. Indessen werden recht gute Dinge auf recht gute Weise in Anregung gebracht so daß ich meine Zeit vergnügt genug hinbringe.

[…]

G

Briefe aus dem Jahr 1801

*Goethe*

⟨Weimar, 29. Januar 1801⟩

Mögen Sie heute Abend, nach der Probe, die doch vor 8 Uhr geendigt sein wird, mit uns eine kleine Abendmahlzeit einnehmen; so sollen Sie uns herzlich willkommen sein. Götze kann im
Theater auf Ihre Befehle warten und wenn der Fünfte Akt ange-
gangen ist, Ihnen den Wagen holen. Wollen Sie auch hineinfah-
ren, so geben Sie ihm deshalb Ordre.

Mit mir geht es ganz leidlich[1] ich habe heute früh die Rolle mit
der Caspers durchgegangen und bin mit dem guten Kinde recht
wohl zufrieden.

Leben Sie recht wohl.

Weimar am 29 Jan. 1801.

G

*Schiller*

Jena 27. März 1801.

Ich werde Jena nun bald verlassen, zwar mit keinen großen Taten und Werken beladen aber doch auch nicht ohne alle Frucht,
es ist immer doch soviel geschehen, als ich in eben so vieler Zeit
zu Weimar würde ausgerichtet haben. Ich habe also zwar nichts
in der Lotterie gewonnen, habe aber doch im Ganzen meinen
Einsatz wieder.

Auch von der hiesigen Welt habe ich, wie es mir immer geht,
weniger profitiert, als ich geglaubt hatte; einige Gespräche mit
Schelling und Niethammern waren alles.  Erst vor einigen Tagen habe ich Schelling den Krieg gemacht wegen einer Behauptung in s⟨einer⟩ Transzendentalphilosophie, daß »in der Natur
von dem Bewußtlosen angefangen werde um es zum Bewußten
zu erheben, in der Kunst hingegen man vom Bewußtsein aus-

---

1  Erster Brief nach der lebensbedrohlichen Krankheit Anfang Januar 1801

gehe zum Bewußtlosen.« Ihm ist zwar hier nur um den Gegensatz zwischen dem Natur- und dem Kunstprodukt zu tun, und in so fern hat er ganz recht. Ich fürchte aber, daß diese Herrn Idealisten ihrer Ideen wegen allzuwenig Notiz von der Erfahrung nehmen, und in der Erfahrung fängt auch der Dichter nur mit dem Bewußtlosen an, ja er hat sich glücklich zu schätzen, wenn er durch das klarste Bewußtsein seiner Operationen nur soweit kommt, um die erste dunkle TotalIdee seines Werks in der vollendeten Arbeit ungeschwächt wieder zu finden. Ohne eine solche dunkle aber mächtige Totalidee die allem technischen vorhergeht, kann kein poetisches Werk entstehen, und die Poesie, deucht mir, besteht eben darin, jenes Bewußtlose aussprechen und mitteilen zu können, d. h. es in ein Objekt überzutragen. Der Nichtpoet kann so gut als der Dichter von einer poetischen Idee gerührt sein, aber er kann sie in kein Objekt legen, er kann sie nicht mit einem Anspruch auf Notwendigkeit darstellen. Eben so kann der Nichtpoet so gut als der Dichter ein Produkt mit Bewußtsein und mit Notwendigkeit hervorbringen, aber ein solches Werk fängt nicht aus dem Bewußtlosen an, und endigt nicht in demselben. Es bleibt nur ein Werk der Besonnenheit. Das Bewußtlose mit dem Besonnenen vereinigt macht den poetischen Künstler aus.

[...]

Von hier aus werde ich Ihnen wohl nicht mehr schreiben, denn ich denke auf den Mittwoch wieder nach W⟨eimar⟩ zu kommen; vielleicht sind Sie dann wieder dort, und unsere Mitteilungen können wieder eröffnet werden.

[...]

Leben Sie recht wohl und genießen Sie heitere Tage.

S.

*Goethe*

⟨Oberroßla, 3. oder 4. April 1801⟩
Ich wünsche Glück zu Ihrer Zurückkunft nach Weimar und hoffe Sie bald wieder zu sehen, entweder daß Sie mich besuchen, oder daß ich mich auch wieder nach der Stadt verfüge.

Mein hiesiger Aufenthalt bekommt mir sehr gut, teils weil ich den ganzen Tag mich in freier Luft bewege, teils weil ich durch die gemeinen Gegenstände des Lebens depotentiiert werde, wodurch eine gewisse Bequemlichkeit und Gleichgültigkeit in meinen Zustand kommt, die ich lange nicht mehr kannte.

Was die Fragen betrifft die Ihr letzter Brief enthält, bin ich nicht allein Ihrer Meinung, sondern ich gehe noch weiter. Ich glaube daß alles was das Genie, als Genie, tut, unbewußt geschehe. Der Mensch von Genie kann auch verständig handeln, nach gepflogner Überlegung, aus Überzeugung; das geschieht aber alles nur so nebenher. Kein Werk des Genies kann durch Reflexion und ihre nächste Folgen verbessert, von seinen Fehlern befreit werden; aber das Genie kann sich durch Reflexion und Tat nach und nach dergestalt hinaufheben, daß es endlich musterhafte Werke hervorbringt. Jemehr das Jahrhundert selbst Genie hat, desto mehr ist das Einzelne gefördert.

Was die großen Anforderungen betrifft die man jetzt an den Dichter macht, so glaube ich auch daß sie nicht leicht einen Dichter hervorbringen werden. Die Dichtkunst verlangt, im Subjekt das sie ausüben soll, eine gewisse gutmütige, ins Reale verliebte Beschränktheit, hinter welcher das Absolute verborgen liegt. Die Forderungen von oben herein zerstören jenen unschuldigen produktiven Zustand und setzen, für lauter Poesie, an die Stelle der Poesie, etwas das nun ein für allemal nicht Poesie ist. Wie wir in unsern Tagen leider gewahr werden und so verhält es sich mit den verwandten Künsten, ja mit der Kunst im weitesten Sinne.

Dies ist mein Glaubensbekenntnis, welches übrigens keine weitere Ansprüche macht.

[…]                                                              G

*Goethe*

⟨Pyrmont, 7. oder 8. und 12. Juli 1801⟩

[...]

Wenn ich von einem Resultate reden soll das sich in mir zu bilden scheint, so sieht es aus als wenn ich Lust fühlte immer mehr für mich zu theoretisieren und immer weniger für andere. Die Menschen scherzen und bangen sich an den Lebensrätseln herum, wenige kümmern sich um die auflösenden Worte. Da sie nun sämtlich sehr recht daran tun; so muß man sie nicht irre machen.

[...]

G


*Goethe*

⟨Weimar, 27. November 1801⟩

Da es wohl Zeit sein möchte daß wir einander wieder einmal sähen, so komme ich, wenn es Ihnen recht ist, heute Abend um sieben mit dem Wagen Sie abzuholen.

Haben Sie besondere Neigung zur Redoute, so soll Ihnen nach dem Abendessen das Fuhrwerk auch dazu bereit stehen.

Weimar am 27 Nov. 1801.

G

Briefe aus dem Jahr 1802

*Goethe*

〈Jena, 19. Januar 1802〉
[...]

Eine Schnurre über das Weimarische Theater habe ich zu diktieren angefangen und mache dabei, wie billig, ein erstaunt
ernsthaft Gesicht; da wir die reelle Leistung im Rücken haben so
ist es gut ein wenig dämisch auszusehen und sich auf jede Weise
alle Wege frei zu halten.

Hiebei kommt die Abschrift des gräcisierenden Schauspiels.[1]
Ich bin neugierig was sie ihm abgewinnen werden. Ich habe
hie und da hineingesehen, es ist ganz verteufelt human. Geht es
halbwegs, so wollen wir's versuchen: denn wir haben doch
schon öfters gesehen daß die Wirkungen eines solchen Wage-
stücks für uns und das Ganze inkalkulabel sind.

[...]

G


*Schiller*

Weimar 22 Jan. 1802

Ich habe, wie Sie finden werden, weniger Verheerungen[2] in dem
Mskrpt angerichtet, als ich selbst erwartet hatte, vornehmen zu
müssen; ich fand es von der Einen Seite nicht nötig und von einer
andern nicht wohl tunlich. Das Stück ist an sich gar nicht zu lang,
da es wenig über 2000 Verse enthält, und jetzt werden die 2000
nicht einmal voll sein, wenn Sie es zufrieden sind, daß die bemerkten Stellen wegbleiben. Aber es war auch nicht gut tunlich,
weil dasjenige was den Gang des Stücks verzögern könnte, weniger in einzelnen Stellen, als in der Haltung des Ganzen liegt, die
für die dramatische Foderung zu reflektierend ist. Öfters sind

1  *Iphigenie auf Tauris*
2  Schillers Umarbeitungen der *Iphigenie*

276

auch diejenigen Partien, die das Los der Ausschließung vor andern getroffen haben würde, notwendige Bindungsglieder, die sich durch andre nicht ersetzen ließen, ohne den ganzen Gang der Szene zu verändern. Ich habe da, wo ich zweifelte, einen Strich am Rande gemacht; wo meine Gründe für das Weglassen überwiegend waren, habe ich ausgestrichen, und bei dem Unterstrichenen wünschte ich den Ausdruck verändert.

Da überhaupt in der Handlung selbst zuviel moralische Kasuistik herrscht, so wird es wohl getan sein, die sittlichen Sprüche selbst und dergleichen Wechselreden etwas einzuschränken.

Das Historische und Mythische muß unangetastet bleiben, es ist ein unentbehrliches Gegengewicht des Moralischen, und was zur Phantasie spricht, darf am wenigsten vermindert werden.

*Orest* selbst ist das Bedenklichste im Ganzen; ohne Furien ist kein Orest, und jetzt da die Ursache seines Zustands nicht in die Sinne fällt, da sie bloß im Gemüt ist, so ist sein Zustand eine zu lange und zu einförmige Qual, ohne Gegenstand; hier ist eine von den Grenzen des alten und neuen Trauerspiels. Möchte Ihnen etwas einfallen, diesem Mangel zu begegnen, was mir freilich bei der jetzigen Ökonomie des Stücks kaum möglich scheint; denn was ohne Götter und Geister daraus zu machen war, das ist schon geschehen. Auf jeden Fall aber empfehl ich Ihnen die Orestischen Szenen zu verkürzen.

Ferner gebe ich Ihnen zu bedenken, ob es nicht ratsam sein möchte, zur Belebung des dramatischen Interesse, sich des Thoas und seiner Taurier, die sich zwei ganze Akte durch nicht rühren, etwas früher zu erinnern und beide Aktionen, davon die eine jetzt zu lange ruht, in gleichem Feuer zu erhalten. Man hört zwar im 2ten und 3ten Akt von der Gefahr des Orest und Pylades, aber man *sieht* nichts davon, es ist nichts sinnliches vorhanden, wodurch die drangvolle Situation zur Erscheinung käme. Nach meinem Gefühle müßte in den 2 Akten, die sich jetzt nur mit Iphigenien und dem Bruder beschäftigen, noch ein Motiv ad extra eingemischt werden, damit auch die äußere Handlung stetig bliebe und die nachherige Erscheinung des Arkas mehr vorbereitet würde. Denn so wie er jetzt kommt, hat man ihn fast ganz aus den Gedanken verloren.

Es gehört nun freilich zu dem eigenen Charakter dieses Stücks, daß dasjenige, was man eigentlich Handlung nennt, hinter den Kulissen vorgeht, und das Sittliche, was im Herzen vorgeht, die Gesinnung, darin zur Handlung gemacht ist und gleichsam vor die Augen gebracht wird. Dieser Geist des Stücks muß erhalten werden, und das Sinnliche muß immer dem Sittlichen nachstehen; aber ich verlange auch nur soviel von Jenem, als nötig ist um Dieses ganz darzustellen.

Iphigenia hat mich übrigens, da ich sie jetzt wieder las, tief gerührt, wiewohl ich nicht leugnen will, daß etwas Stoffartiges dabei mit unterlaufen mochte. *Seele* möchte ich es nennen, was den eigentlichen Vorzug davon ausmacht.

Die Wirkung auf das Publikum wird das Stück nicht verfehlen, alles vorhergegangene hat zu diesem Erfolge zusammen gewirkt. Bei unsrer Kennerwelt möchte gerade das, was wir gegen dasselbe einzuwenden haben, ihm zum Verdienste gerechnet werden, und das kann man sich gefallen lassen, da man so oft wegen des wahrhaft lobenswürdigen gescholten wird.

Leben Sie recht wohl und lassen mich bald hören, daß das verfestete Produkt anfängt sich unter Ihren Händen wieder zu erweichen.

Sch.

*Schiller*

Weimar 20 Febr 1802.

Es tut uns allen und mir besonders leid, Sie noch auf längere Zeit nicht zu sehen; da Sie aber so gut beschäftigt und so zufrieden sind, so wollen wir uns der Früchte Ihrer Tätigkeit erfreuen. Vielleicht führt Sie der Bücherstaub, mit dem poetischen Geist geschwängert, auch zu dem alten gespenstischen Doktor zurück und wenn das geschieht so wollen wir Büttners Manen dafür segnen.

Ich habe dieser Tage Ihre Elegien und Idyllen wieder gelesen und kann Ihnen nicht ausdrücken wie frisch und innig und lebendig mich dieser echte poetische Genius bewegt und ergriffen hat. Ich weiß nichts darüber, selbst unter Ihren eigenen Werken; reiner und voller haben Sie Ihr Individuum und die Welt nicht ausgesprochen.

Es ist eine sehr interessante Erscheinung, wie sich Ihre anschauende Natur mit der Philosophie so gut verträgt und immer dadurch belebt und gestärkt wird; ob sich, umgekehrt, die spekulative Natur unsers Freundes[3] eben soviel von Ihrer anschauenden aneignen wird zweifle ich und das liegt schon in der Sache. Denn Sie nehmen Sich von seinen Ideen nur das, was Ihren Anschauungen zusagt, und das übrige beunruhigt Sie nicht, da Ihnen am Ende doch das Objekt als eine festere Autorität dasteht als die Spekulation, solange diese mit jenem nicht zusammen trifft. Den Philosophen aber muß jede Anschauung, die er nicht unterbringen kann, sehr inkommodieren, weil er an seine Ideen eine absolute Foderung macht.

[…]

Sch.

*Schiller*

Weimar 10 März 1802

[…]

Der fünfte März ist mir glücklicher vorübergegangen als dem Cäsar der fünfzehnte und ich höre von dieser großen Angelegenheit[4] gar nichts mehr. Hoffentlich werden Sie bei Ihrer Zu-

---

3   F. W. J. Schelling
4   Kotzebue hatte, um einen Keil zwischen Goethe und Schiller zu treiben, eine theatralische Feier zum Namenstag von Schiller initiiert, die dann doch nicht zustande kam.

rückkunft die Gemüter besänftigt finden. Wie aber der Zufall immer naiv ist und sein mutwilliges Spiel treibt, so hat der Herzog den Bürgermeister den Morgen nach jenen Geschichten wegen seiner großen Verdienste zum *Rat* erklärt. Auch wird heute auf dem Theater *Üble Laune* von Kotzebue vorgestellt.

[...]

Sch.


*Goethe*

⟨Jena, 16. März 1802⟩

[...]

Dafür daß Sie den 5ten März so glücklich überstanden, wären Sie dem Bürgermeister, als einem zweiten Aesculap, einen Hahn schuldig geworden, da er unterdessen von oben herein solchen Lohn empfangen, können Sie Ihre Dankbarkeit in petto behalten.

Bei dieser Gelegenheit dachte ich wieder: was es für ein sonderbares Ding um die Geschichte ist, wenn man von ihr die Ursachen, Anlässe und Verhältnisse der Begebenheiten, im einzelnen, fordert; ich lebe diesen letzten Ereignissen so nahe, ja ich bin mit darin verwickelt und weiß eigentlich immer noch nicht wie sie zusammen hängen. Vielleicht waren Sie glücklicher als ich.

[...]


*Goethe*

⟨Lauchstädt, 5. Juli 1802⟩

Es geht mit allen Geschäften wie mit der Ehe, man denkt wunder was man zu Stande gebracht habe, wenn man kopuliert ist und nun geht der Teufel erst recht los. Das macht weil nichts in der Welt einzeln steht und irgend ein Wirksames, nicht als ein Ende, sondern als ein Anfang betrachtet werden muß.

Verzeihen Sie mir diese pragmatische Reflexion zum Anfange meines Briefs, einige mehr oder weniger bedeutende Geschäfte[5], die mir dieses Jahr aufliegen, nötigen mir diese Betrachtung ab. Ich glaubte sie abzutun und sehe nun erst was sich für die Zukunft daraus entwickelt.

[…]

Mein alter Wunsch, in Absicht auf die poetischen Produktionen, ist mir auch hier wieder lebhaft geworden: daß es Ihnen möglich sein könnte, gleich anfangs konzentrierter zu arbeiten, damit Sie mehr Produktionen und, ich darf wohl sagen, theatralisch wirksamere lieferten. Das Epitomisieren eines poetischen Werks, das zuerst in eine große Weite und Breite angelegt war, bringt ein Schwanken zwischen Skizze und Ausführung hervor, die dem ganz befriedigenden Effekt durchaus schädlich ist. Wir andern, die wir wissen woran wir sind empfinden dabei eine gewisse Unbehaglichkeit und das Publikum kommt in eine Art von Schwanken, wodurch geringere Produktionen in Avantage gesetzt werden. Lassen Sie das, was ich hier aus dem Stegreife sage, einen Text unserer künftigen Unterredung sein.

[…]

G

*Schiller*

Weimar 6 Jul. 1802

[…]

Auch zu Lauchstädt sind es also, wie Ihr Repertorium besagt, die Opern, die das Haus füllen. So herrscht das Stoffartige überall, und wer sich dem Theaterteufel einmal verschrieben hat, der muß sich auf dieses Organ verstehen.

---

5 Dem neu errichteten Theater in Lauchstädt mangelte es an Einnahmen. Es mußten daher publikumswirksame Stücke auf die Bühne gebracht werden.

Ich gebe Ihnen vollkommen recht, daß ich mich bei meinen Stücken auf das dramatischwirkende mehr konzentrieren sollte. Dieses ist überhaupt schon, ohne alle Rücksicht auf Theater und Publikum, eine poetische Foderung, aber auch nur insofern es eine solche ist, kann ich mich darum bemühen. Soll mir jemals ein gutes Theaterstück gelingen, so kann es nur auf poetischem Wege sein, denn eine Wirkung ad extra, wie sie zuweilen auch einem gemeinen Talent und einer bloßen Geschicklichkeit gelingt, kann ich mir nie zum Ziele machen, noch, wenn ich es auch wollte, erreichen. Es ist also hier nur von der höchsten Aufgabe selbst die Rede, und nur die erfüllte Kunst wird meine individuelle Tendenz ad intra überwinden können, wenn sie zu überwinden ist.

Ich glaube selbst, daß unsre Dramen nur kraftvolle und treffend gezeichnete Skizzen sein sollten, aber dazu gehörte dann freilich eine ganz andre Fülle der Erfindung, um die sinnliche Kräfte ununterbrochen zu reizen und zu beschäftigen. Mir möchte dieses Problem schwerer zu lösen sein als einem andern, denn ohne eine gewisse *Innigkeit* vermag ich nichts, und diese hält mich gewöhnlich bei meinem Gegenstande fester, als billig ist.

[…]

Sch.


*Schiller*

⟨Weimar, 16. Dezember 1802⟩

Ich erfahre so eben zufällig, daß man Ihnen zu einem angenehmen Ereignis[6] im Hause glückzuwünschen hat. Ich wünschte es von Ihnen bestätigt zu hören, denn ich habe mit herzlichem Anteil so wie auch meine Frau, darauf gewartet, und es wird uns herzlich erfreuen, wenn alles glücklich gegangen und auch für

---

6  Geburt der Tochter Kathinka. Das Kind starb drei Tage später.

die Zukunft zu hoffen ist. Empfehlen Sie mich der Kleinen recht freundschaftlich und versichern sie meines besten Anteils.

Sch.


*Goethe*

⟨Weimar, 16. Dezember 1802⟩

Herzlich danke ich für den freundschaftlichen Anteil. Ein ganz kleines Mädchen ist bei uns glücklich angekommen. Bis jetzt geht alles gut. Die Kleine wird sich Ihres Andenkens recht erfreuen.

G

Briefe aus dem Jahr 1803

⟨Jena, 22. Mai 1803⟩

Mit ein Paar Worten muß ich Ihnen nur sagen: daß es mir diesmal, bis auf einen gewissen Grad, mit der Farbenlehre zu gelingen scheint. Ich stehe hoch genug um mein vergangenes Wesen
und Treiben, historisch, als das Schicksal eines dritten, anzusehen. Die naive Unfähigkeit, Ungeschicklichkeit, die passionierte
Heftigkeit, das Zutrauen, der Glaube, die Mühe, der Fleiß, das
Schleppen und Schleifen und dann wieder der Sturm und Drang,
das alles macht in den Papieren und Akten eine recht interessante Ansicht; aber, unbarmherzig, exzerpiere ich nur und ordne
das auf meinem jetzigen Standpunkt Brauchbare, das übrige
wird auf der Stelle verbrannt. Man darf die Schlacken nicht
schonen, wenn man endlich das Metall heraus haben will.

Wenn ich das Papier los werde, habe ich alles gewonnen; denn
das Hauptübel lag darin, daß ich, ehe ich der Sache gewachsen
war, immer wieder einmal schriftlich ansetzte, sie zu behandeln
und zu überliefern. Dadurch gewann ich jedesmal! nun aber liegen von Einem Kapitel manchmal drei Aufsätze da, wovon der
erste die Erscheinungen und Versuche lebhaft darstellt, der
zweite eine bessere Methode hat und besser geschrieben ist, der
dritte, auf einem höhern Standpunkt, beides zu vereinigen sucht
und doch den Nagel nicht auf den Kopf trifft. Was ist nun mit diesen Versuchen zu tun? sie auszusaugen gehört Mut und Kraft und
Resolution sie zu verbrennen, denn Schade ists immer. Wenn ich
fertig bin, in so fern ich fertig werden kann, so wünsche ich mir
sie gewiß wieder, um mich mir selbst historisch zu vergegenwärtigen und ich komme nicht zum Ziel wenn ich sie nicht vertilge.

Und so viel von meinen Freuden und Leiden, Schreiben Sie
mir auch bald was, wie es Ihnen geht.

Herrman und sein Gefolge hat sich also schlecht exhibiert.
Das Goldene Zeitalter hat seine Nachkömmlinge nicht sonder-
lich versorgt.

Leben Sie recht wohl. Jena d. 22 Mai 1803.                    G

*Schiller*

Weimar 24. Mai. 1803.
Ich wünsche Ihnen Glück, daß Sie Sich Ihres Stoffs so gut erwehren. Möchten Sie einmal alle diese Schlacken aus Ihrem reinen Sonnenelement herausschleudern, wenn auch ein Planet
daraus werden sollte, der sich dann ewig um Sie herum bewegt.

[...]

Sch.


*Schiller*

Weimar 21 Dez 1803
Der rasche und wirklich anstrengende Wechsel von produktiver
Einsamkeit und einer ganz heterogenen Sozietäts-Zerstreuung[1]
hat mich in dieser letzten Woche so ermüdet, daß ich durchaus
nicht zum Schreiben kommen konnte, und es meiner Frau über-
ließ, Ihnen eine Anschauung von unsern Zuständen zu geben.

Frau v Stael wird Ihnen völlig so erscheinen, wie Sie sie Sich a
priori schon konstruiert haben werden; es ist alles aus Einem
Stück und kein fremder, falscher und pathologischer Zug in ihr.
Dies macht, daß man sich trotz des immensen Abstands der Naturen und Denkweisen vollkommen wohl bei ihr befindet, daß
man alles von ihr hören und ihr alles sagen mag. Die *französische*
Geistesbildung stellt sie rein und in einem höchst interessanten
Lichte dar. In allem was wir Philosophie nennen, folglich in allen
letzten und höchsten Instanzen ist man mit mir ⟨ihr⟩ im Streit
und bleibt es, trotz alles Redens. Aber ihr Naturell und Gefühl
ist besser als ihre Metaphysik, und ihr schöner Verstand erhebt
sich zu einem genialischen Vermögen. Sie will alles erklären, einsehen, ausmessen, sie statuiert nichts dunkles, unzugängliches,
und wohin sie nicht mit ihrer Fackel leuchten kann, da ist nichts

1 Besuch von Madame de Staël in Weimar

287

für sie vorhanden. Darum hat sie eine horrible Scheu vor der Idealphilosophie, welche nach ihrer Meinung zur Mystik, und zum Aberglauben führt, und das ist die Stickluft wo sie umkommt. Für das was wir *Poesie* nennen ist kein Sinn in ihr, sie kann sich von solchen Werken nur das leidenschaftliche, rednerische und allgemeine zueignen, aber sie wird nichts falsches schätzen, nur das rechte nicht immer erkennen. Sie ersehen aus diesen paar Worten, daß die Klarheit, Entschiedenheit und geistreiche Lebhaftigkeit ihrer Natur nicht anders als wohltätig wirken können, das einzige lästige ist die ganz ungewöhnliche Fertigkeit ihrer Zunge, man muß sich ganz in ein Gehörorgan verwandeln um ihr folgen zu können. Da sogar ich, bei meiner wenigen Fertigkeit im Französischreden ganz leidlich mit ihr fortkomme, so werden Sie bei Ihrer größeren Übung eine sehr leichte Kommunikation mit ihr haben.

Mein Vorschlag wäre, Sie kämen den Sonnabend herüber, machten erst die Bekanntschaft und gingen dann den Sonntag wieder zurück um Ihr Jenaisches Geschäft zu vollenden. Bleibt Mad. d Stael länger als bis Neujahr, so finden Sie sie hier, und reist sie früher ab, so kann sie Sie ja in Jena vorher noch besuchen. Alles kommt jetzt darauf an, daß Sie eilen, eine Anschauung von ihr zu bekommen, und sich einer gewissen Spannung zu entledigen. Können Sie früher kommen als Sonnabends, desto besser.

Leben Sie recht wohl. Meine Arbeit hat in dieser Woche freilich nicht viel zugenommen, aber doch auch nicht ganz gestockt. Es ist recht Schade daß uns diese interessante Erscheinung zu einer so ungeschickten Zeit kommt, wo dringende Geschäfte, die böse Jahrszeit, und die traurigen Ereignisse über die man sich nicht ganz erheben kann, zusammen auf uns drücken.

Sch.

Briefe aus dem Jahr 1804

*Goethe*

⟨Weimar, 13. Januar 1804⟩
Das ist denn freilich kein erster Akt[1], sondern ein ganzes Stück und zwar ein fürtreffliches, wozu ich von Herzen Glück wünsche und bald mehr zu sehen hoffe. Meinem ersten Anblick nach ist alles so recht und darauf kommt es denn wohl bei Arbeiten, die auf gewisse Effekte berechnet sind hauptsächlich an. Zwei Stellen nur habe ich eingebogen, bei der einen wünschte ich, wo mein Strich lauft, noch einen Vers, weil die Wendung gar zu schnell ist.

Bei der andern bemerke ich so viel: der Schweitzer fühlt nicht das Heimwehe, weil er an einem andern Orte den Kuhreigen nicht hört, denn der wird, so viel ich weiß, sonst nirgends geblasen sondern eben weil er ihn nicht hört, weil seinem Ohr ein Jugendbedürfnis mangelt. Doch will ich dies nicht für ganz gewiß geben. Leben Sie recht wohl, und fahren Sie fort uns durch Ihre schöne Tätigkeit wieder ein neues Lebensinteresse zu verschaffen halten Sie sich auch wacker im Hades der Sozietät und flechten Sie Schilf und Rohr nur fein zum derben Stricke, damit es doch auch was zu Kauen gebe.

Gruß und Heil

G

Weimar
am 13 Jan. 1804.


*Schiller*

⟨Weimar, 13. oder 14. Januar 1804⟩
Daß Sie mit meinem Eingang in den Teil zufrieden sind, gereicht mir zu einem großen Trost, dessen ich unter der gegenwärtigen Stickluft besonders bedürftig war. Auf den Montag will ich Ih-

1  *Wilhelm Tell*

nen das *Rütli* senden, welches jetzt ins reine geschrieben wird, es
läßt sich als ein Ganzes für sich lesen.

Ich bin ungeduldig verlangend, Sie wieder zu sehen, wann öffnen Sie Ihre Pforte wieder?

Heute regt sich nach 4 Wochen wieder eine Lust bei mir nach
der Komödie. In dieser ganzen Zeit habe ich keinen Trieb gespürt, besonders da meistens um meine eigene Haut gespielt
wurde.

M⟨adame⟩ d⟨e⟩ St⟨aël⟩ will noch 3 Wochen hier bleiben. Trotz
aller Ungeduld der Franzosen wird sie fürchte ich doch an ihrem
eigenen Leib die Erfahrung machen, daß wir Deutschen in Weimar auch ein veränderliches Volk sind, und daß man wissen muß
zu rechter Zeit zu gehen.

Lassen Sie mich vor Schlafengehen noch ein Wort von Sich
hören

Sch.


*Goethe*

⟨Weimar, 18. Januar 1804⟩
Hier kommt auch das Rütli zurück, alles Lobes und Preises
wert. Der Gedanke gleich eine Landsgemeinde zu konstituieren
ist fürtrefflich, sowohl der Würde wegen, als der Breite die es gewährt. Ich verlange sehr das übrige zu sehen. Alles Gute zur
Vollendung.

Weimar am 18ten Jan. 1804.

G.

*Goethe*

⟨Weimar, 21. Februar 1804⟩
Das Werk ist fürtrefflich geraten, und hat mir einen schönen
Abend verschafft. Einige Bedenklichkeiten wegen der Aufführung vor Ostern sind mir beigegangen. Mögen Sie um 12 Uhr
fahren; so komme ich Sie abzuholen.
    d. 21 Febr 1804.

G

*Schiller*

⟨Weimar, 6. Juni 1804⟩
Ich sagte Ihnen gestern Abend von dem Schritte[2], den ich bei unserm Herrn getan, und heute früh erhalte ich beifolgendes Billet
von ihm, welches die günstigsten Gesinnungen für mich enthält.
Der Ton, in welchem es abgefaßt ist, berechtigt mich zu der
Hoffnung, daß es dem H⟨erzog⟩ ernst ist, mir solid zu helfen
und mich in eine solche Lage zu setzen, daß ich meine rem fami-
liarem zunehmen sehe.
    Ich brauche jährlich 2000 rt. um mit Anstand hier zu leben,
davon habe ich bisher über zwei Dritteile, zwischen 14- und
1500 rt., mit meinen schriftstellerischen Einnahmen bestritten.
1000 rt. will ich also gern jährlich von dem meinigen zusetzen,
wenn ich nur auf 1000 rt. fixe Einnahme rechnen kann. Sollten es
die Umstände nicht erlauben, meine bisherige Besoldung von
400 rt. sogleich auf 1000 zu erhöhen so hoffe ich von der gnädi-
gen Gesinnung des Herzogs, daß er mir 800 für jetzt bewilligen,
und mir die Hoffnung geben werde, in einigen Jahren das 1000

2 Man hatte Schiller bei seinem Besuch in Berlin das Angebot einer königlichen
Jahrespension von 3000 Talern in Aussicht gestellt. Schiller erwog eine Umsiedlung nach Berlin. Goethe wollte den Freund in Weimar halten und empfahl Bleibeverhandlungen mit dem Herzog in Weimar. Der Herzog erfüllte
Schillers Forderungen.

voll zu machen. Sagen Sie mir, bester Freund, der Sie meine Lage und die hiesigen Verhältnisse kennen, was Sie von der Sache denken, und ob Sie glauben, daß ich mich, ohne den Vorwurf der Unbescheidenheit, in solchen Terminis gegen den Herzog erklären kann.

S.

Briefe aus dem Jahr 1805

*Goethe*

〈Weimar, 9. Januar 1805〉

Sagen Sie mir, bester Freund, ein Wort von Sich und Ihren Arbeiten. Meine Versuche mich der hohen und schönen Welt zu nähern sind mir nicht zum Besten gelungen. Wenigstens auf einige Tage bin ich wieder ins Haus zurückgedrängt. Da möcht ich denn etwas erfreuliches von Ihrer Warte her. Und zugleich fragen ob Ihre Dame wohl morgen früh den Donnerstag mit den Freundinnen bei mir feiern möchte. Wohlsein und Stimmung!

G

d. 9 Jan. 1805.

Eben höre ich daß die Hoheit uns morgen beglückt. Es wäre recht artig wenn Sie Sich entschlössen auch teil zu nehmen.


*Schiller*

〈Weimar, 15. Januar 1805?〉

Ich hatte mich eben angezogen um zu Ihnen zu kommen, aber die Krämpfe regen sich und ich bin bange in die Luft zu gehen. Vermutlich steigt der Barometer, denn in diesen vorigen Tagen habe ich nichts gespürt. Lassen Sie mich nur mündlich durch Überbringer wissen, wie Sie Sich befinden, und beharren Sie übrigens bei Ihrem Vorsatz zu Haus zu bleiben.…

S.


*Goethe*

〈Weimar, 22. Februar 1805〉

Wenn es Ihnen nicht zuwider ist ein Paar Worte zu schreiben; so sagen Sie mir doch wie es Ihnen geht? Wovon ich, so sehr es mich interessiert nichts eigentliches erfahren kann.

Mit mir ist es wieder zur Stille, Ruhe und Empfänglichkeit gelangt. Hervorbringen aber kann ich noch nichts; welches mich einigermaßen inkommodiert, weil ich das Winckelmannsche Wesen[1] gern bei seite hätte.

Wie sehr wünsche ich Sie bald wieder zu sehen. Das beste hoffend

d. 22. Febr. 1805                                                                       G

*Schiller*

⟨Weimar,⟩ 22 Febr 1805.
Es ist mir erfreulich wieder ein paar Zeilen Ihrer Hand zu sehen, und es belebt wieder meinen Glauben, daß die alten Zeiten zurückkommen können, woran ich manchmal ganz verzage. Die zwei harten Stöße die ich nun in einem Zeitraum von 7 Monaten auszustehen gehabt, haben mich bis auf die Wurzeln erschüttert und ich werde Mühe haben, mich zu erholen.

Zwar mein jetziger Anfall scheint nur die allgemeine epidemische Ursache gehabt zu haben, aber das Fieber war so stark und hat mich in einem schon so geschwächten Zustand überfallen, daß mir eben so zu Mute ist, als wenn ich aus der schwersten Krankheit erstünde und besonders habe ich Mühe eine gewisse Mutlosigkeit zu bekämpfen, die das schlimmste Übel in meinen Umständen ist.

Ich bin begierig zu erfahren, ob Sie das Mskrpt des Rameau nun abgeschickt haben? Goeschen hat mir nichts davon geschrieben, wie ich überhaupt seit 14 Tagen nichts aus der Welt vernommen.

Möge es sich täglich und stündlich mit Ihnen bessern und mit mir auch, daß wir uns bald mit Freuden wieder sehen

S.

---

1  Goethes Monographie *Winckelmann und sein Jahrhundert*

*Goethe*

⟨Weimar, 26. Februar 1805⟩

Da Sie in Ihrer jetzigen Lage wahrscheinl⟨ich⟩ leselustig sind; so schicke ein tüchtiges Bündel Literatur Zeitungen und unsre Winckelmanniana pp die Sie so viel ich weiß noch nicht gesehen haben. Ich habe mich wieder in die Franzö⟨si⟩sche Literatur zum Behuf der bewußten Anmerkungen verlaufen und es wird immer etwas werden.

Es scheint doch mit mir vorwärts zu gehen. Wie sieht es mit Ihnen aus? Ich wünsche sehnlichst Sie wieder zu sehen.

d 26 Febr 1805.                                                              G

*Schiller*

⟨Weimar, zwischen 26. und 29. April 1805⟩

Die Anmerkungen[2] schließen mit Voltaire lustig genug, und man bekommt noch eine tüchtige Ladung auf den Weg. Indessen seh ich mich gerade bei diesem letzten Artikel in einiger Controvers mit Ihnen, sowohl was das Register der Eigenschaften zum guten Schriftsteller, als was deren Anwendung auf Voltaire betrifft. Zwar soll das Register nur eine empirische Aufzählung der Prädikate sein, welche man bei Lesung der guten Schriftsteller auszusprechen sich veranlaßt fühlt, aber stehen diese Eigenschaften in Einer Reihe hinter einander, so fällt es auf, Genera und Species, Hauptfarben und Farbentöne neben einander aufgeführt zu sehen. Wenigstens würde ich in dieser Reihenfolge die großen vielenthaltenden Worte, Genie, Verstand, Geist, Styl etc vermieden und mich nur in den Schranken ganz partieller Stimmungen und Nüanzen gehalten haben.

---

2 Dieser letzte Brief Schillers beschäftigt sich mit Goethes Anmerkungen zu *Rameaus Neffe* von Denis Diderot. Goethe hatte auf Schillers Empfehlung den Text erstmals übersetzt.

Dann vermisse ich doch in der Reihe noch einige Bestimmungen wie *Charakter*, *Energie* und *Feuer*, welche gerade das sind, was die Gewalt sovieler Schriftsteller ausmacht und sich keineswegs unter die angeführten subsumieren läßt. Freilich wird es schwer sein dem Voltairischen Proteus einen Charakter beizulegen.

Sie haben zwar, indem Sie Voltairen die *Tiefe* absprechen, auf einen Hauptmangel desselben hingedeutet, aber ich wünschte doch, daß das was man *Gemüt* nennt und was ihm so wie im Ganzen allen Franzosen so sehr fehlt, auch wäre ausgesprochen worden. *Gemüt* und *Herz* haben Sie in der Reihe nicht mit aufgeführt; freilich sind sie teilweise schon unter andern Prädikaten enthalten, aber doch nicht in dem vollen Sinn, als man damit verbindet.

Schließlich gebe ich Ihnen zu bedenken, ob Ludwig XIV, der doch im Grund ein sehr weicher Charakter war, der nie als Held durch seine Persönlichkeit viel im Kriege geleistet, und dessen stolze RepräsentationsRegierung, wenn man billig sein will, zunächst das Werk von zwei sehr tätigen Ministerialregierungen war, die ihm vorher gingen und das Feld rein machten, ob Ludwig XIV mehr als Heinrich IV den französischen Königscharakter darstellt.

Dieser heteros logos fiel mir beim Lesen ein, und ich wollte ihn nicht vorenthalten.

S.

*Goethe*

⟨Weimar, 26. oder 27. April 1805⟩

Beiliegende kleine Note[3] haben Sie ja wohl die Gefälligkeit nach Leipzig zu befördern und gelegentlich den beiliegenden Versuch, die Farbengeschichte zu behandeln, durchzulesen. Lassen

---

3 Wahrscheinlich ein Nachtrag zu den Anmerkungen zu *Rameaus Neffe*

Sie das Manuskript bei sich liegen, bis ich den Schluß dieses Kapitels zuschicke. Voran liegt ein kurzes Schema zur Übersicht des Ganzen.

G

# Editorische Notiz

Textgrundlage der vorliegenden Briefauswahl ist folgende Ausgabe:

Johann Wolfgang Goethe: Sämtliche Werke nach Epochen seines Schaffens. Hrsg. von Karl Richter, in Zusammenarbeit mit Herbert G. Göpfert, Norbert Miller, Gerhard Sauder und Edith Zehm (= Münchner Ausgabe). Bd. 8.1: Briefwechsel zwischen Schiller und Goethe in den Jahren 1794 bis 1805. Hrsg. von Manfred Beetz. München: Carl Hanser Verlag, 1990.

# Weimarer Klassik

Das große Lesebuch
Herausgegeben von Heinz Drügh

Band 90202

Vom ›Wallenstein‹ bis zum ›Faust‹, vom ›Zauberlehrling‹ bis zu Schillers ›Glocke‹ – keine deutsche Literaturepoche weist eine solche Dichte kanonischer Texte auf wie die Weimarer Klassik. Was bei allem Kanonischen aber aus dem Blick gerät, ist die Tatsache, dass diese Epoche auch eine »Zeit der Versuche, der Unruhe, der Hoffnungen, der großen Beteuerungen, der Betriebsamkeit« war (Robert Musil). Diese Unruhe wieder sichtbar zu machen, ist eines der zentralen Anliegen dieses großen Lesebuchs, das alle für Schule und Studium relevanten Texte enthält.

Das gesamte Programm von Fischer Klassik
finden Sie unter:
www.fischer-klassik.de

## Fischer Taschenbuch Verlag

## Schiller als Philosoph

Eine Anthologie

Herausgegeben von Rüdiger Safranski

Band 90181

Dieses von Rüdiger Safranski herausgegebene Lesebuch gibt einen Überblick über das gesamte theoretische Werk Friedrich Schillers. Von den großen ästhetischen Abhandlungen über Naturkundliches und Reflexionen über die Liebe bis hin zu den berühmten Texten zur Geschichtsschreibung enthält der Band die wichtigsten und schönsten Texte des Philosophen Schiller. Vorangestellt ist dem Lesebuch eine Einleitung, in der Rüdiger Safranski die zentralen Thesen seiner hoch gelobten Schiller-Biographie zusammenfasst.

Das gesamte Programm von Fischer Klassik
finden Sie unter:
www.fischer-klassik.de

## Fischer Taschenbuch Verlag